甘肃省一流学科建设项目资助成果

教育部人文社会科学重点研究基地西北师范大学西北少数民族教育发展研究中心资助成果

西师教育论丛

主编 万明钢

小学教师课堂教学艺术生成策略研究

刘历红 著

A study on the strategies of primary school teachers' classroom teaching art generation

中国社会科学出版社

图书在版编目(CIP)数据

小学教师课堂教学艺术生成策略研究／刘历红著．—北京：中国社会科学出版社，2019.8

ISBN 978-7-5203-4598-9

Ⅰ.①小⋯ Ⅱ.①刘⋯ Ⅲ.①课堂教学—教学研究—小学 Ⅳ.①G622.421

中国版本图书馆 CIP 数据核字(2019)第 117832 号

出 版 人	赵剑英
责任编辑	周晓慧
责任校对	无 介
责任印制	戴 宽

出 版	中国社会科学出版社
社 址	北京鼓楼西大街甲 158 号
邮 编	100720
网 址	http://www.csspw.cn
发 行 部	010-84083685
门 市 部	010-84029450
经 销	新华书店及其他书店

印 刷	北京明恒达印务有限公司
装 订	廊坊市广阳区广增装订厂
版 次	2019 年 8 月第 1 版
印 次	2019 年 8 月第 1 次印刷

开 本	710×1000 1/16
印 张	18.5
插 页	2
字 数	258 千字
定 价	88.00 元

凡购买中国社会科学出版社图书，如有质量问题请与本社营销中心联系调换
电话：010-84083683
版权所有　侵权必究

总　序

　　正如学校的发展一样，办学历史越久，文化底蕴越厚重。同样，一门学科的发展水平，离不开对优良学术传统的坚守、继承与发展。西北师范大学教育学的发展，也正经历着这样的一条发展之路。回溯历史，西北师范大学前身为国立北平师范大学，发端于1902年建立的京师大学堂师范馆，1912年改为"国立北京高等师范学校"，1923年改为"国立北平师范大学"。1937年"七七"事变后，国立北平师范大学与同时西迁的国立北平大学、北洋工学院共同组成西北联合大学，国立北平师范大学整体改组为西北联合大学下设的教育学院，后改为师范学院。1939年西北联合大学师范学院独立设置，改称国立西北师范学院，1941年迁往兰州。从此，西北师范大学的教育学人扎根于陇原大地，躬耕默拓，薪火相传，为国家培育英才。

　　教育学科是西北师范大学教育学院的传统优势学科，具有悠久的历史和较强的实力。1960年就开始招收研究生，这为20年后的1981年获批国家第一批博士点打下了坚实的基础。当时，西北师范学院教育系的师资来自五湖四海，综合实力很强，有在全国师范教育界影响很大的著名八大教授：胡国钰、刘问岫、李秉德、南国农、萧树滋、王文新、王明昭、杨少松，他们中很多人曾留学海外，很多人迁居兰州，宁把他乡做故乡，扎根于西北这片贫瘠的黄土高原，甘于清贫、淡泊名利、默默奉献，把事业至上、自强不息、爱岗敬业的精神，熔铸在西北师范大学教育学科发展的文化传统之中，对西部教育事业的发展作出了重要贡献。"随风潜入夜，润物细无声。"先生之风，山高水长。为西北师范大学早期教育学科的卓越发展作出重大贡献的先生们，他们身体力行、典型示范，对后辈学者们潜心学术，继承学问产生了重要的、潜移默化的影响，体现了西北师范大学的教育学人扎根本土、潜心学术、面向全国、放眼世界，站在学科发展前沿，培养培训优秀师资，服务地方经济社会发展的教育胸怀与本色。

西北师范大学教育学科历经历史沧桑的洗礼发展走到今天，已形成了相对稳定而有特色的研究领域。尤其是在国家统筹推进世界一流大学和一流学科建设的大背景下，西北师范大学的教育学作为甘肃省《统筹推进高水平大学和一流学科建设实施方案》规划的一流学科建设项目，迎来了学科再繁荣与大发展的历史良机。为此，作为甘肃省一流学科建设项目成果、西北师范大学课程与教学论国家重点（培育）学科建设成果、教育部人文社会科学重点研究基地西北师范大学西北少数民族教育发展研究中心科研成果，我们编撰了"西师教育论丛"，汇聚近年来教育学院教师在课程与教学论、民族教育、农村教育、高等教育以及学前教育等方面的学术成果。这些成果大多数是在中青年学者的博士学位论文，科研项目以及扎根教学实践的基础上进一步凝练的结晶。他们深入民族地区和农村地区的村落、学校，深入大学与中小学的课堂实践，通过详查细看，对语文、数学、英语、物理、化学、研究性学习等学科课程教育教学的问题研究，对教育基本理论问题的思考，对教育发展前沿问题的探索……这些成果是不断构建和完善高水平的现代教育科学理论体系，大力提高教育科学理论研究水平和教育科学实践创新能力，进一步发挥教育理论研究高地、教育人才培养重镇、教育政策咨询智库作用的一定体现，更是教育学学科继承与发展的重要过程。

筚路蓝缕，以启山林。目前付梓出版的这些著作不仅是教师自我专业成长的一个集中体现，也是西北师范大学教育学院教育学科发展与建设的新起点。当然，需要澄明的是，"西师教育论丛"仅仅是西北师范大学教育学研究者们在某一领域的阶段性成果，是研究者个人对教育问题的见解与思考，其必然存在一定的不足，还期待同行多提宝贵意见，以促进我们的学科建设和发展。

万明钢

2017 年 9 月

目　　录

摘要 …………………………………………………………（1）

Abstract ……………………………………………………（1）

一　引言 ……………………………………………………（1）
　（一）研究缘起 …………………………………………（1）
　　1. 如何提高教学艺术是困扰我多年的问题 …………（1）
　　2. 课堂变革要求教师不断提升教学艺术水平 ………（3）
　（二）课题的确定 ………………………………………（8）
　（三）研究目的与意义 …………………………………（9）
　　1. 研究目的 ……………………………………………（9）
　　2. 研究意义 ……………………………………………（10）

二　文献综述 ………………………………………………（11）
　（一）国外教学艺术研究述评 …………………………（11）
　　1. 教学艺术研究历程 …………………………………（11）
　　2. 教学艺术研究的贡献与问题 ………………………（20）
　（二）国内教学艺术研究述评 …………………………（22）
　　1. 教学艺术研究历程 …………………………………（22）
　　2. 教学艺术研究的相关问题 …………………………（24）
　　3. 对研究问题的评论 …………………………………（45）

1

（三）研究国内外教学艺术文献的启示 ……………………（46）
　　1. 研究教学艺术要针对问题找准突破点 ………………（46）
　　2. 研究教学艺术要在方法上有所创新 …………………（46）

三　概念界定及研究框架 ……………………………………（48）

（一）概念界定 ………………………………………………（48）
　　1. 艺术与技术的概念辨析 ………………………………（48）
　　2. 教学艺术与教学技术的概念辨析 ……………………（49）
　　3. 教学艺术的概念 ………………………………………（52）
（二）特点分析 ………………………………………………（58）
　　1. 情感性 …………………………………………………（59）
　　2. 情境性 …………………………………………………（60）
　　3. 创造性 …………………………………………………（62）
　　4. 审美性 …………………………………………………（62）
（三）研究框架 ………………………………………………（63）

四　研究方法与研究过程 ……………………………………（65）

（一）方法论基础：意识现象学 ……………………………（65）
　　1. 意识现象学是严格的科学 ……………………………（66）
　　2. 意向性是现象学的起点概念 …………………………（67）
　　3. 本质还原是现象学的方法工具 ………………………（69）
　　4. 现象学分析具有反思的特征 …………………………（71）
（二）具体方法 ………………………………………………（73）
　　1. 问卷法 …………………………………………………（73）
　　2. 课堂志 …………………………………………………（74）
（三）研究过程 ………………………………………………（74）
　　1. 研究对象的确定 ………………………………………（74）
　　2. 研究工具的产生 ………………………………………（74）
　　3. 深入场域开展研究 ……………………………………（76）

五 研究结果与分析 …………………………………… (78)
  （一）小学教师课堂教学艺术现状 ………………………… (78)
    1. 调查结果与分析 ……………………………………… (78)
    2. 调查结论与思考 ……………………………………… (90)
    3. 确定课例研究切入点 ………………………………… (93)
  （二）教学有无艺术的课例研究 ………………………… (93)
    1. 运用悬念，创设情境——基于两节优质课的课堂
观察与分析 ……………………………………………… (94)
    2. 情绪不良，缺乏聆听——两节缺乏教学艺术的
随堂课 …………………………………………………… (107)
    3. 颠覆假设，学生辅教——"一课三上"教学艺术
渐增的课 ………………………………………………… (123)
    4. 基于目标，机智灵活——一节教学艺术凸显的
优质课 …………………………………………………… (142)
  （三）教学体验艺术的个案研究 ………………………… (150)
    1. 身心投入，研究阅读——助她成为全国优秀教师 … (152)
    2. 体贴尊重，借力理论——助她成为省级名师 ……… (174)
    3. 自主变革，角色分化——助他成为省级名师 ……… (181)

六 研究结论 ………………………………………………… (201)
  （一）小学教师课堂教学艺术生成的策略机制 ………… (201)
    1. 体贴教学是教学艺术生成的内生机制 ……………… (201)
    2. 情绪管理是教学艺术生成的心理机制 ……………… (216)
    3. 角色分化是教学艺术生成的方法机制 ……………… (222)
  （二）小学教师课堂教学艺术生成的具体方法 ………… (237)
    1. 目标明确是教学艺术生成的基础 …………………… (238)
    2. 创设情境是教学艺术生成的氛围 …………………… (243)
    3. 合作探究是教学艺术生成的过程 …………………… (246)
    4. 巧用评价是教学艺术生成的保障 …………………… (247)

七 思考与建议 ……………………………………………（253）
（一）思考 ……………………………………………（253）
（二）建议 ……………………………………………（254）

参考文献 …………………………………………………（256）

附录 ………………………………………………………（268）
（一）专家意见征集问卷 ………………………………（268）
（二）教师调查问卷 ……………………………………（269）
（三）课堂观察量表 ……………………………………（273）
（四）教师访谈提纲 ……………………………………（274）

致谢 ………………………………………………………（275）

摘　　要

促进每个学生生动活泼地全面发展，全面提高教育质量要求教师具有教学艺术。而在实践中，教师的教学艺术有待提高是不争的事实。因此，切实提高教师的教学艺术成为深化新课改，促进教师专业发展，保障教学质量的重要举措。

文献研究发现，最近十年里，教学艺术研究正处于从过去重视对教学艺术表征及本体论研究向教学艺术的创生者——教师，尤其是教师的精神世界转型，即由宏观、外部、客位、应然的研究转向微观、内部、主位、实然的研究。在文献研究基础上，本书界定了"教学艺术"的概念并建立了研究框架。

基于意识现象学理论，本书明确了教学艺术生成策略的研究路径：走进课堂，运用本质还原方法，观察、深描纯粹意识下的"事件"（即教学现象），使其作为"例示"（课例、个案），运用现象学反思，"分析"、解释各因素间的"相互关联"，把握被洞见物所规定的"意义"，提炼教学艺术生成的内隐机制与具体办法。

首先，展开问卷调查，确定研究问题。根据现象学作为纯描述性科学但并不拒绝做客观准备的观点，对1110名小学教师进行"课堂教学艺术现状"的问卷调查，为深入课堂研究定位。调查发现：当前，尽管先进的教育理念已走进教师心中，但理想与现实之间存在着非常大的差距，其中"创设情境、情绪管理与积极聆听、教学机智"等是小学教师课堂教学艺术生成中最普遍、最棘手、最突出的问题。

其次，进行课例研究，分析其是否艺术。针对调查中所发现的问题，重点观察、深描、分析、解释了五个课例，研究发现：运用"悬念"，创设情境；颠覆假设，学生辅教；基于目标，方法灵活；情绪管理，从动机入手，解决突发问题等，能帮助教师解决在教学艺术生成中所面临的"情境性、情感性、创造性"等方面的困难。当然，需要注意的是，任何一节教学艺术性强的课都同时兼具多个特点，但为求针对性，课例仅侧重于某一点进行深入分析。

其三，进行个案研究，提取其先进经验。针对课例中学科选择、教学艺术特点未能从整体上深入挖掘等局限，选定三位优秀教师进行个案研究，发现身心投入，坚持学习、研究，尊重生命，敢于探索，勇于变革是促使教师提高教学艺术进而成为优秀教师的深层次原因。

通过课堂志研究，得出以下结论：

第一，发现教学艺术生成的机制。尽管教学艺术具有个性特征，但它并非无规律可循，其规律类似维特根斯坦所说的"家族相似性"。因此，在课例与个案研究的基础上，提取其教学艺术生成的 DNA，即"体贴教学""情绪管理"和师生"角色分化与共享教学"。这三个机制紧密联系，彼此促进。首先，体贴教学是基础，它贯穿、决定、制约着另外两个机制，它确定教师的情感基调，促使教师进行情绪管理，激发与维持学生的学习热情，还促使教师想方设法地运用"角色分化"手段实现师生"共享教学"的目的。其次，情绪管理和"角色分化"是体贴教学落实的方式，是目标达成的手段，同时又是促进体贴教学深化与发展的途径。体贴教学既是教学艺术生成的原理，也具有方法论价值，还具有本土化意义。因此，体贴教学是教学艺术生成的核心 DNA，是决定教学艺术生成与否的教师内隐的、影响"教师形成他头脑中、为他个人所享用的关于教育诸方面的理性认识成果的"最深层次的基质，是教学艺术的内生机制。此外，对情绪的高度关注，使教学艺术研究在回应哲学及教学论领域重视情绪问题的同时，既承认情绪在课堂变革中的地位，又将教师的情感外显化为可识别、可观测的情绪状态，得出情绪管理是教学艺术生成的心理机制；而研究中建构的师生"角色分化""共享教学"的教学结构模型，在解决"教师中心""学生中心"教学结构模型中长期存在的师生关系紧张、互为压力等问题的同时，还解释了课堂上出现的师生、生生等多维互动的原理，揭示了教学艺术生成的深层次、内隐的方法机制。

第二，提取教学艺术生成的方法。为了帮助不同意识层面的老师都能提高教学艺术，在呈现、解释教学艺术生成内在机制的同时，还提供了"目标明确、创设情境、合作探究、巧用评价"四个具体方法。

关键词：小学教师；教学艺术；生成策略；意识

Abstract

To promote the comprehensive development of each student, lively and vivid, improve the overall quality of education requires teachers with teaching art. In practice, it is an indisputable fact that teachers' teaching art needs to be improved. Therefore, it is an important measure to improve the teaching art of teachers to promote the deepening of new curriculum reform, to promote the professional development of teachers, and to ensure the quality of teaching.

Literature study found that in the recent ten years, teaching art research is from the past attention to teaching art and characterization of ontology research to the teaching of art creation——teachers, especially teachers' spirit world transformation, namely macro, external, ethic, ought to be research to micro, internal, thematic, the actual research. On the basis of literature research, it defines the concept of "teaching art" and establishes the research framework.

Based on the theory of phenomenal consciousness, clear generation strategies of teaching art research path: into the classroom, using nature reduction method were observed and deep description of pure consciousness "events" (namely the teaching phenomenon), making it as "exemplary" (lesson, case), using the phenomenological reflection "analysis", explain among the factors of "interconnected", grasp insight the provisions of "meaning" is, refining the implicit mechanism of the formation of teaching art and the specific measures.

First, questionnaire survey to identify research questions. According to phenomenology as a purely descriptive science but does not refuse the guest view to view, 1110 primary school teachers were "art of classroom teaching and the status quo of the questionnaire survey, research orientation for the later in - depth classroom. Survey found that: at present, although the advanced ideas of education has entered the hearts of teachers, but between the ideal and the reality exist very large gap, the creation of situation, emotional management and active listening, teaching tact " is the primary school teachers' classroom teaching art to generate the most general times, most difficult, the most prominent problem.

Secondly, whether art lesson study, analysis. Aiming at the problems found in the survey, observation points, deep description, analyze and explain the five lesson, that use "suspense", the creation of the situation; subverting the assumption, student assisted instruction ; based on the target, the method is flexible; emotional management, starting from the motivation, to solve unexpected problems, help solve teachers faced in the formation of teaching art "situation, emotion, creativity" etc. the difficulties. When the need to pay attention to is, any section of teaching art of class are both at the same time the various features, but for the sake of targeted, lesson focusing only on an in - depth analysis.

Third, case study, extraction of advanced experience. According to the Department of school choice lesson, the characteristics of teaching art to the overall in - depth mining limited, selected three excellent teachers case study found: into the body and mind, insist on learning, research, respect for life, dare to explore, the courage to change is to promote teachers to improve the art of teaching and become the deep - seated reason of outstanding teachers.

Through Classroom observation and analysis, the following conclusions are drawn:

First, found the formation mechanism of teaching art. Although teaching art has personality, but the art of teaching is not haphazard, the law is similar to what Wittgenstein said "family resemblance". Therefore, based on the research on the case and the case, DNA, which is extracted from the production of teaching art, is "considerate teaching", "emotion management" and "role differentiation and sharing of teaching and learning". These 3 mechanisms are closely linked to each other to promote. First, considerate teaching is the foundation, through it, decisions, which restricts the two additional mechanisms, it determines the teacher's emotional tone, promote teachers' emotional management, stimulate and maintain the learning enthusiasm of students, also prompted the teachers are trying their best to use "role differentiation" means to achieve the purpose of teaching "the sharing of teachers and students. Secondly, the emotional management and "role differentiation" is the way to implement the teaching and learning, is the means to achieve the goal, but also to promote the deepening of caring teaching and development. Considerate teaching is not only the principle of the generation of teaching art, but also the value of the methodology. Therefore, considerate teaching is the core of DNA, which is the core of teaching art, the most profound matrix of "teachers" in his mind and in his personal enjoyment of the rational knowledge of Education, it is the ideological mechanism of teaching art. In addition, attention to emotional, so that teaching art research in response to the philosophy and the teaching theory in the field of importance of emotional problems at the same time, not only to recognize the status of emotions in the reform of classroom, and the teacher's emotion explicit as can be identified, the emotional state of the observation, emotional management is the psychological mechanism of the generation of teaching art; And study the construction of teachers and students "role differentiation" "sharing teaching" teaching model, revealing the teaching art formation of deep, implicit strategy mechanism in solving the existed for a long time in the "Teacher centered" "student centered" teaching structure model of the relation of teacher and pupil tension, mutual pressure at the same time, also explained the principles of classroom teachers and students, students and other multi-dimensional interaction.

Second, the generation strategy of teaching art is extracted. In order to help the different levels of consciousness of the teacher can improve the art of teaching, in the presentation, interpretation teaching art formation mechanism at the same time also provides "clear objectives, creating context, cooperation inquiry, evaluating skillfully" four specific methods.

Key words: primary school teachers; teaching art; generating strategy; Consciousness

一 引言

（一）研究缘起

1. 如何提高教学艺术是困扰我多年的问题

"如何提高教学艺术？其关键点在哪？"这些问题是我 27 年前从教之初就非常感兴趣的问题。遗憾的是，我一直没有找到最理想的答案。因此，通过研究尽早揭晓谜底是我多年的期待。爱因斯坦说过，兴趣是最好的老师。对于研究者而言，兴趣同样异常重要，因为这会使研究者产生无穷的动力，"明知山有虎，偏向虎山行。"教学艺术问题对我之所以有着无穷魅力，是因为"我和她们的教学故事"。

（1） 基本功第一＝课堂教学第一

我于 1989 年 8 月参加工作，成为一名小学体育教师。在参加工作的早期，我经常参加青年教师基本功比赛和课堂教学优质课大赛。1995 年和 1996 年，我曾连续两年获得全区学科教师基本功比赛第一名，并先后多次获得区、市乃至全国课堂教学优质课大赛第一名。这样的经历使我产生了"基本功第一＝课堂教学第一"的认识。但是，当我作为教研员有机会在更大范围内验证这一结论时，却发现结果并不总是正确的。事实上，教学基本功比赛的第一名，在课堂教学大赛中未必都能获得第一名。也就是说，"基本功第一≠课堂教学第一"。对此，我们不禁要追问：为什么有的教师基本功过硬且课堂教学也很出色？为什么有的教师虽然基本功过硬但课堂教学效果却平平？而有的教师在基本功比赛中虽未拔得头筹，但进入课堂却像换了个人似的，焕发出异样的光彩？基本功与教学效果之间有何关系？为何在两者之间会产生落差？导致二者产生差异的根源又是什么？

（2）教研让执教者害怕走进课堂

教师专业成长的路径公认有三条：专家引领、同伴互助、个人反思。我曾听到一位青年教师说："我挺希望大家关注我的教学，所以主动报名作为'课堂大对话'的执教教师，成为'靶子'，让全校老师帮我分析问题。刚开始，确实觉得挺有帮助，教学也确实改进了不少。可后来有些问题大家反复说，总在枝节上纠缠，我就很烦。现在一提上课我就想吐，甚至害怕走进教室。"提到专家报告，也有老师说："听报告的时候很激动，可是回到课堂却常常觉得无法落实。"对以上老师的话，我们不禁追问：怎样的同伴互助才能长久地促进教师成长？是什么原因导致教师"听报告时怦然心动，回到课堂却原地不动？"专家怎样引领才能真正促进教师成长？而对于反思，教师该反思什么才能实实在在、持续不断地提高自己的课堂教学艺术水平？

（3）一个问题导致教学"掉链子"

作为教研员，我曾辅导一位在全市优质课比赛中获得第二名的教师。她执教的是一节小学六年级心理健康教育课，主题是"做情绪的主人"。课上，她通过学生一日情绪的坐标图，形象直观地帮助学生了解自己的情绪状态，将情绪的动态性、多样性和个体差异性等专业心理知识潜移默化地融于其中，使抽象的专业知识与学生的日常生活无缝对接，为学生学会调节情绪做好认知铺垫。在试讲时，课堂教学非常流畅，但是在比赛的时候，在借助案例引导学生帮助他人解决情绪问题（进而过渡到能自觉、主动地想办法调节自己的情绪问题）这一环节，教师突然问学生"如果视频中的主人公是你，你会怎么样？"此时，学生的心理预热还不够，很多学生面对突如其来的问题，陡然树起一道心理防线，这位教师面对学生心理的突然变化未能快速做出调整补救，课堂气氛变得低落，课堂节奏、教学目标未能达到最理想的效果。这节课因师生对话过程中的一句话造成学生心理波动，致使教学出现了"掉链子"现象。作为教师，面对有着太多不确定因素、教学情境瞬息万变的课堂，究竟要做哪些准备，才能从容机智地应对各类突发情况，使意外成为精彩的生成契机，达到较高的教学艺术水准？

　　无论是我的教学故事还是她们的教学故事，折射出的都是纷繁复杂的教学现象，产生的都是难以穷尽的教学问题。我们该怎样解决课堂教学问题，优化课堂教学，使课堂成为师生快乐生活的地方？这些都与"教学艺术"密切相关。因此，揭开教学艺术的神秘面纱，是我过去、现在、未来努力的方向。

2. 课堂变革要求教师不断提升教学艺术水平

（1）课堂变革要求提高教学的有效性

　　促进学生生动活泼的发展，全面提高质量是教育改革的核心任务，这是时代发展对教育的要求，是社会各界尤其是家长的强烈要求，更是教师的职业使命与价值体现。有效提高教育质量，要求教师主动进行课堂变革。因为教学质量的提高，在很大程度上取决于每位教师所上的每一节课是否有效果，是否有质量。而教学有效与否，需要通过一段时间的教学，看学生是否获得了具体的进步或发展，也就是说，学生的进步或发展是教学效益的唯一指标。[①] 在实践中，我们常常发现，凡是教学质量高、教学效果好的课，无不体现出教师在处理教学内容、组织教学过程、解决突发问题时高超的艺术水平。这一点在很多特级教师的教学案例中有极佳的诠释。他们处理教学内容的独具匠心，解决突发问题的了然无痕等教学智慧，常常令众多一线教师心驰神往。因此，帮助广大普通教师尤其是小学教师提高教学艺术水平，从某种意义上说，将对义务教育阶

[①] 崔允漷：《有效教学：理念与策略》（上），《人民教育》2001年第6期。

段教学质量的提升起到积极的促进作用，将对实现学生生动活泼、全面发展起到积极的促进作用，从而使更多的孩子拥有快乐美好的童年生活。

(2) 课堂变革要求提高教师的专业发展水平

教师专业水平制约着教育教学质量，全面促进教师专业发展是教学改革的根本。但是，不同职业阶段的教师在教学中会遇到不同的问题。以新教师为例，当师范生迈出大学校门走进小学校门成为小学教师时，他们在崭新的工作岗位上常常会遇到很多棘手的问题。例如，2011年5月，我在给全区144名见习期教师做培训前，以作业的形式对他们进行了开放式问卷调查，题目一是请试着分析你走上教学工作岗位以来最成功的一节课；二是通过具体事例，请谈谈你所感到的教学中最棘手的问题。要求新教师从中任选一题，在两周内完成并上交。我对按时上交的128份作业（剔除了网上下载的5份和草草应付的3份）进行统计之后发现，65%的教师选择的是第二题。心理学研究告诉我们，选择本身就是个体心态的一种投射。数据表明，新教师在教学中所遇到的棘手问题远远大于他们的成功体验。进一步分析还发现，新教师最棘手的问题集中在三个方面，居于首位的是"如何有效地组织教学"；其次是"怎样才能教得有效"；再次是"怎样调动学生的学习积极性"，即课堂教学管理问题、有效教学问题和学习动机的激发与维持问题。可见，从教近一年的新教师在复杂多变的教育情境中遭遇到了多方面的冲击与挑战，他们深深感到"教学中的许多实际问题仅仅依靠他们所拥有的理论知识和有限的教学技能是难以解决的"[①]。不过，教育心理学家研究发现，在所有困扰教师的职业焦虑中，班级控制可能是最显著的一个。儿童所产生的问题，不论是个体的还是群体的，有

---

① 赵昌木：《教师成长：实践知识和智慧的形成及发展》，《教育研究》2004年第5期。

一 引言

时甚至连经验丰富的教师都感到难以处理。① 因此新教师大可不必过于焦虑。他们在教学中所遇到的最棘手的课堂教学管理问题，同样也不同程度地困扰着其他各职业阶段的老师。可见，教师专业成长是教学领域的恒久话题。

有专家指出，我国基础教育改革贯穿着这样一个清晰的逻辑：教育改革的核心环节是课程改革；课程改革的核心环节是课堂教学；课堂教学的核心环节是教师的专业发展。② 教师的专业水平决定着教学的成败，决定着教师职业生活的质量，更决定着每一位学生的学习生活是否健康，是否快乐，是否有趣，决定着他们是否能顺利地完成学业，更好地发展。尤其是在小学阶段，学生年龄小，向师性强，教师对学生的影响更大、更深远。因此，教得快乐，学得轻松，对于师生而言就是最美妙的课堂生活。这样的效果对于教师来说不仅是自己职业生活的最佳状态，也是对自己付出的时间、精力的最佳回报。我们期望每一位教师都能"高高兴兴地走进教室"，又能"高高兴兴地走出教室"。但现实中常常是事与愿违，因为"大部分教师是不懂得教学艺术的，所以他们想去履行他们的责任的时候，往往感到疲惫不堪。他们在吃力的工作上耗尽了精力"③。当教师的教学是笨拙、吃力的时候，不仅教师的职业成就感无从谈起，还直接殃及学生的学习自信心和学业成就感。这种状态持续久了，学生对学习必然会感到枯燥、乏味，产生厌倦心理，学业质量自然好不到哪里去。研究小学教师课堂教学艺术生成策略，就是希望帮助教师"愉快地进行教授，即是说，教师和学生双方都没有烦恼和厌恶，而是双方都引为最大的乐事"④，从而使教师在享受教学成就感的同时，促进学生健康成长。

---

① ［英］戴·冯塔纳：《教师心理学》，王新超译，北京大学出版社2005年版，第413页。
② 钟启泉：《"有效教学"研究的价值》，《教育研究》2007年第6期。
③ ［捷克］夸美纽斯：《大教学论·教学法解析》，傅任敢译，人民教育出版社2006年版，第7页。
④ 同上书，第62页。

教师专业发展在外力促进的同时,更关键的是教师自己要有提高的内动力。而提高课堂教学水平取决于教师的理论认知与实践水平,我曾经对124名教师做了如下方面的调查:一是如何理解"教学艺术";二是所在学校中哪位教师的教学艺术性最强并简述理由;三是谈谈自己对"教学艺术"的思考。经分析发现,一线教师对"教学艺术"的理解与专家们的理解存在着诸多差异,具体表现在两个方面:一是教师的理解相对显得零碎而感性;二是教师的观点与教学实际尤其是与其教学体验紧密相连。有研究指出,在教学实践中真正起作用的既不是单纯的经验也不是单纯的教育理论,而是教师的个人教育理论。[①] 这种理论是"贮存于教师个体头脑中、为教师个人所享用的关于教育诸方面的理性认识成果"[②]。

因此,以胡塞尔的意识现象学为理论视角,返回课堂生活世界,采用现象学的悬置,完全隔绝任何关于时空事实性存在的判断[③],把纯粹意识下的教学活动作为例示呈现出来,并使其达到完全的明晰性;在明晰的限度内进行分析和把握它们的本质,以洞见的方式追溯诸本质的相互关联,把握现刻所见到的东西,明白被洞见物所规定的这些表达的意义。[④] 这样,既能呈现出教师头脑中的教学理性认识,又能帮助教师深入理解与反思教学,还能从中提炼出源自课堂实践的教学理论。

具体来说,首先要走进课堂,"深描"教学活动,呈现出师生状态,形成课例,进行分析解释。这是教学研究中课堂志的研究方式。[⑤] 其次要"深聊"教师教学背后的故事,呈现个案。因为谁要想懂得教学,谁就要走进课堂;谁要想理解教师,谁就要让教师讲

---

① 邓友超、李小红:《论教师实践智慧》,《教育研究》2003年第9期。
② 李小红:《教师个人理论刍议》,《高等师范教育研究》2002年第6期。
③ [德]胡塞尔:《纯粹现象学通论》,李幼蒸译,商务印书馆2012年版,第113页。
④ 同上书,第191页。
⑤ 王鉴:《课堂研究概论》,人民教育出版社2007年版,第26页。

话。① 最终"深思"教学艺术生成策略。期望通过课例、个案，在给予教师直观感知、帮助教师解决最棘手问题的同时，促使教师理解理论，激发他们对理论知识的追求，将不断提高理论学习、运用理论指导教学内化成主动发展的力量。在本书中，无论是成功的还是失败的课例，都距离每一位小学教师很近，因为这些课例原本就是从他们中来的，自然容易得到他们的认同。通过课例分析、个案故事所形成的策略机制和具体方法也就避免了水土不服的问题，易于在普通教师中扎根，在日常的每一节课堂上发芽、生长，促使课堂焕发生机。

（3）课堂变革要求提高理论的实践价值

课堂变革离不开理论的指导。但现有的教学理论尚不能很好地解决教学中的各种问题，因此课堂研究需要在理论上突破，大幅提升对教学实践的指导价值。

课堂教学是教师的实践活动，研究课堂教学艺术生成策略就是要在课堂教学的真实情境中对教师的具体教学活动进行研究。这样的研究绝不仅仅是关于"教学艺术是什么"的本体论研究，更不是割裂了鲜活的教学情境，肢解了复杂的教学因素，完全处于应然层面的理论建构。可以说，小学教师课堂教学艺术生成策略研究植根于小学教师的课堂上，深入研究课堂上的教学现象，研究的出发点和落脚点是呈现教师教学活动中的"艺术"现象，挖掘隐含于其中的规律，解决那些"不艺术"的问题，以实现优化教学，提高教师教学艺术水平的目标。即研究是基于实践、为了实践的，研究成果是从实践中来还要回到实践中去的，是要实实在在地解决教学问题的。多年来，教学艺术研究的话语主导权更多地掌握在理论研究者手中。其中，一些研究者是理论与实践紧密结合的，他们通过研究力促课堂焕发出生命活力。但也不能否认，还有一些研究者并未深

---

① ［德］汉斯—格奥尔格·伽达默尔：《诠释学Ⅱ：真理与方法——补充和索引》，洪汉鼎译，商务印书馆2013年版，第74—75页。

入课堂场域，做的是从理论到理论的推演。当然，从理论的严谨性、科学性及系统性等方面分析，思辨的理论分析确实有其独到的价值，这也恰是实践领域中很多教师所不具备的。但是"真正的智慧来自于实践，真正高水平的理论成果也都来自于实践"①，因为实践理性和实践的观点并不具备科学所具备的可学性，它只有在实践中，亦即在同伦理学的内在联系中才获得其可能性。② 可喜的是，随着时代的发展，如今一大批教育实践者通过长期坚持理论学习，已经完成从实践者到研究者的华丽转身，他们既是实践者又是研究者，他们研究的就是自己的实践。他们的成果不仅消除了一线教师对教学的客位研究③，以及思辨推导出的应然理论等众多成果的心理距离，还为引领更多普通教师成为研究者，主动研究自己的课堂做出了榜样。

（二）课题的确定

"研究缘起"中的问题是我研究"小学教师课堂教学艺术生成策略"的根本动因，是我的志趣所在。在近 30 年的小学教学生涯中有太多问题困扰着我。而消除困惑，解决问题，其实就是在解决困扰新课改推进的现实与突出问题，就是实实在在地推动新课改的深化。而有效推进课改，就意味着要更加尊重人、理解人，这样才能帮助人全面健康的发展。教育的对象是人，人的问题才是教育的根本问题。④ 新课改就是要解决义务教育阶段的学生更好地全面发展的问题。经过十多年的改革，中小学课堂的整体面貌虽然发生了很大改观，但依然存在很多问题，如"资源利用浅显、结构不合

---

① 田慧生：《时代呼唤教育智慧及智慧型教师》，《教育研究》2005 年第 2 期。
② 伽达默尔：《诠释学Ⅱ：真理与方法》，商务印书馆 2013 年版，第 636 页。
③ 王鉴：《课堂研究引论》，《教育研究》2003 年第 6 期。
④ 张永祥：《教育的阐释和教育学的解读——著名教育学家胡德海先生访谈》，《当代教育与文化》2014 年第 5 期。

理、教学形式单一、活动品质不高、教学效果不佳"等问题①，因此提高中小学教师教学艺术水平不仅非常必要而且非常紧迫。尤其是小学阶段的6年，是人从六七岁到十二三岁的起步阶段，对人的发展起着奠基作用。而通过小学课堂教学艺术生成策略研究，提高教师教学水平，推动课堂变革，促使静悄悄的革命发生在课堂的每个角落，使教师教得轻松，学生学得快乐，使每个学生都生动活泼地成长，在当前具有重要的实践意义。

具体而言，本书主要针对"小学教师课堂教学艺术生成策略"问题进行研究，它涵盖的具体问题分别是：

第一，当前小学教师课堂教学艺术生成中最突出、最棘手的问题是什么？

第二，如何解决小学教师课堂教学艺术生成中最突出、最棘手的问题？

第三，能否提炼出小学教师课堂教学艺术生成的策略机制与具体方法？

（三）研究目的与意义

1. 研究目的

本书研究在界定教学艺术概念的基础上，运用意识现象学方法分析小学教师课堂教学中艺术与不艺术的行为，提炼小学教师课堂教学艺术生成的深层次、内隐的策略机制与具体方法，以期帮助更多的小学教师提高教学艺术水平。

一是通过文献研究，在理论上界定教学艺术的概念，分析其特点，形成研究工具，进行问卷调研，聚焦小学教师课堂教学艺术生成中最突出、最棘手的问题，为课堂研究定位。

---

① 彭慧：《中小学课堂教学存在的问题抽样调查报告》，《基础教育参考》2009年第12期。

二是通过课堂志研究，分析教学现象，诠释教学行为，解释促进或影响教学艺术生成的内隐与深层次原因，提炼小学教师课堂教学艺术生成的策略机制及具体方法。

三是提出建议，促使教师在关注教学技术的同时，更关注自身的精神世界，从根源上增加教学中的"艺术"行为，减少"不艺术"行为，使课堂成为师生快乐生活、共同成长的地方。

2. 研究意义

理论意义：一是从实践中提炼出能切实解决课堂教学问题，提升教师教学艺术水平的理论；二是以新的视角分析教学现象，诠释促进或影响教学艺术效果的生成机制，提炼具体的生成办法，推动教学艺术研究走向深入；三是深入课堂开展研究，使理论从实践中来又能有效指导实践，形成理论与实践的良好互动，推动教学论研究走向深入，使之真正扎根于中国的课堂并引领课堂变革。

实践意义：一是帮助广大一线小学教师解决课堂教学中所存在的最棘手、最突出、最普遍的问题，促进教师专业成长，提高教学质量；二是通过教学课例和教师故事的描述与分析，促进教师思考教学艺术问题，激发个人发展的内在动力；三是运用意识现象学理论研究教学艺术，帮助教师从更深层次理解人和人的行为，从而在意识上发生改变，提升认识水平，进而自觉改变教育教学行为，提升课堂生活品质，使课堂成为师生共同成长的乐园。

二 文献综述

教学艺术是一个充满魅力的研究领域①，吸引着古今中外大批先贤学者倾心耕耘，使之成为蕴含丰富研究成果的沃土。

（一）国外教学艺术研究述评

1. 教学艺术研究历程
（1）古代教学艺术思想孕育于古希腊教育家

古希腊先哲为西方教育教学思想的发展做出了奠基性贡献。如苏格拉底的"产婆术"就具有高超的教育艺术。他在教学中运用反讽、诘难等方法，使学生主动寻求答案。他的方法主要有两步。第一步是讽刺，就是他在与人讨论问题时，一开始，时常假装着自己什么也不懂，向别人请教，让其他人发表意见，以此使对方发现自己思维的矛盾，质疑自己的认识，从而积极思考。第二步是产婆术，就是在对方发现自己思想的混乱并否定原有认识的基础上，引导其走上正确的认识道路，从而逐步得出真理性的认识，形成概念。② 柏拉图认为，在"教育的方式适合"时，"节奏和乐调"就能成为美的力量浸润心灵。他说："我想必有一种艺术，可用最便利的方法来做到这件事，即心灵的转变，并非把视力放到心眼里去，因为它本

---

① 李如密：《教学艺术论》，人民教育出版社2011年版，前言。
② 戴本博主编：《外国教育史》（上册），人民教育出版社1989年版，第104页。

来就有这种能力，而是在矫正心的倾向，使其朝向应该面临的方位。"① 他甚至建议，为了防止"罪恶、放荡、卑鄙和淫秽"对学生的影响，必须"寻找一些有本领的艺术家，把自然的优美方面描绘出来，使我们的青年们像在风和日丽的地带一样，四周一切都对健康有益。天天耳濡目染于优美的作品，像从一种清幽境界呼吸一阵清风，来呼吸它们的好影响；使学生不知不觉就培养起对于美的爱好，并且培养融美于心灵的习惯"②。可见，柏拉图非常重视潜移默化、以美育美的教学艺术。亚里士多德提出"中庸、可能和适当"的原则，他说："我们应该考虑一下旋律和韵律及其在教育上的使用。"③ 古罗马雄辩家西塞罗也有许多涉及教学艺术的独特论断，例如，他认为，"教师首先要唤起自己对学生的父母般的情感""对待需要矫正的学生，不能操之过急，要十分用心，不要苛求"。"要乐于回答问题，要对沉默的学生提出问题"以及在评价方面"奖励要运用得适当"，等等。④ 在欧洲文艺复兴期间，人文主义教育家们对教育艺术思想的发展做出了突出的贡献。他们高度尊重人的个性和自由，要求教学活动成为使人感受到愉悦的艺术。⑤ 这一时期，教学艺术思想处于萌芽状态，未能提出"教学艺术"概念，但苏格拉底、西塞罗等在实践领域运用着教学艺术的方法与技巧，追求个性、情感、审美和愉悦，体现着他们对教学的独特理解。

（2）近代教学艺术理论的发展以夸美纽斯的《大教学论》为主线

研究教育教学的人都难以绕开捷克大教育家夸美纽斯的《大教

---

① 华东师范大学教育系、杭州大学教育系编：《西方古代教育论著选》，人民教育出版社1985年版，第120页。
② ［古希腊］柏拉图：《文艺对话集》，朱光潜译，人民教育出版社1959年版，第62页。
③ 华东师范大学教育系、杭州大学教育系编：《西方古代教育论著选》，人民教育出版社1985年版，第118页。
④ 曹孚编：《外国教育史》，人民教育出版社1979年版，第66—67页。
⑤ 李如密：《教学艺术论（第二版）》，人民教育出版社2011年版，第19页。

二 文献综述

学论》,它是近代西方社会里第一部独立的教学理论著作,也是西方教学理论从神化走向人化发展的一个重要标志①,更是第一部系统阐明教学艺术的专著。《大教学论》开篇即强调"教学论是指教学的艺术"。"我们敢于承诺一种伟大的教学法(great didactica),即将一切事物教给一切人的无所不包的艺术,它是真正能以确定性教授它们、务使必有成效的教学艺术,它是愉快地进行教授的艺术,是教师和学生双方都没有烦恼或厌恶,而是双方都引为最大的乐事;它是彻底地而不是肤浅地、浮华地进行教学的艺术,这种教学能导致真实的知识、文雅的道德和最深厚的虔信。"② 夸美纽斯对教学艺术的本质和功能有着深刻的理解。首先,他认为教学艺术的本质是"将一切事物教给一切人的无所不包的艺术"。其次,教学艺术有三大功能:一是保障教学质量和效率;二是使师生双方都得到积极的情感体验;三是保证学生全面健康发展。"寻求并找出一种教学的方法,使教员因此可以少教,但是学生可以多学;使学校因此可以少些喧嚣、厌恶和无益的劳苦,多具闲暇、快乐和坚实的进步,并使社会因此可以减少黑暗、烦恼、倾轧,增加光明、整饬、和平与宁静"则是教学艺术的目的。③ 此外,他还对实现教学艺术应遵循的原理、原则及具体方法等进行了详细阐述。夸美纽斯对教学艺术的理论阐述系统而深刻,是教学艺术思想史上的一座里程碑,具有划时代的意义。④ 对于教学艺术的研究,夸美纽斯则提出:"描绘艺术中的艺术是一件很难的工作,需要非凡的批判;不独需要一个人的批判,而且需要许多人的批判,因为没有一个人的眼光能够如此敏锐,使任何问题的大部分不致逃脱他的观察。"他一针见血地指出,教学艺术研究单靠个人是远远不够的,需要许多

---

① 吴也显等编:《教学论新编》,教育科学出版社1991年版,第43页。
② [捷克]夸美纽斯:《大教学论》,任钟印译,人民教育出版社2006年版,第7—8页。
③ [捷克]夸美纽斯:《大教学论》,傅任敢译,教育科学出版社2002年版,扉页。
④ 李如密:《教学艺术论》,人民教育出版社2011年版,第42页。

人甚至是一代一代的理论工作者与实践工作者共同努力才能完成，折射出教学艺术研究因其复杂性而独具魅力。因为，"除非我们的劳作缩短，这件工作是不容易的；因为我们这宗艺术本来是和我们心灵所要征服的宇宙一般长久，一般广阔，一般深远的"。夸美纽斯为教学艺术的发展指明了方向，他将教学艺术的研究与心灵征服宇宙相类比。

洛克。英国教育家洛克从那个时代绅士应有的教养和实际需要出发，提出内容涵盖广泛的教学内容，为此他在教学方法上提倡"集中且保持学生的注意力"，并重视建设和谐、民主的良好师生关系，因为"你不能在一个颤栗的心灵上面写上平整的文字，正如同不能在一张震动的纸上写上平整的文字一样"①。

卢梭。《爱弥儿》是法国自然主义教育思想家卢梭的教育代表作，对于教学艺术，他认为，情感是教学艺术的基点，只有使学生喜欢你所教的东西，才能产生良好的教学效果；教学的关键是要培养学生爱好学问的兴趣，而不是教给他多少种知识或学问，当学习兴趣充分发展起来时，再教给他研究学问的方法。因此教学艺术绝不是让学生把注意力放在那些无关紧要的琐碎事情上，而是要不断地使他接触他将来必须知道的重大关系，以便使他能正确判断人类社会中的善恶。② 卢梭的教育思想以发展儿童的独立精神、观察能力及灵敏性为基础，他认为，儿童是教育的主人。他的教育艺术观与他的自然主义教育思想紧密相连。

第斯多惠。德国民主主义教育家第斯多惠最早关注到了师生的情绪状态与教学效果之间的显著关系。他认为："教学的艺术不在于传授的本领，而在于激励、唤醒、鼓舞。而没有兴奋的情绪怎么能激动，没有主动性怎么能唤醒沉睡的人，没有生气勃勃的精神，怎么能鼓舞人呢？只有生气才能产生生气；死气只能从死气中来。

---

① [英]约翰·洛克：《教育漫话》，傅任敢译，教育科学出版社1999年版，第142页。
② [法]卢梭：《爱弥儿》，李平沤译，商务印书馆1978年版，第349、223、254页。

所以你要尽可能多地使自己习惯于蓬勃的生气!"① 他的这一认识是非常超前的。教学艺术研究最终要更加关注创造教学艺术的人——教师,以及教师的教学对象——学生,只要将研究对象对准人,那么人的心理机制、情绪状态就必然会受到重视。遗憾的是,情绪作为情感的动态表征,对教学的影响作用直到目前仍没有得到应有的关注。因为第斯多惠的教学理论"要求教育必须从具体情况出发去灵活地加以运用,在他所处的时代不易在教师中迅速推广"②。正因如此,更显示出第斯多惠教学艺术理论的前瞻性。因为教学艺术对教师的要求远远高于赫尔巴特的"教师中心、教材中心和课堂中心"。

(3) 当代教学艺术研究的逐步繁荣以美国教育家的探索为核心

教育发展受制于经济发展和社会制度,近现代西方资本主义经济居领先地位,而在西方世界,美国又是执牛耳者。当代西方教学艺术研究是以美国教育家的实践探索和理论发展为中心向世界各地辐射的。

美国教育家的探索。杜威是颇具影响力的教育家,他的教育思想标志着一个时代,是教育史上一位里程碑式的人物。③ 他不仅强于教育理论,而且富于教育经验,把理论与实践结合起来。在教育史上既能提出新颖教育哲学,又能亲见其实施之获得成功者,杜威是第一人。④ 杜威认为,教学艺术是"一切人类艺术中最困难和最重要的一种艺术"⑤。他还具体阐述了教学艺术生成的关键,就是教师在课堂上、在讲课中要"刺激学生理智的热情,

---

① 张焕庭主编:《西方资产阶级教育论著选》,人民教育出版社1979年版,第367页。
② 吴也显等编:《教学论新编》,教育科学出版社1991年版,第45—46页。
③ [美] 约翰·杜威:《我们怎样思维·经验与教育》,姜文闵译,人民教育出版社2010年版,评介。
④ [美] 约翰·杜威:《民主主义与教育》,王承绪译,人民教育出版社2012年版。
⑤ [美] 约翰·杜威:《杜威教育论著选》,赵祥麟、王承绪译,华东师范大学出版社1981年版,第282页。

唤醒他们对于理智活动和知识以及爱好学习的强烈愿望",而这主要"是指情绪态度上的特征"。因为如果教师能调动起学生的热情,使学生处于最佳的学习状态,那么"讲课就会引导他们进入理智工作的轨道",因此教师"讲课要有助于组织理智工作已经取得的成就,验证它的质和量,特别要验证现有的态度和习惯,从而保证他们将来的更大的效果"。要实现这一点,杜威对教师提出了要求:"教师本身必须具有真正的理智活动兴趣,必须热爱知识,这样,于无意中就会使其教学充满生机。"因为"一个令人生厌的、敷衍了事的教师将使任何学科变成死物"。对于教学内容,他认为,"教科书必须用来作为手段和工具,而不能是目的"。如果"听任教科书的摆布,甚至让教科书占据主宰地位,其结果只能使思维变得迟钝"[1]。

吉尔伯特·海特(又译"吉尔伯·哈艾特")。《教学之艺术》是吉尔伯特·海特1951年出版的著作,该著作不仅是海特的代表作之一,还是教学艺术成为相对独立的研究领域的标志。该书源于海特20多年的教学实践,比较全面地阐述了海特的教学艺术观。[2] 在科学主义盛行于美国之时,海特却旗帜鲜明地提出"教学是一门艺术而非科学",并通过系统论述将教育教学理论中有关教学艺术的零散思想提升为一门相对独立的学科,不仅为以后的教学艺术研究做出了贡献,而且引发了教学到底是科学还是艺术的争论。[3] 海特认为:"教学包含情感因素和人的价值,而情感是不能被系统地评价和运用的,人的价值亦在科学所能把握的范围之外。"如果"人与人之间只有'科学的'关系,则必定是不充足,且可能是畸形的"。"只要教师和学生都是人,'科学的'教

---

[1] [美]约翰·杜威:《我们怎样思维·经验与教育》,姜文闵译,人民教育出版社2010年版,第214—215页。
[2] 李如密、何爱霞:《吉尔伯特·海特的教学艺术观述评》,《山东教育科研》1999年第2期。
[3] 李如密:《教学艺术论》,人民教育出版社2011年版,第43页。

二 文献综述

学（即使所教的是一门科学）必定是不足够的。"而且课堂教学"不像促使化学反应"那样，教学效果也是因"学生们感受到教师的活力和精神所证明的科目价值，因而能将功课学好的人数，要千万倍于那些感受到科目本身的价值的人数"[①]。海特重点论述了教学的方法或技巧，教学艺术具有实践性和情趣性，教学过程的准备、知识的传达和巩固的艺术以及教师应具有的教学艺术素养，等等。海特的教学艺术源于实践，也力求回归实践并指导实践。这一点对于我们教育博士包括广大实践中的教师而言，具有很好的引领作用。当然，任何理论都留有遗憾，海特也不例外。他在理论层面的建构暴露出实践工作者的局限，这需要我们努力克服。

教育心理学家的观点。研究教学艺术离不开心理学的支持，因为，只要研究人，就离不开对心理的研究，无论是认知领域还是发展领域尤其是脑科学研究领域，心理学的理论成果对教学艺术的发展将起到极大的促进作用，过去、现在直至将来莫不如此。在《与教师们谈心理学》一书中，威廉·詹姆斯指出："如果你认为心理学，即关于心理规律的科学，是一门可以从中引出明确的教学程序、计划和方法，以供课堂直接使用的科学，那就大错特错了。心理学是一门科学，教学则是一门艺术；而科学本身绝不会直接产生艺术。只有居于科学与艺术之间的创造性头脑通过使用自己的创造性，才能在教学中应用心理学。"詹姆斯指出了教学艺术生成的创造性特点，就是再好的科学理论若不通过教师创造性运用就无法产生艺术效果。操作性条件反射理论的创立者斯金纳，根据自己的研究创建了程序教学法。他认为，学习是一门科学而教学是一门艺术，是如何把学生和教学大纲结合起来的艺术。教师的作用是在学

---

① ［美］吉尔伯·哈艾特：《教学之艺术》，严景珊、周叔昭译，台湾协志工业丛书出版股份有限公司1978年版，序第5—6页。

生和机器之间建立联系并维持学习。① 布卢姆深化了斯金纳的观点，使程序教学法进一步完善。他认为，若是把一个复杂的最终产物，分解成为必须分别按照某种程序去达到的组成部分，即教授任何事物的过程，就是在向终极目标前进，那么，既要汇聚所需要达到的最终模型，又要集中力量走好每一步，这就是教学的艺术。实际上，在很大程度上，教学艺术依赖于把比较复杂的概念或过程分解成为较小的一系列的要素或步骤，然后寻求帮助个别学生掌握它们的方式。②

苏联教育家的研究成果。关于教学艺术，苏联的多位教育家都有独特的认识并形成了自己的理论。例如，克鲁普斯卡娅秉持"教学是一种巨大的艺术"的观点，她说："用通俗方法来传授知识，从可以引起学生兴趣的地方讲起，注意最重要的，把次要的和最重要的分别开来，一切都说得具体，并以实例来证明，不是想象中那样简单的事情，而是一种巨大的艺术。"③ 加里宁指出："教育是一种最困难的事业。优秀教育家们认为，教育不仅是科学事业，而且是艺术事业。"④ 乌申斯基认为，教育学是"最高级的一种艺术"，这种艺术应该"永远是先行的"。马卡连柯对教学艺术的研究更为深入，他肯定教学艺术在教学上的意义，认为声调、和声都有教学意义。他严格要求教师学会表演，掌握演剧方面的技巧；要善于运用表情；要能控制情绪，在学生面前保持愉快心情，要"机警灵活、满面春风"，他还要求教师提高语言素养，掌握多种语调。⑤ 苏霍姆林斯基对教学艺术研究的贡献也很

---

① ［美］斯金纳：《教学技术学》，瞿葆奎主编，徐勋、施良方选编：《教育学文集·教学》（中册），人民教育出版社1988年版，第557页。

② ［美］B.S.布卢姆：《教育评价》，邱渊等译，华东师范大学出版社1987年版，第14、20页。

③ 《克鲁普斯卡娅教育文选》，人民教育出版社1959年版，第668页。

④ ［苏］加里宁：《论共产主义教育和教学》，陈昌浩、沈颖译，人民教育出版社1957年版，第57页。

⑤ 吴也显等编：《教学论新编》，教育科学出版社1991年版，第464页。

大,他将激励儿童的发展看作教学艺术的出发点和关键点,他认为:"教育技巧的全部诀窍就在于抓住儿童的上进心。"他撰写的《教育的艺术》一书,系统阐述了教师说话的艺术、批评的艺术、课堂教学的艺术、备课的艺术等。他说,教育的艺术首先包括说话的艺术,同人心交流的艺术;批评的艺术在于严厉与善良的圆满结合;课堂教学的成功是由师生间相互关系决定的;激起学生积极的思维活动是教育技巧的永恒标志。而教师为了给学生一颗知识的火星,必须从整个知识的海洋中汲取营养,并用一生的时间来准备好一节课。[①] 此外,教师的个性及精神风貌对学生的发展影响巨大。作为集教育实践与教育理论研究于一身的教育家,苏霍姆林斯基的理论不仅丰富了教学艺术研究,还因对实践具有极强的指导意义而深受广大教师的欢迎。

其他国家教育家的研究成果。随着课程教学理论的研究逐渐深入,深入课堂开展研究成为必然,因此当代世界各国的教育理论家和教学实践者都非常重视对课堂教学艺术的研究。如日本的佐藤学撰写的《静悄悄的革命》,就是分析如何使课堂发生变化,而课堂发生革命恰是教学艺术生成的根本。英国教育家鲍门对教学研究偏重科学提出批评,并指出,在当前,人们并未像倡导教学的科学性一样倡导教学的艺术性。他还认为,科学与艺术存在着区别:"一门艺术和一门科学的根本区别在于:前者要有听(观)众,并假定有一个吸引听(观)众的风格。许多教育学者同意这个观点:化学是一门科学,而教化学则是一门艺术。科学研究的是现在所存在的或者至今还存在的东西,而艺术却是试图创造出一些现在并不存在的东西。"加拿大多伦多大学教授江绍伦认为:教学这种艺术不容易解释。因为艺术基本上是人的情绪内容的表现,通过这种表现,人传达他在特定时空条件下某方面的感情和志向。[②] 加拿大多伦多大学的

---

① 转引自吴也显等编《教学论新编》,教育科学出版社1991年版,第464页。
② [加]江绍伦:《教与育的心理学》,邵瑞珍等译,江西教育出版社1985年版,第34页。

巴瑞尔在他的论文《课堂艺术》中，对教育艺术的创造者——教师怎样创造教学艺术有着更深的思考和追问。他认为，在进行教学艺术研究的过程中，人们忽视了一个重要的方面，就是教师头脑中的思想、教师思维的内容。① 因此教学艺术研究不仅包括怎样教学，而且包括教师都讲了什么。因为在构筑完美教学的实践背后是教师对于以尽可能多的方法表述一个思想的探求。②

2. 教学艺术研究的贡献与问题

（1）国外教学艺术研究的贡献

国外教学艺术思想萌芽于古代，发展繁荣于近代，尤其是近代不仅明确提出了"教学艺术"的概念，而且有多位伟大教育家的思想至今仍深刻地影响着世界各国的教育，极大地促进了教学艺术研究的发展。尽管有研究表明，夸美纽斯并不是第一个提出"教学艺术"概念的人，但这丝毫也不会消减他在教育艺术思想史上的影响力。自夸美纽斯之后，许多教育家都先后阐明了自己的教学艺术观，其中很多观点都与他的观点有着密切的渊源。因此，近代国外教学艺术研究的立论是以《大教学论》为主线展开的。它标志着国外教学理论、教学艺术论的研究走向系统和完整。国外教育家不仅明确提出了"教学艺术"这一概念，并在世界范围里得到广泛认同和使用，而且他们的研究范围已经涉及教学艺术的本质、特点、功能、技巧和原则等问题，以及教学艺术的修养途径和专门培训等实践课题。此外，多位教育家如第斯多惠、斯宾塞等都重视吸取心理学的研究成果，以增强教学艺术思想的科学性。当代国外教学艺术研究呈现出以下特点：一是以美国教育家的研究为中心向世界各地辐射，如杜威的理论，因其研究如对思维本质的揭示等深入透彻，深刻地影响着教学艺术的发展；

---

① 王长纯：《当代西方教育艺术论初探》，《外国教育研究》1992年第4期。
② [加] 江绍伦：《教与育的心理学》，邵瑞珍等译，江西教育出版社1985年版，第34页。

二是海特的专著标志着教学艺术研究成为相对独立的研究领域；三是世界各国的教育家和实践者都高度关注教学艺术研究，都表达了自己的教学艺术观点，而教学科学与教学艺术的关系问题成为争论的热点问题；四是研究范围不断扩大，呈现出哲学、心理学、艺术与教育教学的多领域渗透。如此等等，都显示出教学艺术研究具有高度的理论与实践价值。

（2）国外教学艺术研究中所存在的问题

国外教学艺术研究尽管取得了丰硕的成果，为我们研究教学艺术提供了深厚的理论基础和成功经验，但唯物辩证法告诉我们，任何事情都不是完美无缺的，而是利弊相伴的。国外教学艺术研究存在两个问题。一是教学艺术研究长期处于分化状态。国外教学艺术研究自1632年夸美纽斯《大教学论》问世至吉尔伯特·海特1951年出版《教学之艺术》，其间经历了从"合"到"分"再到"合"的研究过程。但自1951年以来，国外教学艺术研究又走过了很长时间的分化乃至更加精细化的研究历程，如马克斯·范梅南对"教学机智"的研究、佐藤学对"静悄悄的"课堂变革的研究等，尽管都在聚焦教学艺术效果的创造者——教师，但并不全是聚焦课堂且以教学效果为统帅的系统的教学艺术研究。分久必合的规律告诉我们，针对课堂进行的分化、精细化研究累积到一定程度，就需要由"教学艺术"这个统摄性概念将各项研究成果通过课堂予以整合。因为无论是教学机智还是教育智慧都聚焦于教师，而教学艺术考察的则是教师的课堂教学效果。因此，国外教学艺术研究的问题告诉我们，需要重返课堂，以"教学艺术"统整现有理论成果解决课堂问题，从而形成能有效指导实践的理论框架。二是国外教学艺术研究共同强调教师的情绪、态度、热情，对于学生的唤醒，对学生情绪、兴趣的培养，但在具体操作层面则缺乏深入系统的研究。在关于情绪问题尤其是教师课堂情绪状态上，存在着一个有趣的现象：无论是第斯多惠还是杜威等人都高度重视教师的情绪问题，但无论是在哲学领域还是在教学论领域，大家对这个问题的研究却"集体性失语"①。可见，对教师课堂情绪状态进行深入系统的研究或许是推进课堂教学艺术向深层次发展的路径之一。

（二）国内教学艺术研究述评

1. 教学艺术研究历程

（1）以孔子为代表的古代先贤总结出的珍贵的教学艺术思想

孔子是中国历史上第一个创办私学、讲学授徒的人②，他提出"不愤不启，不悱不发。举一隅不以三隅反，则不复也"③，实践着启发式教学。"愤"和"悱"都与"心理"状态有关。"愤"表明学生心中有不平但尚未在行动上表现出来；"悱"表明学生心中明白但还不能用自己的话表达出来。孔子认为，当教师看到学生出现或处在"愤"或"悱"的状态时，就需要对之加以启发、诱导，

---

① 情绪问题是我非常关注的问题。我在做文献研究时发现，很多国外的大教育家如第斯多惠、杜威、乌申斯基及国内从教学实践中成长起来的专家李吉林都非常重视教师的情绪。尽管 1996 年英国《剑桥教育学报》第 26 卷第 4 期以及 2000 年和 2005 年美国《教学与教师情绪》以专刊形式刊载了有关教师情绪的研究文章，且最近 10 多年，多国学者从不同理论视角和研究领域对教师情绪做了持续分析，但在教学艺术研究领域却极少针对教师情绪尤其是教师课堂情绪进行研究。当我研读现象学理论时，发现胡塞尔的意识现象学和伽达默尔的诠释现象学著作都大篇幅地对情绪进行了探讨。对此，当我向西北师范大学研究胡塞尔的学者李朝东请教时，李教授针对胡塞尔《纯粹现象学概论》中关于情绪的大段论述［如 330—334 页"各种情绪或意志的行为，正是'行为'，是'意向的体验'，而且在每一种情况下与它们相联系的是'intentio'（意向）、'设定采取'，或者换个说法，它们在最广泛的但本质上统一的意义上是'设定'，虽然不是信念的设定"；"因此情绪的设定类似于作为设定的信念设定，但它们不像一切信念那样彼此相互关联"；"在情绪行为中它们以情绪方式被意向，通过这些行为的信念内容的实显化，它们达到信念的并进而达到逻辑—表达的所意指者……结果可以认为，本质上与情绪和意志意向性相关的诸形式的和实质的学科或意向对象和本体论的学科，有可能成立，甚至必然成立……"］认为，也许可以这样理解：情绪是可以根据情境调节的，它比信念易于变化且非常跳跃，但信念则可透过情绪被实显化。因为情绪是人的深层次的、内心世界的表征。对于我的问题，李教授说："这个问题只有靠你自己去研究了。"

② 胡德海：《教育学原理》，甘肃教育出版社 2006 年版，第 76 页。

③ 《论语·述而》。

二 文献综述

从而促使学生迈过认知与行为间的坎儿,达到提高学习成效的目的。他身体力行,因材施教,循循善诱,诲人不倦,显示了精湛高超的教学艺术。① 因此,孔子最得意的弟子颜渊曾赞曰:"仰之弥高,钻之弥坚。瞻之在前,忽焉在后。夫子循循然善诱人,博我以文,约我以礼,欲罢不能。既竭吾才,如有所立卓尔。虽欲从之,末由也已。"② 孟子继承了孔子的教学艺术思想,提出"教亦多术矣。予不屑之教诲也者,是亦教诲之而已矣。"③ 还提出"言近而指远者,善言也……君子之言也,不下带而道存焉"④。即老师要善于利用学生的生活经验,通过身边的事例深入浅出地讲明白深远的道理。荀子曾在稷下学宫"三为祭酒",即曾经多次出任大学校长,以讲学为务。荀子的名篇《劝学》,在激发师生笃志好学的过程中,也提醒教师要掌握教学时机,以提高学生的学习效果。《学记》是中国古代教学艺术思想的瑰宝,其中不仅对启发式教学进行了总结,深刻地阐明了教学方法、时机、教学语言及提问等教学艺术,而且对教学艺术生成的深层次的心理问题也做了论述,如"君子知至学之难易而知其美恶,然后能博喻,能博喻然后能为师",就是说,当教师知道了学生学有所成在什么情况下最困难,在什么情况下最容易,而且知道怎样讲解效果好,怎样讲解效果差,知道了这四点,然后就能够触类旁通全面明白教育教学的方法了;能全面明白教育教学的方法,然后就能够成为一名优秀的教师。"学,然后知困;教,然后知不足。知困,然后能自反也;知不足,然后能自强也。故曰教学相长。"《学记》对后世教育教学产生了极其深远的影响。此后,历朝历代皆有先贤留下他们的教学艺术思想,如汉代的董仲舒、隋代的王通、唐代的韩愈、南宋的朱熹、明代的王守仁等,古代先贤虽未明确提出"教学艺术"概念,进行系统研

---

① 李如密:《教学艺术论》,人民教育出版社 2011 年版,第 51 页。
② 《论语·子罕》。
③ 《孟子·告子下》。
④ 《孟子·尽心下》。

究，但他们通过实践总结的教学艺术思想至今仍具有现实意义。因为"萌芽虽然还不是树本身，但在它自身中已有着树，并且包含着树的全部力量"①。因此课堂教学艺术研究的本土化发展，需要研究者向我国古代先贤学习，从他们那里借来智慧。

（2）近代教学艺术研究起步较晚

我国近代在教学艺术研究上，与世界各国尤其是美国相比，起步较晚，发展相对滞后。尽管20世纪初，一些著名教育家如蔡元培、陶行知等在批判旧教育的种种弊端的基础上，论述了他们的教学艺术思想。自中华人民共和国成立到改革开放前，也有一些教育家和教育学者使用了教学艺术概念，并且对一些理论问题，如教学艺术的特点、教学科学与艺术的关系等做了探讨，但是我国并没有形成系统的理论。

（3）当代教学艺术研究呈现出极强的生命力

改革开放后，教学艺术研究在我国呈现出勃勃生机。如南京师范大学教授李如密多年专注于教学艺术研究，其专著《教学艺术论》将教学艺术研究自改革开放后至今划分为五个阶段：第一阶段（1980—1985）为酝酿期，第二阶段（1986—1988）为探索期，第三阶段（1989—1991）为立论期，第四阶段（1992—1999）为发展期，第五阶段（2000年至今）为繁荣期。②通过对这五个时期的分析，我们看到，我国新时期教学艺术研究，从立论到争论、从浅表认识到系统梳理、从感性描述到深度探讨等，得到许多专家学者及实践工作者的高度关注和积极参与，显示出极强的生命力。

2. 教学艺术研究的相关问题

（1）从外部形态到精神世界的教学艺术

分析教学艺术研究的趋势能帮我们确定研究定位。为了解教学

---

① ［德］黑格尔：《法哲学原理》，范扬、张金泰译，商务印书馆1961年版，第1页。
② 李如密：《教学艺术论》，人民教育出版社2011年版，第6—13页。

艺术研究的发展态势，确定研究切入点，我将1993—2014年这20年的文献作为重点，通过广泛搜集、分类整理，运用比较法，即通过纵向、横向对比，对重点期刊、重点作者和主要著作进行比较研究。具体来说，一是对教育理论领域权威期刊《教育研究》1993—2013年刊登的相关文章进行纵向分析，了解学术界在教学艺术研究上的动态变化；二是对长期研究教学艺术的学者李如密的理论成果进行1994年和2014年两个年度的横向比较，查看个体在教学艺术研究上的发展趋势；三是对较有影响的两部著作，人民教育出版社2011年出版的李如密的《教学艺术论》（两版）和中国人民大学出版社同年出版的杜德栎、范远波主编的《现代教学艺术论纲》（以下简称"论纲"）进行纵横两个维度的双重比较：第一，自身对照比较，即《教学艺术论》两个版本的纵向比较；第二，两本书的对照比较，即《教学艺术论》和"论纲"两部著作的横向比较，了解教学艺术研究体系的发展变化。

分析《教育研究》20年的发文情况，发现教学艺术研究视点从外部形态转向其创生者——教师。对CNKI数据库进行高级检索，时间限定在1993—2013年，选择"篇名：教学艺术"，文献来源确定为"教育研究"，发现4篇文章：1994年第10期叶学良的《现代教学艺术研讨会综述》，1996年第12期庞学光的《〈教学艺术论〉评介》，2005年第7期何齐宗的《审美素养：教师创造教学艺术的基础》以及2006年第12期王升、赵双燕的《论教学艺术的形成》。检索"主题：教学艺术"，又增加了4篇：2006年第9期程广文和宋乃庆的《论教学智慧》，2009年第4期王升与张燕的《从有效维度对主题教学的进一步思考》，2011年第9期程建荣和白中军的《百年中师教育问题摭探》，2012年第2期周建华的《高中数学骨干教师专业发展情况调研——来自国培计划（2011）中小学骨干教师研修项目人大附中高中数学班的报告》。数据表明，自2006年之后，虽然"篇名"未出现"教学艺术"字样，但"主题"含"教学艺术"的研究论文仍持续出现。

其实，研究教学智慧、有效教学、教师培养及教师专业发展等，依然是研究教学的艺术性。

用同样路径检索"篇名：教育智慧"，发现两篇文章：2005年第2期田慧生的《时代呼唤教育智慧及智慧型教师》和2012年第4期广少奎的《先秦水论：中国古代思想家教育智慧论析》。检索"主题：教育智慧"，又得到17篇。两者共计19篇。检索含"教学智慧""实践智慧""教学机智""教学风格""实践知识"的论文后，对比发现：第一，"教学艺术"出现得早，如1994年第10期有篇名中含"教学艺术"的文献，即《现代教学艺术研讨会综述》。该文系统分析了20世纪70年代至90年代中期我国教学艺术的研究现状、若干理论与实践问题、任务及前景。第二，另一个出现较早的是关于"教学风格"的研究，共计两篇：1994年第2期王志平的《试论教学风格的构成因素与结构形式》，1995年第5期李如密的《教学风格综合分类的理论探讨》。第三，随后出现的是2003年"实践智慧"，即2003年第9期邓友超、李小红的《论教师实践智慧》。第四，经仔细分析发现：自2005年第2期田慧生的《时代呼唤教育智慧及智慧型教师》之后，研究"教育智慧""实践智慧""教学智慧""教学机智"的文章分别达到14篇、37篇、7篇、3篇，倍增于之前。例如，在篇名、主题为"实践智慧"的37篇文章中，2005年第2期前仅6篇，不足此后的20%；再如"教育智慧"2005年第2期之前与之后发文的比例为5:14，"教学智慧"则为2:7，而篇名中含有"教学机智"语词的文章全部出现在2005年之后，集中出现于2008年第9期，至今共3篇。

从以上数据中，我们可以得出这样一个结论：随着2005年第2期"时代呼唤教育智慧及智慧型教师"这一命题的出现，教学艺术研究对准了教学艺术的创生者——教师。教学艺术研究从过去重点研究"什么是教学艺术""教学艺术有什么特点、功能、规律、如何分类"及"教学艺术的多种表征及如何实现教学艺术"等本体论及外部形态等，向深层次的"什么样的教师、怎样生成教学艺

二 文献综述

术"转型。转型标志是《时代呼唤教育智慧及智慧型教师》的发表,时间拐点是"2005年2月"。

"当今的课堂教学似乎并不缺少新的理论、方法、技术,也不缺少改革的热情和由此带来的繁荣局面。但是,长久以来人们所期待的课堂教学应有的生机和活力为什么迟迟不能激发出来?学生在课堂上的生命活力为什么依然得不到释放,甚至在日复一日的机械学习中被销蚀、磨灭?教师在面对各种新的挑战和复杂多变的教学场景时为什么经常表现得无所适从、茫然无助?课堂教学的各种理论、方法不断变换,但课堂的面目为什么依然似曾相识,甚至千篇一律?"在一系列犀利的追问之后,作者指出,决定课堂生命活力的核心因素是教育智慧。该文认为:"智慧型教师的教育智慧是教育科学与艺术高度融合的产物,是教师在探求教育教学规律基础上长期实践、感悟、反思的结果,也是教师教育理念、知识学养、情感与价值观、教学机智、教学风格等多方面素质高度个性化的综合体现。"[①] 作者认为,解决课堂教学问题的关键是教师,是有智慧的教师。换句话说,课堂要真正发生变化,关键在于提高教师的教育智慧。而教育智慧则是教育科学与艺术在课堂上的综合表现。该文从理论层面、宏观角度分析了阻碍教师及教育智慧生成的因素,提出了走出缺乏教育智慧困境的理念与应然层面的措施,但并未涉及具体、可操作的生成方法。总之,该文指出了教学艺术研究的大方向,要对准教师、对准教师的智慧进行研究,挖掘教学艺术生成的深层次问题。

聚焦课堂,对准"教师",研究的大方向和研究对象是正确的。为了使研究更具操作性,本书将研究对象界定在我最熟悉的"小学教师"身上。所以本书将小学教师的"课堂教学艺术生成策略"作为研究的切入点和落脚点,试图找到课堂教学中艺术生成的更微观、更具体的方法,应该说,切中了教学艺术转型的根本。本书研

[①] 田慧生:《时代呼唤教育智慧及智慧型教师》,《教育研究》2005年第2期。

究旨在了解小学教师在课堂教学艺术生成过程中是如何思考的，以及制约思考或制约教学艺术生成的关键点，从而形成更接近教师创生教学艺术本质的理论，使理论扎根。这恰是本书的研究目标和重点。

分析李如密1994年与2014年的研究成果可见，教学艺术研究视点由外部表征转向教学细节。李如密是国内研究教学艺术的众多学者中坚持时间较长、研究范围较广、取得成就较大的一位学者，对于教学艺术领域的文献研究来说，具有不可多得的典型性和代表性。自从他的本科毕业论文《教学风格初探》1986年在《教育研究》上发表后，他就走上了教学艺术理论的探索之旅。1995年他的专著《教学艺术论》由山东教育出版社出版，先后重印8次[①]，第二版于2011年由人民教育出版社出版。他的多位博士生、硕士生也大都追随于他，选择教学艺术作为研究领域。如2011年，他的学生，南京师范大学张晓辉博士的学位论文是《教学空白艺术》；2005年，曲阜师范大学刘向前的硕士学位论文是《论课堂沉默》；2008年，曲阜师范大学史金榜的硕士学位论文是《教学倾听艺术》；2011年，南京师范大学曹靖的硕士学位论文是《课堂教学节奏的生成与调控》；2012年，南京师范大学王冬黎的硕士学位论文是《课堂教学中教师立体表达的研究》。此外，对话教学、教学问答、同伴教学、教学体悟等课堂教学中非常具体、微观、细致的内容都成为李如密和他的弟子们研究的对象。

通过对李如密1994、2014两个年度发文情况的比较分析（详见表2-1）发现：一是李如密在过去20年里从未间断对教学艺术的研究。二是从研究内容上看，1994年有两篇关于教学艺术的理论研究，5篇关于教学艺术的表征研究，如板书设计、教学设计、导课结课、教学高潮设计和教学语言；2014年，研究内容则向系统与局部两极发展，其中《教学艺术的多维分类、形态解析和研究

---

① 李如密：《教学艺术论》，人民教育出版社2011年版，前言。

课题》是对教学艺术研究的系统梳理，而《课堂沉默及其艺术应对》则指向了教学细节。

李如密的研究个案给我们两点启示：第一，教学艺术研究已越来越贴近实践，尤其关注课堂现象，如师生互动中的对话，包括沉默等。即教学艺术研究要走进课堂，研究教学现象，研究教学过程中更微观、更细致的内容。因此本书在考察教学艺术生成的表现形式上，很重要的一点就是课堂教学的"细节处理"。因为无论是教师的教育理念还是教学设计，都需要在教学细节的处理中予以显现，这是可以看得见的教学现象。而只有走进课堂，研究教学现象，才能真正解决教学问题。课堂才是教学艺术研究的自然实验室。只有躬耕课堂这一"田野"，"回到实事本事"上，才能形成扎根理论。[①] 第二，教学艺术研究要通过长期的扎实研究，在多维研究的基础上，在进行微观、局部研究的同时，既要谋求解决具体问题，具有实践价值，也要追求理论发展，即重建现代"课程与教学论"的新体系。[②]

表 2-1　　　　李如密 1994、2014 两个年度发文情况统计

序号	1994				2014			
	题目	作者	期刊	月份	题目	作者	期刊	月份
1	在美育与德育的结合上寻求渗透最佳效果——美育与德育结合的心理结构分析	李如密 朱学坤	山东教育科研	1	课堂教学研究的"类融合"及其价值探析	袁庆辉 李如密	现代大学教育	1

[①] 王鉴：《课堂研究引论》，《教育研究》2003 年第 6 期。
[②] 同上。

续表

序号	1994年 题目	作者	期刊	月份	2014年 题目	作者	期刊	月份
2	试论课堂教学高潮的审美设计	李如密 朱学坤	课程·教材·教法	4	学校特色建设重在精神气质的培育	李如密	江苏教育	2
3	论教学风格的实践升华和理论渗透	李如密	基础教育研究	5	"做中学"教学法之百年演进述评	屠锦红 李如密	课程·教材·教法	4
4	课堂教学的设计艺术	李如密	上海教育科研		教学文化的多元功能	龚孟伟 李如密	教育研究与评论（中学教育教学）	4
5	我国教学艺术思想的历史发展初探	李如密	教育改革	6	教学评价教育：大有可为的教育评价新课题	李如密	教育测量与评价（理论版）	5
6	教学艺术研究的重要成果——《教学艺术论》评介	杨启亮 李如密	教育评论		学校发展需要领导者具有创新思维	李如密	江苏教育	5
7	教学的语言与非语言艺术	李如密	山东教育	9	教学艺术的多维分类、形态解析及研究课题	李如密	中国教育科学	6
8	教学板书艺术	李如密	山东教育	10	课堂教学的创新及其影响力——中国首次太空授课的教学论评析	李如密	江苏教育	8

续表

序号	1994年				2014年			
	题目	作者	期刊	月份	题目	作者	期刊	月份
9	教学的导课和结课艺术	李如密	山东教育	12	论教学风格及其境界	潘朝阳 李如密	当代教育与文化	9
10					学生课堂沉默及其艺术应对	张玉娟 李如密	上海教育科研	10

对比分析《教学艺术论》和"论纲"两本书的内容体系，不难发现，教学艺术研究在系统化的过程中逐步深入。一是《教学艺术论》两个版本对照比较：1995年版的《教学艺术论》（以下简称"95版"）由绪论3节及分论14章52节共15章55节组成，内容有：教学艺术论的对象和意义、性质和任务、研究现状述评，教学艺术思想的历史发展，教学艺术的本质，教学艺术的特点、功能及分类，教学艺术辩证法，教学艺术交流过程及其规律，乐学教学艺术，教学组织结构艺术，教学启发艺术，教学语言艺术，教学非言语表达艺术，教学板书艺术，教学提问艺术，教学幽默艺术，教学艺术风格。2011年的第二版（以下简称"11版"），新增了四章13节，分别是教学应变艺术，教学评定艺术，教学生学会学习的艺术和教学流派，同时还补充了5节及两个问题，使整个内容体系更加完善。若说"95版"在理论建构上以"教学艺术本体认识"加"教学技能"为主，相对偏静态；"11版"则因增加了"教学应变艺术""教学评定艺术"等内容，而使教学艺术的理论建构呈现出动静结合的态势，也更接近自然、真实的教学情形。

二是两本书的对照比较（见表2-2）：第一，两本书共有13处不同点、10个相同点（尽管具体内容上存在差异，例如《教学艺术论》对于教学艺术的发展历史讲述得更为详尽，而"论纲"只做简要介绍，但大同而小异，故不计为不同点）；第二，分析相同点可以看出，对于教学艺术的本质、教学组织、提问、板书、启发、讲解、学法指导、语言与非言语、评价、幽默、艺术风格，两本书都有所涉及，即关于教学艺术的构成元素方面，两位作者已经达成共识。而分析不同点则表明，两位作者在研究教学艺术上各有侧重，如《教学艺术论》在梳理文献、界定内涵等理论问题上更偏重一些，而对具体因素分析上，虽说研究得细致深入，但与"论纲"相比，在整体性、时代性和实效性方面则相对逊色。从某种程度上说，后者更接地气，距离教师的现实工作、课堂教学生活更近一些。如教学设计、教学反思，都是教师教学生活中常用的术语，也是常做的工作。尤其是"演示与实验""教学媒体选用"以及"教学智慧"等，一方面与现代教学技术在教学中的广泛普及应用贴得很紧，另一方面使教学艺术彰显出更多的时代性、开放性和个体性。

需要强调的是，将教学智慧聚焦到教师身上，使诸多教学艺术所涉及的因素有了统领。教学艺术的所有构成因素，最终需要依靠有智慧的教师才能得以体现。

表2-2　　从目录比较《教学艺术论》和《现代教学艺术论纲》的异同

不同点	各　章　内　容	
	教学艺术论	现代教学艺术论纲
1	绪论	
	第一章：教学艺术思想的历史发展	第一章：教学艺术概述
	第二章：教学艺术的本质	
	第三章：教学艺术的特点、功能及分类	
2	第四章：教学艺术辩证法	
3		第二章：教学设计艺术
4	第五章：教学艺术交流过程及其规律	
5		第三章：教学过程的优化艺术
6	第六章：乐学教学艺术	
7		第四章：教师形象的塑造艺术

续表

不同点	各　章　内　容	
	教学艺术论	现代教学艺术论纲
	第七章：教学组织结构艺术	第五章：教学组织与调控艺术
	第八章：教学启发艺术	第七章：启发与讲解艺术
8		第八章：演示与实验艺术
9		第十章：教学媒体选用艺术
	第九章：教学语言艺术	第十一章：教学语言艺术
	第十章：教学非言语表达艺术	第十二章：教学非言语艺术
	第十一章：教学板书艺术	第六章：提问与板书艺术
	第十二章：教学提问艺术	
	第十三章：教学幽默艺术	第十四章：教学幽默艺术
10	第十四章：教学应变艺术	
11		第十五章：教学反思艺术
12		第十六章：教学智慧
	第十五章：教学评定艺术	第十三章：教学评价艺术
	第十六章：教学生学会学习的艺术	第九章：学生学习及其指导艺术
	第十七章：教学艺术风格	第十七章：教学艺术风格
13	第十八章：教学流派	

多重分析告诉我们，教学艺术研究正在进行多维转向，核心是从偏重外部形态转向偏重人的精神世界。艺术和科学都是人类掌握世界的特殊方式，各有特点。艺术的对象是人生，它以人类社会生活的总体（不仅是生活的外部形态，也包含人的精神世界）作为对象。[①] 教学艺术研究将课堂现象作为研究对象，多年来，重点对准了教学艺术的外部形态，如教学艺术的本体和教师呈现的教学技能等，但却"忽视了一个重要的方面，就是教师头脑中的思想、教师思维的内容"。所以田慧生发出"时代呼唤"，强调课堂教学变革

---

① 李如密：《教学艺术论》，人民教育出版社2011年版，第79页。

需要教育智慧及智慧型教师。因此"研究教学艺术，更重要的是，教学艺术不仅包括怎样教学，更包括教师都讲了什么。因为在构筑完美教学的实践背后是教师对于以尽可能多的方法表述一个思想的探求"①。所以最近十年来，我国教学艺术研究正处于从过去重视对教学艺术的表征及其本体论向教学艺术的创生者——教师，尤其是教师的精神世界转型的阶段，即由宏观、外部、客位、应然的研究转向微观、内部、主位、实然的研究。

（2）呼唤教师成为研究者的艺术

在搜集文献时，我从各级各类期刊上检索出"篇名、主题、关键词"是"教学艺术、教学智慧、教育智慧、教学机智、实践知识"的文献共190篇，并查到不同作者的《教学艺术论》"论纲"及《如何形成教学艺术》等专著6部，在分类整理及深入研究中，我的突出感觉是：中小学教师很少发出声音剖析他们是如何思考教学艺术这个问题及如何解决课堂问题的。即便是分析特级教师的文章，包括分析小学特级教师的教学课例等文章，它们也基本是把教师作为研究对象，而不是教师自己的现身说法，使读者无法直接与他们对话。因此，导致教学艺术研究的理论成果在实践中总是隔着一层薄雾，朦朦胧胧，难以产生最直接的效果。教师在教学艺术研究中的"失语"现象，是一个非常值得关注的问题，也是我们需要追问的话题。尤其是在教学艺术研究转型阶段，当研究聚焦到教师身上的时候，我们必须重视当事人的想法，因为决定课堂教学效果的既不是教师"拥有的理论知识"，也不是他们掌握的"教学技能"②，而是他们的"个人教育理论"③。既然要分析教师的"个人教育理论"，最理想的方式莫过于直接倾听教师的声音，这样才能

---

① ［加］江绍伦：《教与育的心理学》，邵瑞珍等译，江西教育出版社1985年版，第34页。
② 赵昌木：《教师成长：实践知识和智慧的形成及发展》，《教育研究》2004年第5期。
③ 邓友超、李小红：《论教师实践智慧》，《教育研究》2003年第9期。

二 文献综述

最大限度地减少转述所造成的信息误差，同时也可以减少客位研究、应然研究带给教师的心理压力。因为每个人一再听到别人对自己说"你应该这样""你应该那样"时，都会感到不舒服。这种感觉使教师对研究者的理论在无形中就产生了反感，进而产生排斥，自然也就难以认同其理论。但是，教师的教学的确面临着诸多困难，需要有人帮助解决。怎么办？答案是：教师成为研究者。

教师成为研究者，可通过与其他研究人员合作的方式入门。研究人员可以是专业的理论工作者、教研员，也可以是自己的同事。[①] 这样，教师可以在专业人员的指导下分析教学，只有在具体的教学行为得以突显并进行讨论时，教师的课堂教学才能更好地得到改变。当然，我们的最终期望是教师能够形成独立自觉的研究习惯，以研究促理论学习，以学习强实践研究，防止陷入经验主义的泥潭。

教师成为研究者，在解决实践困难的过程中，也有利于推动理论体系的完善。因为教育理论自身需要不断修正和完善，只有自身发展完善的教育理论体系，才是符合科学事实的理论体系，才有可能对实践产生指导作用。所以教育理论的价值是在不断完善自身体系的过程中指导教育实践，使教育实践许多表面上的不可能成为事实上的可能。[②]

教师成为研究者，并不是难以实现的。2014 年，国家首届教育教学成果评比，基础教育阶段仅有的两个特等奖获得者，一个是教学改革的代表李吉林，另一个是课程改革的代表李希贵，他们都是教师成为研究者的典范。李吉林创立了情境教育学派；李希贵在北京十一中学，做到了全校 4200 多名学生每人一张课程表，实践了"为每个学生提供最适合的教育"这一理念。[③] 此外，清华大学

[①] 王鉴：《课堂研究引论》，《教育研究》2003 年第 6 期。
[②] 王鉴：《论教育理论的理想性》，《当代教育与文化》2013 年第 1 期。
[③] 顾明远：《为每个学生提供最适合的教育》，《中国教育报》2010 年 4 月 19 日第 2 版。

附小校长窦桂梅获得了一等奖第一名。作为实践领域的杰出代表，他们在实践中研究，在研究中实践，其研究成果不仅取得了实践的成功，还获得了理论的突破，并得到国家及社会各界的高度评价。

教师成为研究者，带给我们三点启示：第一，教育改革需要教师成为研究者，因为没有哪位理论研究者比实践者更了解实践。其实，纵观近、现代教育思想史，先进的教育理论总是走在教育实践的前面，而它又总是且仅仅来自教育改革家和群众性的局部教育改革实践。① 第二，教师不仅需要躬身实践，而且需要在理论上执着求索。李吉林教了一辈子小学语文，她勤实践，勇探索，学理论，善总结，仅在《教育研究》上就发表了9篇理论文章，2006年人民教育出版社出版了8卷本《李吉林文集》。李吉林在教育战线躬耕近六十载，不懈地求索近六十载，给广大小学教师做出了表率。第三，课程与教学的变革需要研究课堂，需要研究教师，需要研究教师的教学艺术。而研究的推进，需要教师的加入。因为教学艺术"是以个人体验为起点的，是自觉的，境遇式实践智慧的结晶"。它不仅是"'思'、是'看'，更是基于内心情感体验和感悟的'做'"。这种实践活动是"围绕着人自身的成长和人的精神世界的塑造展开的"。教学中的艺术性活动是"教师内在价值的体现，其策略和方法是随着教学活动中所遇到的问题情境随境而生的，具有鲜明的灵活性和情境性，无固定的程式和套路可循"②。因此研究教学艺术，教师是不能缺席的。教学艺术研究呼唤教师成为研究者。

事实上，只有尊重一线教师的课堂教学体验，把他们的课堂教学体验视为最贴近他们的"教学真理"，视为对他们的课堂教学实践最有帮助也是最真实的教学理论，他们才可能在课堂教学体验的基础上，继续探寻对课堂教学实践更深刻的认识。如果教师个人的

---

① 胡德海：《教育学原理》，甘肃教育出版社2010年版，第111页。
② 刘旭东、吴原：《教育研究的传统与科学化》，《教育研究》2011年第4期。

二 文献综述

课堂教学体验得不到外在的理解和认可,而是不断遭到抽象的教学理论的否定,并希望用抽象的教学理论去重构它,这样一来,不但教师了解课堂教学的主动性没有了,在教师头脑中重构起来的教学理论离教学实践也就更远了。① 因此,本书运用多种研究方式,重点采用课堂志的研究方法,对教师的课堂教学进行"深描";以质的研究方法与教师进行深度对话,通过"深聊"了解教师的内心世界,解释教师的思维方式。做质的研究,研究者本人就是研究工具②,要在自然情境下采用各种资料收集方法对教学现象进行整体性探究;要通过研究者和被研究者之间的互动对事物进行深入、细致、长期的体验,然后对事物的"质"获得一个比较全面的解释性理解。③ 因此,研究者个人的经验性知识很重要。而我本身就是小学教师,在某种程度上,研究教学艺术就是剖析我自己的教学生活。当然,作为研究者,在研究教师的过程中,我将悬置我的观念,屏蔽我的话语,倾听我的对象,深描他们的活动,记录他们的话语。当然,最终我还要"回到这里"④,以胡塞尔的意识现象学为理论基础,分析教师教学行为产生的深层次的、内隐的、本质的意识问题,在此基础上"深思"教学艺术生成的策略机制及具体办法,形成来自经验又高于经验的扎根理论,之后返回课堂,指导更多一线教师的教学实践,帮助他们提升教学艺术水平。

(3) 分析课堂现象与解决教学问题的艺术

教学现象就发生在教学活动之中,它呈现的场所主要是学校的课堂。对教学现象必须加以细致的观察才能明了其意义,必须结合日常课堂教学实践中的示例才能洞见那些司空见惯且持续发生的教学问题的本质,才能从复杂的现象中认识、理解并进而把握教学的

---

① 周彬:《课堂现象学论纲——兼论课堂教学研究的路径选择》,《教育研究》2012年第5期。
② 陈向明:《旅居者和"外国人"——留美中国学生跨文化人际交往研究》,教育科学出版社2004年版,第31页。
③ 陈向明:《质的研究方法与社会科学研究》,教育科学出版社2010年版,第10页。
④ 王鉴:《课堂研究概论》,人民教育出版社2007年版,第10页。

规律。所有这些都说明，如果忽视了对教学现象的观察研究，仅仅采用抽象的逻辑推论，就无法真正研究教学活动，就无法使教学论研究走向教学实践，中小学教师就无法喜欢这些教学理论，教学论就只能是"象牙塔"内孤芳自赏的高阁之术。[①] 研究教学艺术，需要分析课堂现象，解决教学问题。教学现象是课堂上表现出来的可以看得见、摸得着的东西。教学艺术就是在课堂的动态活动中体现出来的教学现象，我们要研究教学活动中师生、生生之间的动态关系，通过解释教学中出现的不规则的、无规律的纷繁复杂的现象，诠释教学艺术的生成、发展与效果。

（4）教学艺术的本质及生成原理

教学艺术是一种特殊的实践艺术、过程艺术，它是建立在教学科学性、伦理性基础上的以美的法则为基本准则追求教学个性自由的艺术形态。教学艺术生成原理为"构想、表达、教学个性化、教学风格"四个阶段。[②]"构想"是前提，是基础，它体现在教学设计上。"表达"是教师借助多种媒介或方法将教学构想实显化的过程。"构想"与"表达"相互制约、相互作用。"教学个性化"是教师通过学习、模仿、反思、改进，教学技巧日益成熟的过程。"教学风格"是教师教学艺术呈现稳定、更新、发展，教学艺术水平达到更高境界的表现。

（5）课堂教学艺术的表现形式

教学艺术因其难以预设、在情境中生成而平添了研究难度，不过，它在教学中常常通过教学内容、组织形式、学习方式、评价等的创新尤其是教师的言行、态度及对教学问题的巧妙处理表现出来，因此通过观察、诠释教师的教学行为，即通过教学艺术的表现形式分析教学艺术的生成策略，揭示其内隐的生成原因，以增进对教学艺术生成策略的理解成为一种重要的研究路径。

---

① 王鉴：《课堂研究概论》，人民教育出版社2007年版，第93页。
② 潘洪建、徐继存：《教学艺术沉思》，《上海师范大学学报》（教育版）2000年第11期。

二 文献综述

杨四耕在论述"教学艺术的形态与表征"时，将教学艺术缕析为形象态、生动态、文雅态和严谨态四种形态，认为教学气氛、教学关系、教学风格是教学艺术的三种主要表征。它的四种形态是：第一，教学艺术的形象态。这是指教学艺术赋予概念和思维的具体可感性，包括实践性形象、技术性形象和理念性形象。实践性形象是指教学艺术作为一种客观的社会实践活动赋予概念和思维的具体可感性：一是指来自教师的动作行为方面的形象（如体态、手势等）；二是指来自教师言语声音方面的形象（如声音的高低、长短、顿挫等）。技术性形象是指教师采用的教学手段和教学方式赋予概念和思维的具体可感性，主要有语言形象、实物形象和模拟形象三种。所谓理念性形象是指蕴含在教学艺术内容中的概念、判断、推理等理念性材料由于与人的心理完形和简约化倾向一致而形成的具体可感性。这是一类"抽象"的形象，与学习者的知识结构、生活经验等因素有着密切的关系。第二，教学艺术的生动态。即是教学艺术实践在教学诸要素中所体现的生命动态感，常见的表现形式有化静为动，动静相谐；变直为曲，曲直互变；寓情于理，情理相生；寓情于景，情景交融；寓趣于理，理趣相糅；寄神于形，形神兼备等。许多优秀教师都善于综合利用上述各种形式将教学内容艺术地再现出来，使学生乐于接受并产生美的感受。这是教师劳动富有创造性的一种表现。第三，教学艺术的文雅态。这是指教学艺术实践中教师整体活动的优美性与和谐性，既包括教师服饰的优雅大方，行为的举投有致，语速语调与顿挫的适中，言辞的委婉深沉，情绪情感发挥得体等；又包括学生投入教学情境主动，积极合拍，以及师生整体活动的合作与协调等。第四，教学艺术的严谨态。这是指教学艺术在教学内容和形式方面所特有的严密性和整体性，主要表现为秩序与和谐。所谓秩序指的是教学内容和形式剪辑组合的有序性、完整性与严密性；和谐则是指教学内容和形式中的各因素、各部分之间的协调与统一，主要有前后一致、比例均衡和多样化统一等内容。许多有经验的教师在教学内容方面，善于把握知识的"序"，注重知识的形成过程，突出重点；在教学形式方面，结构安排错落有致，节奏掌握明快和谐，环环相扣，给学生以清晰完整的印象。它的三种主要表征是：其一，教学气氛。是指由课堂教学群体的情感共同作用（不仅仅是师生之间的作用）而形成的与课堂教学群体的情绪一致又超越具体个体情绪的教学。其二，教学关系。艺术性的教学关系主要表现为和谐融洽的情感关系、高效的教与学的功利关系以及愉悦轻松的审美关系。其三，教学风格。是指教师的个性品质在教学实践活动中所具有的稳定的表现，是教师在多次教学活动中所表现出来的艺术特色和执着追求的思想境界，是教师教学成熟的重要标志。教师的教学风格直接影响着学生的个性发展和学习风格的形成。[1]

杨四耕的论述为我们了解教学艺术的表现形式提供了一种思路，也使我们对不同学者及不同版本的《教学艺术论》获得了一个评判模型。分析各种著作的目录，我们可以发现，学者们都非常重视教学艺术形态中的形象态以及教学艺术表征中的教学风格。具体来说，在形象态中又格外关注其中的实践性形象和技术性形象，如张武升、杨青松、李如密在各自的著作中，都论述了教学艺术中教师的语言、板书等。此外，他们也都阐释了教学风格。

（6）影响课堂教学艺术生成的主要因素

教学智慧的生成主要受外部因素和内部因素两方面的影响。其中教师的知识水平，受教育背景，社会、文化环境，教学内部的因素等，构成了影响教师智慧生成的主要外部因素。而个体所受教育的质量对智慧发展具有特殊的关系，高质量的教育对人的智慧发展有促进作用。教学智慧生成与发展的重要基础和基本途径则是教师个体后天所处的社会、文化环境对其成长的陶冶与塑

---

[1] 杨四耕：《关于教学艺术几个理论与实践问题的思考》，《中国教育学刊》1997年第5期。

造。当前，新型人才培养和教学创新常因传统教学体系中所固有的某些因素而受到阻碍，急功近利式的教学改革及教育科研等正不同程度地影响或干扰着学校及教师的智慧状况，教师在传统教学背景下长期形成的一些习惯性的工作方式也在很大程度上阻碍着教师教育智慧的形成。年龄、个性和人格、教育情感、道德伦理、教学反思、教龄、教学经验、智商等是教师智慧发展的主要内部因素。斯滕伯格认为，智慧随经验和年龄的增加而增加，但并非为上了年纪的人所独有。[1] 阿得尔特认为，虽然未肯定地发现年龄和智慧之间有正向的关系，但大多数学者都认可年龄增加不仅不会导致智慧的衰退，反而有持续发展的可能。个体是否拥有丰富的生活经验，是个体获取智慧的重要前提之一。[2] 教师的个性心理品质与教学智慧密切相关，不同的个性心理特征或心理倾向性既各有所长，又各有所短。一般来说，教学智慧与教师的智力水平呈正相关。教学智慧是"一种实践中的规范性智慧，它受见解的支配同时又依赖于情感"[3]。教育情感是教学智慧生成的重要条件，教学智慧中也蕴藏着情感。教学智慧与道德伦理是紧密联系在一起的。道德伦理本身就是一种智慧，智慧总是与道德为伴，道德决定着智慧的方向。阿得尔特认为，智慧获得的最佳途径是个体对生活经验的自我反思与觉察。教学智慧生成的最佳途径之一则是教师对教育教学实践的反思。[4]

（7）课堂教学艺术生成策略

教学艺术生成策略主要有五条。第一，成为发展型教师。教师

---

[1] R J. Sternberg, *Wisdom: Its Nature, Original and Development*, Cambridge: Cambridge University Press, 1990, pp. 325 – 326.

[2] M. Ardelt, "Wisdom as Expert Knowledge System: A Critical Review of a Contemporary Operationalization of An Ancient Concept," *Human Development*, 2004（5）.

[3] 马克斯·范梅南：《教学机智——教育智慧的意蕴》，李树英译，教育科学出版社 2001 年版，第 193 页。

[4] 转引自燕镇鸿《教学智慧研究的价值、进展与趋势》，《西北师大学报》2010 年第 5 期。

分为"生存型""享受型""发展型"三种。教学艺术生成需要发展型教师。这种教师怀着崇高的、服务社会的理想走进教师的行列，他们是教育活动的反思者和研究者。反思使教师的职业生活充满了理性，也是他们的一种专业生活方式，成为他们发展自己的内在需要。为此，学会学习是教师生成教学艺术的必要条件。第二，确立教学艺术生成自觉。教学艺术生成自觉，一是指教师对自身教学艺术水平的自我觉悟；二是指教师对教学艺术的"自知之明"，即教师对教学艺术的本体及相关理论以及实践方法、策略的认识，这是理论建构自觉与实践探索自觉的统一，缺乏理论发展的敏感性与实践探索的积极性就不会有教学艺术的生成；三是指教学艺术生成需要一定的氛围与条件，但教师主体性的发挥是关键。第三，开展行动研究。行动研究是一种理论实践化与实践理论化的有效方法。首先，教学艺术生成需要实践理论化，教师自觉地运用理论去指导、反观自己的教学行为，就可以使教学实践减少盲目性，去除纯粹的经验性。实践理论化的过程也是教师比较、分析、总结、提炼的过程，它有利于增强教学实践的理性化、科学化程度。其次，教学艺术生成需要教学理论的实践化。近几年来，专家学者与中小学教师合作进行理论—实践的研究，这种研究对专家学者而言是理论的实践化。广大教师学习接受了一种教学理论，在教学实践中进行尝试性的运用，这也是一种理论的实践化形式。教学理论见诸教学实践就找到了归宿，发挥了应有的作用，教学理论与教学实践"两张皮"的现象就会得到解决。教学艺术理论只有内化为教师自身的素质，被教师运用于教学实践之中才会有意义，教学艺术理论的实践化也就是教学艺术的生成过程。第四，进行反思性教学。这意味着教师应具备一定的实践理性，即善于对实践问题进行一定的理论思考。教师既是教学实践主体，又是教学理论主体。教师在生成教学艺术的过程中，要增强自己的理性反思意识与能力，应具有创造性地运用教育理论的意识与能力。扩大教师的教育视野与理论胸怀是培养他们反思意识与能力的前提。第五，参与观摩研讨。教

二 文献综述

师共同参与的培训制度或模式有助于营造教学艺术生成的良好氛围。吸收、借鉴不同教师的教学风格、优点、长处有助于教师教学艺术的生成,观摩与研讨是两个重要途径。[①]

教学艺术是教师教育智慧、教学智慧的体现。教学智慧不同于教学技能,教学智慧要求教师在具体的教学实践中探索、摸索,只有将教学观念的改造与教学实践反思结合起来,才能不断提高教学智慧,生成教学艺术。[②]

教师养成教学智慧主要应从三个方面努力。第一,理解教学艺术的创造性内涵。教学活动是一种艺术活动,需要创造性地开展工作。随着人们对教学实践认识的不断深化,以前仅重视从教学科学性角度研究教学规律的状况有了一定的改观,随之而来的是对教学人文性、艺术性的把握。事实上,教学的二重性在教学实践中,尤其是在教师的身上有明显反映。以前培训教师重点放在对教学理论的学习方面,其实质是理解与掌握人类已经成熟的对教学规律的认识成果,现在的教师培训中所谓的行动研究、校本教研、讲教师自己的故事的叙事研究等都是加强教师对教学人文性方面的理解与体验。这种培训与教师的个人经验距离最近,最容易让教师接受。不过,要养成教师的教学智慧,就应该将教师培训中的系统理论学习与个人经验反思很好地结合起来。第二,重视教师的实践性缄默知识。英国思想家波兰尼在研究科学知识及其性质的过程中,提出了显性知识与缄默知识的概念,他指出:"人类有两种知识。通常所说的知识是使用书面文字或地图、数学公式表述的,这只是知识的一种形式。还有一种知识是不能系统表述的,例如有关我们自己行为的某种知识。"[③]缄默知识是教师整个教育教学艺术的重要组成部分,是教学智慧表现的基础,必须有意识地发挥这种知识在自己教学实践中的作用,即

[①] 王升、赵双玉:《论教学艺术形成》,《教育研究》2006 年第 12 期。
[②] 徐继存:《论教学智慧及其养成》,《西北师大学报》(社会科学版) 2001 年第 1 期。
[③] M. Polanyi, *The Study of Man*, London: Routledge and Kegan Paul, 1957, p. 12.

在教学缄默知识的积累中蕴藏教学智慧，在教学智慧的表现中积累缄默知识。第三，提高教师的教学研究能力。教师作为教学者的角色千百年来受到人们的重视，但教师作为教学研究者的角色却是近几年来才被提倡的。这是教师职业发展的必然选择。教师要成为自己从事职业方面的专家，不仅要取得专门的职业资格，而且要研究教学工作，使自己成为理论与实践相结合的别人无法取代的专业人员。教师成为教学研究者，不仅会使教师成为自觉的教育教学理论的学习者，而且会使他们成为自己教学生活的反思者与教学经验的总结者，这样，教学智慧就自然而然地在教师的教学生活过程中孕育着。随着理论水平的提升，教师的教学智慧会积极主动地成为影响教学有效性的重要因素。[1]

教学智慧的基本要素包括教学经验、教学思维力和教学执行力三个方面。一是教学经验。教师教学经验由教学直接经验和教学间接经验构成。直接经验是指教师从事教育教学活动的所见所闻、经历感受在其头脑中所形成的对事物的整体认识。它是教师萌生教学智慧不可或缺的土壤和基础。间接经验是指教师主体在习得一定的教育理论的基础上，有意识地建构的面向教育实践、追求科学化的教育理念和学科知识的总和，是指"储存于教师个体头脑中、为教师个人所享用的关于教育诸方面的理论认识成果"[2]。教学智慧的生成必然要求教师具有科学的教育理念，需要教师的间接经验做支撑。二是教学思维力。是指教师在教学活动中为达成便捷有效的教学，寻求智慧的执教行为的思维活动能力。它主要由教学感知力（洞察力）、教学逻辑思维和非逻辑思维、教学创造性思维等构成。思维水平在很大程度上决定着一个人行动的方向和结果，教师可以通过敏锐观察、缜密分析、准确判断、合理推理和正确归因，创造性地寻求解决问题的有效的途径和方

---

[1] 王鉴：《教学智慧：内涵、特点与类型》，《课程·教材·教法》2006年第6期。
[2] 邓友超、李小红：《论教师实践智慧》，《教育研究》2003年第9期。

法。在实践中,教师教学智慧突出地外显为解决教学工作中的难点、冲突和困境,处理教学管理中的突发事件等的方式,这种机智应对、圆融贯通的行为表现的背后,往往是教师对类似的情境或问题,在明确的教学目标和教育理念的引领下,对当下教育对象有敏锐深刻的洞察感悟和深思熟虑,有教学行动方案并能自主化行动的结果。教学智慧的核心生成要素是较高水平的教学思维力。三是教学执行力。是教师把建立在个人经验和反思基础上的教育理念推向实施、实现教学目标的能力。这是教师教学智慧产生的最直接的能量、最直接的导因。教学经验、教学思维是内隐的,教学执行力是外显的,教学智慧是三者高度发展与融合所生发出的聪明才智,生成的是高水平的教学智慧。① 刘旭东认为,形成积极的思维方式,使反思成为自己的生活方式以及开展行动研究可以促进教学智慧的生成。②

3. 对研究问题的评论

国内学者在教学艺术研究领域尽管取得了较为丰硕的成果,为我们进一步研究打下了较为坚实的理论基础,但依然存在着一些问题。一是在研究方法上,将科学实证与人文理解两种方式有机结合起来进行的研究比较少,在运用哲学、心理学等领域的方法,如现象学方法研究教学艺术时,实际、具体的研究非常少。③ 二是教学艺术表现形态的研究处在表层。突出表现在尚未专门论述表现形态中相对抽象的内容上,如形象态中的理念性形象、生动形态及课堂气氛中的情绪状态。这些都属于教学艺术更深层次的研究内容。三是对影响因素的研究缺乏针对性。尽管专家指出存在着内外两种影

---

① 杜萍、田慧生:《论教学智慧的内涵、特征与生成要素》,《教育研究》2007年第6期。
② 刘旭东:《问题意识与教师教学智慧的生成》,《课程·教材·教法》2010年第5期。
③ 潘洪建、徐继存:《教学艺术研究方法论检讨》,《教育评论》2000年第3期。

响教学艺术效果的因素，如个人的教学情感、道德伦理、教学经验、个性品质、教学反思等内部因素，教育背景、社会、文化环境等外部因素。但这些因素对于课堂教学而言就如同健康配方中的维生素，有普适性但缺乏针对性。四是对生成策略的研究缺乏指导课堂教学的直接性和有效性。尽管多位学者提炼出了教学艺术生成策略，如主要有重视教师的教学经验，挖掘教师的缄默知识；加强个人反思，提高问题意识，使反思成为一种生活方式；开展行动研究，促使教师成为研究者，提升教师的教学思维力，增强教师的教学执行力；以多种途径加强学习、交流、合作，提高理论与实践水平等，但以上策略研究不够细致深入，缺乏对课堂教学指导的直接性，指导效度较低。

（三）研究国内外教学艺术文献的启示

梳理国内外教学艺术研究的相关文献，可以得到如下启示。

1. 研究教学艺术要针对问题找准突破点

要解决教学艺术研究中存在的问题并有所突破，需做到以下三点：一是要回到课堂，在教学艺术这个统摄性概念下，整合多领域研究成果，系统研究教师的教学艺术；二是要重视师生情绪问题，回应哲学、教育学及教学实践领域专家学者对情绪的重视但缺乏系统研究的问题；三是要深入课堂，从教学实践中提炼出针对性强且能有效指导教学实践的策略，提高教学理论对课堂教学的指导价值。

2. 研究教学艺术要在方法上有所创新

教学艺术作为教学论领域的老问题，若没有新的研究视角和研究方法，很难取得实质性突破。近年来，国外学者运用现象学作为理论基础，开创了教育现象学的研究范式，这是值得学习的。但现

二 文献综述

有的国内外教育现象学研究者还很少走进课堂进行教学艺术研究。笔者乐意在这一领域做一个尝试者。

总体而言,国内外教学艺术研究存在着理论成果的课堂教学指导直接性与有效性较低,对教学艺术生成的内隐的策略机制挖掘较少,对师生在课堂上的情绪状态缺乏系统研究等问题。

以上问题,恰是本书研究之着力点或创新点。

三 概念界定及研究框架

（一）概念界定

1. 艺术与技术的概念辨析

界定"教学艺术"的概念就要准确理解"艺术"的概念，厘清"艺术"与"技术"的区别与联系。

艺术。上海辞书出版社1979年版《辞海》对"艺术"的解释：艺术是"通过塑造形象具体地反映社会生活、表现作者思想感情的一种社会意识形态"[①]。1989年版《辞海》将"艺术"定义为："人类以情感和想象为特性的把握和反映世界的一种特殊方式，即通过审美创造活动再现现实和表现情感理想，在想象中实现审美主体和审美客体的互相对象化。具体说，它是人们现实生活和精神世界的形象反映，也是艺术家知识、情感、理想、意念活动的有机产物。"[②] 商务印书馆2012年版《现代汉语词典》对"艺术"的解释为："①用形象来反映现实但比现实有典型性的社会意识形态，包括文学、绘画、雕塑、建筑、音乐、舞蹈、戏剧、电影、曲艺等。②指富有创造性的方式、方法。③形状或方式独特且具有美感。"[③]《现代汉语词典》关于"艺术"的第一项释义与《辞海》的释义相似，属于"艺术"的狭义含义，而《现代汉语词典》的

---

① 《辞海》（上），上海辞书出版社1979年版，第1258页。
② 《辞海》（上），上海辞书出版社1989年版，第1456页。
③ 《现代汉语词典》，商务印书馆2012年版，第1541页。

后两项释义则属于"艺术"的广义含义，把"艺术"从社会意识形态领域扩展到了日常工作和生活的行为层面，指方法巧妙而达到了审美境界，如我们常说的"领导艺术""宣传艺术""战争艺术"等。"教学艺术"显然是在这个意义上理解和使用"艺术"一词的。

技术。1989年版《辞海》将"技术"定义为："①泛指根据生产实践和自然科学原理而发展成的各种工艺操作方法与技能。②除操作技能外，广义还包括相应的生产工具和其他物资设备，以及生产工艺过程或作业程序、方法。""技能"是"运用知识和经验执行一定活动的能力"；"通过反复练习达到迅速、精确、运用自如的技能叫'熟练'，也叫'技巧'。形成熟练的技能既能巩固和发展原有技能，又能形成新的技能。技能和熟练只有在实践活动中，通过勤学苦练才能形成和发展。"[①]《现代汉语词典》对"技术"的解释与《辞海》一致。

艺术与技术的区别与联系。通过《辞海》《现代汉语词典》对"艺术"与"技术"的界定可以看出二者的区别：艺术主要是一种审美创造活动，具有审美特质；技术则是实现功利目的的方法、程序、技能。二者也有紧密的联系：创造性活动即艺术虽然属于审美范畴，是通过一个人的言行或作品表达出来的令人愉悦、引人入胜的魅力，但在表现过程中需要运用技术，因此艺术离不开技术；技术通过反复练习能够达到熟练或形成技巧，具有美感，即是达到了艺术的境界，因此艺术建立在技术之上，是技术的升华。可以说，高超的技术就是艺术。

2. 教学艺术与教学技术的概念辨析

人们甚至包括一些教育专家在讨论"教学艺术"时，经常出现将"教学艺术"与"教学技术"混为一谈或将两者视为对立的情

---

① 《辞海》（上），上海辞书出版社1989年版，第1758页。

况，因此有必要对"教学艺术"和"教学技术"加以辨析。

教学艺术。《教育大词典》对教学艺术的定义是：教师达到最佳教学效果的知识、方法、技巧和创造能力的综合表现。是教师运用教育学、哲学、社会学、心理学、美学、艺术以及语言艺术的体现。一方面表现为教师不仅传播知识，还能通过自己的语言艺术和激情，激发学生的求知欲、学习兴趣和思维的积极性，把形与理、知与情结合起来，使学生的知识能力、情感、意志和思想品德得以和谐发展。另一方面表现在教师运用教学方法的灵活性和创造性上。在对教材的深刻领会和对学生观察了解的基础上，灵活运用教学机智，灵活选择不同教学形式、方法，形成不同的教学风格，全面、顺利地实现教学的多方面目的。[1]

教学技术。现代教育技术理论将技术定义为："科学和其他有组织的知识在解决实际问题或完成现实任务中的综合运用，包括物化技术和智能技术两部分。物化技术是指解决实际问题或完成现实任务中使用的工具和设备，如仪器、视听媒体、计算机、网络等硬件及其软件等；智能技术是指解决实际问题或现实任务中使用的策略、方法和技巧，如思维方法、学习策略、教学设计等。"1994年美国教育传播和技术协会将"教学技术"定义为："关于学习资源和学习过程的设计、开发、利用、管理和评价的理论和实践。"[2]

龙宝新、折延东在《论高效课堂的建构》一文中认为：任何课堂实践都是技术与艺术的对立统一体，"课堂技术—课堂技艺—课堂艺术"勾勒出了高效课堂建构的线路图，为我们理解教学艺术与教学技术的关系提供了新视角。他们提出，课堂技术是教师固化、定型、再制那些优秀的课改经验、流程，并据此以扩大它们使用范围的课堂观念、思维、行动。教学技术实质上是教

---

[1] 《教育大词典》第1卷《教育学》，上海教育出版社1990年版，第181页。
[2] 祝智庭、钟志贤主编：《现代教学技术——促进多元智能发展》，华东师范大学出版社2003年版，第54—55页。

学实践者在课堂上为了实现教学目标所选择实施的现成的技术性策略的总和。从它的来源角度分析，课堂技术是观察者从实显的、具体且鲜活的课堂生活中，智慧地优化并选择教师群体中便于分享的稳定的观念、课堂流程及教学工艺。课堂技艺是教育实践者在已经能熟练掌握的很多课堂技术，诸如先进的教育教学理念与模式、教学范例或样本、组织结构与流程等的基础上，创造性地理解、改进、迁移、重组先进的理念、模式、范例、结构、程式，以促使它们和自己的课堂实践有机整合，个性化地建设具有自身特点的高效、优质的课堂形态，由此体现出教师课堂教学的专业品质或教学样态。换个角度看，课堂技艺是在不确定的课堂情境中，教师基于自己的专业积累与先进课堂技术思维来灵活生成境遇化、合理化的教学策略与反应方式的能力。而课堂艺术是课堂教学的超越性品质与理想化状态，其主要内涵是：整个课堂教学活动以和谐美为内在目标，以灵活多变、创意迭出、个性突出、风格明显、自如自然为外显特点，以即兴创作、机智应变、自由施展的方式展开，由此达到了一种"随心所欲而不逾矩"的完美教学境界。[①]

教学艺术与教学技术的异同。分析上述定义可知：第一，教学艺术与教学技术的交集是在解决实际问题或完成教学任务的过程中体现出来的，二者都强调对策略、方法、技巧等的应用。其差异在于，教学艺术需要教师创造性地运用各种教学技术，从而达到最佳的教学效果。因此，教学技术是实现教学艺术的基础，是达到最佳教学效果的手段而不是目标（教学艺术也不是目标）；达到最佳教学效果才是教学艺术的现实体现。第二，研究教学艺术的潜在风险是容易偏离教学艺术而滑向教学技术。也就是说，研究结果容易成为仅仅对教学技术、教学方法的探索，而不是对高于教学技术层面的教学艺术创生的研究。

---

① 龙宝新、折延东：《论高效课堂的建构》，《教育研究》2014 年第 6 期。

3. 教学艺术的概念

（1）教学艺术的内涵

所谓教学，乃是教师教、学生学的统一活动。若这样理解"教学"，"教学艺术"就是教师教的艺术和学生学的艺术，那就不能只研究教的艺术，还要研究学的艺术。但实际上，大家在使用"教学"这一词语的时候，只是讲"教"。或者，人们一般理解的"教学"是一个动宾词组（指教育学生）而非联合词组（指教和学。《现代汉语词典》即把"教学"解释为"教师把知识、技能传授给学生的过程"①）。在这个活动中，学生掌握一定的知识和技能，同时身心获得一定的发展，形成一定的思想品德。② 教学活动是由教师的教与学生的学组成的双边活动。为了使活动有效果，教师作为专业的教学人员，受过系统的专业教育，懂得一定的教学理论和方法，从理论出发预测性地设计教学活动的过程及结果，是切实可行且有理论依据的。这使得教学活动表现出较强的"预设性"。但学生是鲜活的个体，无论是生活经验、认知特点、思维方式、反应速度、情绪表现等都存在很大的个体差异，对同一个问题，不同学生的理解各不相同。所以教师预设的教学过程和结果并不一定完全能在教学实践中得以实现。这使得教学活动过程表现出一定的"生成性"③。无论是"预设的"还是"生成的"，都是通过课堂这个载体，通过教师主导下师生的双边活动表现出来的。

教学是情境化的，是瞬息变化的，因此教学问题也是多元的，是动态发展的。那研究者如何在问题丛林中找到出口，帮助教师更好地开展教学活动，帮助学生更有效地达成学习目标？这需要研究者理性地分析教学问题，抓住矛盾的主要方面，解决牵一发而动全身的核心问题。我将课堂教学的核心问题归结为三个互为表里的维

---

① 《现代汉语词典》，商务印书馆 2012 年版，第 656 页。
② 王策三：《教学论稿》，人民教育出版社 2010 年版，第 87 页。
③ 王鉴：《课堂研究概论》，人民教育出版社 2007 年版，第 308 页。

度，即"教育理念、教学设计和教学细节"。课堂教学艺术是这三个维度的综合体现。具体来说，第一个维度，即教师的教育理念是统摄教师一切行为的基础，它不仅由教师的教育观、学生观、教学观等个人的教育教学观念组成，还包括教师的个性特征、思维品质、生活态度等。因此教育理念体现的是一个人整体的、综合的素质，也就是一个人之所以是这个人、这个教师之所以有别于其他教师的方面。第二个维度是教学设计。无论是读懂学生、读懂课标还是读懂教材，无论是个人备课、教研组集体备课还是与教研员、学者等多方组成的发展共同体合作设计教学，这个阶段对教学的设计都是理论层面的，相对于课堂而言尚处于静态之中，是课前准备。因此该阶段既属于教学的科学化层面，也包含着艺术成分，因为设计也是一种方法、一种技术，将各种元素巧妙组合搭配达到高超的境地就是艺术。正如建筑艺术不只体现在施工阶段而更多地体现在设计阶段一样，教学艺术也不只是体现在课堂过程中。教学机智是一种智慧，而大智慧更要体现在设计中，"运筹帷幄之中，决胜千里之外"。第三个维度是教学细节处理。这是教师在课堂教学情境中围绕教育教学目标，在与学生互动时灵活而富有创造性的活动。细节是在课堂上闪现的，是在互动中生成的，是动态的、难以预设的，对细节的处理是教师独立实施的，是教师运用教学机智瞬间完成的，更多的属于教学的艺术化层面。

我之所以将课堂教学的核心问题归结为上述三个维度，是因为教学设计和教学细节的处理是在课堂教学中直观显现的，但它们都植根于教师的教育理念（也就是意识），即教师的教育理念不仅决定其教学设计的出发点和落脚点究竟是以学生为本还是以知识为重，而且决定着教师对待教学细节的态度与处理策略。其中，教学细节的处理最能突显教师的教育理念以及对教学设计的把控与调适，因为课堂上的很多细节问题都是突发的、稍纵即逝的，也是课堂上最微妙、最能彰显教师教学智慧与教学艺术的。其实，教学中大大小小的无数问题，抽丝剥茧，最终都能找到与教育理念、教学设计和教学细节之间千丝万缕的联系。因此，课堂教学艺术研究重点是分析课堂教学实践中的这三个核心问题。①

（2）教学艺术的概念

关于教学艺术概念的不同观点。随着研究的深入，学者对"教学艺术"概念产生了多种认识，并呈现出动态变化（见表3-1）。

表3-1　　　不同学者对教学艺术的概念界定及内涵阐释

学者	教学艺术概念或内涵界定
张武升	教学艺术是使用富有审美价值的特殊的认识技艺所进行的创造性活动。需把握四点：一是创造性活动；二是使用认识技艺；三是所使用的认识技艺是特殊的；四是这种特殊技艺是富有审美价值的。②
杨青松	教学艺术是对艺术化教学做出理性反映的一种社会意识形态，而艺术化教学则是教学艺术的反映对象或实践活动形态，故相对于理性观念，可视为"教学艺术"；相对于实践活动，可视为"艺术化教学"。其同义性在于：艺术化教学既是优秀（优化）教学活动，又必须是教学艺术二重性的完美统一。而教学艺术的实践就是艺术化教学。"教学艺术"与"艺术化教学"是同一事物的偏重性表达方式。教学活动有优、劣之分，而教学艺术只属"优"的范畴。③
李如密	以苏联美学家格·尼·波斯彼洛夫在其《论美和艺术》一书中提出的"艺术"的三层含义说为"理论模型"，指出教学艺术有三层含义：其一，指在教学过程中综合运用教学方法体系的技能技巧；其二，指遵循美的规律，贯彻美的原则而进行的创造性教学；其三，指在教学过程中体现教师个性而独具特色的艺术创造活动。在此基础上，提出了教学艺术的概念：教学艺术乃是教师娴熟地运用综合的技能技巧，按照美的规律进行的独创性教学实践活动。④

---

① 刘历红：《教研员教学领导力：解决课堂核心问题》，《中小学管理》2014年第6期。
② 张武升：《教学艺术论》，上海教育出版社1993年版，第14页。
③ 杨青松：《教学艺术论》，四川教育出版社1993年版，第17—18页。
④ 转引自庞学光《〈教学艺术论〉评介》，《教育研究》1996年第12期。

三 概念界定及研究框架

续表

学者	教学艺术概念或内涵界定
杨四耕	教学艺术是教师娴熟地运用综合的教学技能技巧,遵循教学的合规律性、合目的性与合感性统一的原则而进行的富有独创性的系统教学实践活动。①
何庄 王德清	教学艺术是教师为达到最佳教学效果在遵循教学规律和美学规律的基础上创造性地运用各种教学方法和创设各种教学情境优化教学实践活动的能力素养和行为。②
龚海平	教学艺术是指教师为实现教学目标,取得最佳的教学效果,在遵循具体学科教学规律和美学原理的基础上,创造性地运用各种教学方法进行教学实践活动的能力、素养和行为。③
王升	教学艺术就是情感性、审美性、创造性三位一体的省时高效的教学。④
程广让	教学艺术是指在教学活动中遵循教学的规律和原则,以自己独特的方式和方法,创造性地组织教学,将知识与审美融合起来,使学生在愉悦中能高效率学习的一种精湛的教学技能技巧。⑤

对教学艺术不同定义的分析。表3-1中的八种观点大致可分为四类：第一类将教学艺术视为一种实践活动；第二类把教学艺术界定为教师的能力、素养和行为；第三类视教学艺术为教师的技能、技巧；第四类将教学艺术定义为高效教学。

以上四类关于"教学艺术"的定义，有的是从美学理论角度切入分析教学问题，有的是从有效教学的角度界定教学艺术，有的是从教师效能角度来界定，还有的是从高效教学视角来界定。可以说，各种观点都有理论依据，理论性和逻辑性较强，也都比较抽

---

① 杨四耕：《关于教学艺术几个理论与实践问题的思考》，《中国教育学刊》1997年第5期。
② 何庄、王德清：《关于教学艺术概念的理论反思》，《教学与管理》2007年第3期。
③ 龚海平：《激情与智慧的演绎——小学英语特级教师沈峰教学艺术研究之一》，《中小学外语教学》（小学篇）2007年第2期。
④ 王升主编：《教学策略与教学艺术》，高等教育出版社2007年版，第11页。
⑤ 程广让：《教学艺术的本质、特点和作用》，《中国成人教育》2008年第8期。

象。因此，从一线教师的角度看，以上观点离课堂教学都比较远，不能直观地反映课堂教学艺术，让人觉得缺少抓手，不得要领。

　　我们知道，真正制约教学的并不是学者的理论成果，也不是教师的教学技能，而是教师的个人教育理论。而无论是教师还是普通人都有这样的体验，就是当自己心情好、状态好的时候，上课（做事）就特别顺。而上课（做事）顺了，反过来又会让心情变得更好。但是，当自己心情烦闷、状态差的时候，不管干什么，即便是再吸引人的事，都提不起劲儿，都会感觉没兴趣。学生也是一样的。当他们心情愉悦时，学习效果就好；当他们感到压抑、烦躁时，即使老师讲得再好，他们也难以听到心里去，只能是一阵阵的耳旁风。所以学生的学习状态是教学艺术研究不能忽略的重要因素。但在以上八种教学艺术定义中，只有程广让的定义将学生的"愉悦"心理状态纳入其中。以往教学艺术研究大都不同程度地忽视了情感这一心理因素。

　　教学活动是师生双方的活动，而师生都是人，是有血有肉有情感的人。只要是有情感的人，研究他们的活动就不能忽略情感的重要性。心理学家皮亚杰认为："没有一个行为模式（即使是理智的）不含有情感因素作为动机的。"杜威也认为："一个生机勃勃的经验是不可能被划分为实践的、情感的及理智的并且为各自确定一个相对于其他的特征。情感将各部分结合成一个整体。"[①] 可见，情感是构成教学艺术的重要因素。积极情感对认识具有动力动能。[②] 只有教师用自己的情感引发学生的情感，用自己的意志调节学生的意志，师生心心相印，才能步入内心交融的精神世界。因此，教学艺术的生成需要重视建设课堂的"心理场"，学生一旦"入场"——师生产生心理共鸣，就可移情于理，以情悟理，形成情感化的认识，从而达到教学由表及里，完成建构知识→感悟智慧→塑

---

① ［美］约翰·杜威：《艺术即经验》，商务印书馆2013年版，第64页。
② 潘纪平、乐中保：《教学艺术的辩证法则析论》，《湖北大学学报》2005年第2期。

造人格的目标。① 中国古人也早就说过"亲其师则信其道"。以往，我们仅仅是从建立良好的师生关系角度分析这个问题，而没有进入更本质更深刻的心理层面。

通过以上分析我们认为，情感是教学艺术生成的心理基础。那么，情感的表征是什么呢？是情绪。英国教育家的研究表明："无论在什么时候，当我们处于学习新知识的过程中时，由于学习暴露了我们的弱点，我们容易受到情绪的影响。"② 美国教育心理学家古诺特博士在当了很多年教师后惶恐地发现，教师本人是教育教学成功或失败的决定性因素。因为教师自己所采用的教学方法，教师自己的情绪状态就是制造学习气氛和教学情境的主要因素。事实上，每位教师都具备极大的力量，这种力量既能让学生过得愉快，也能使孩子过得悲惨。教师既可以是启发灵感的媒介，也可能是导致痛苦的工具；教师既可以使孩子们开心，也可以使孩子们感到丢脸。是的，教师可以挽救一个人，也可能会伤害一个人。③ 李吉林的情境教育高度重视学生的情绪，她认为：缺乏热烈的情绪，就缺少一种投入学习活动的推动力，儿童的心理倾向就很难主动地趋向于教学过程。因此，要促使儿童以最佳的情绪状态，主动投入，主动参与，获得主动发展。在这样的人际情境和学习情境中，可以培养儿童热爱学习、热爱老师、热爱同伴的情感，陶冶其宁静致远的心境，提高儿童从小与人亲和交往的心理素质。④

课堂教学艺术研究的是课堂上人的活动。而研究人就绕不开研究人的情绪。"情绪存在于教师专业发展的每一个角落。它引导着我们的思维、判断、决策和行动，自然也会影响到教师在课堂教学

---

① 吕渭源：《教学模式·教学个性·教学艺术》，《中国教育学刊》2000年第1期。
② [英]蒂姆·奥布赖恩、丹尼斯·吉内：《因材施教的艺术》，陈立译，北京师范大学出版社2008年版，第56页。
③ 郑美玲：《老师，咱们打起精神》，《中国教育报》2005年4月2日第3版。转引自王升《如何形成教学艺术》，教育科学出版社2012年版，第11页。
④ 李吉林：《为全面提高儿童素质探索一条有效途径——从情境教学到情境教育的探索与思考》，《教育研究》1997年第4期。

中的表现。教学与情绪密切关联。课堂变革必须承认情绪在教学中的核心地位。"① 本书高度重视课堂上师生的情绪状态。在某种意义上，师生的情绪状态尤其是教师的情绪积极与否，制约着教学的成败和教学艺术的生成。鉴于情绪在教学艺术生成中的重要作用，本书认为：教学艺术是指教师以自己的积极情绪，调动学生的最佳学习状态，在具体情境中综合运用自己的知识、能力和方法，创造性地解决教学问题，达到最佳教学效果的具有审美价值的实践活动。

（二）特点分析

国内学者对教学艺术的特点持不同观点（见表3-2）。

表3-2　　　　教学艺术研究框架暨教学艺术特点

特点数量	学者	特点内容	共同点
三特点	尹宗利、吴也显等	个别性、创造性、审美性	创造性 审美性
四特点	李如密	实践性、创造性、表演性、审美性	
五特点	杜德栎、范远波	形象性、情感性、审美性、个体性、创造性	
七特点	张武升	形象性、情感性、即兴化、娱乐性、个性化、创造性、审美性	
八特点	王升等	层次性、可掌握性、实践性、灵活性（创造性）、机智性、个人独特性、形象性、审美性	

根据已有研究成果，结合前面对教学艺术概念的界定，本书认为，教学艺术具有以下四个特点。

---

① 尹弘飚：《教师情绪：课程改革中亟待正视的一个议题》，《教育发展研究》2007年第3B期。

三 概念界定及研究框架

1. 情感性

情感是教学艺术生成的根基。罗丹说:"艺术就是感情。"教育是大爱的艺术。有了这种爱,"不是学中文的,非科班出身,教语文功底不够,困难不少"的于漪[1],克服重重困难,成为著名的语文特级教师。在根据真人真事改编的美国故事片《叫我第一名》中,主人公布拉德·科恩天生患有妥瑞氏症,一种严重的痉挛性疾病,这种病导致他无法控制地扭动脖子和发出奇怪的声音。从小不被周围的人理解,老师经常批评他捣乱,同学们对他冷嘲热讽,就连他父亲也对他失望透顶。后来细心的校长发现了科恩的病症,在一次全校性的师生活动中,巧妙地让大家知道科恩为什么会发出奇怪的声音和不时地抽动,科恩由此得到了大家的理解。校长的爱和智慧,打开了科恩通往全新世界的大门,改变了他的一生。从那时起,科恩就希望成为像校长那样爱孩子的老师,最终他不仅实现了梦想,成为一名小学教师,还被评为年度最佳教师。可见,教学艺术并非表演性的。只要倾心投入,体贴孩子,就能克服任何困难;只要有一颗纯真、美好、善良、博大的心,哪怕身有残疾,也能创造奇迹。教了一辈子小学语文的李吉林老师说,"为儿童着想,是我每天思考的内容。从目标到途径,从途径到方法,从整体到局部,以至细节都是为了儿童。这一朴素的理念和思维方式,驱动我不懈地探索儿童发展的规律,历经30年的漫长岁月,构建起以儿童为主体的、自成体系的情境教育理论。情感贯穿其中,渗透其间,成为情境教育理论建构的命脉"[2]。从某种意义上说,"教育就是对人类情感的教育,使情感向着真实、美善、和谐的方向发展,从而促进人的内在生命的成长、道德的

---

[1] 于漪:《于漪文集》第一卷《教育教学论》,山东教育出版社2001年版,自序。
[2] 李吉林:《情感:情境教育理论构建的命脉》,《教育研究》2011年第7期。

完善，最终臻达美好、幸福的生活。①

2. 情境性

情境为学生提供接触真实世界的机会和条件，教学情境是指教师为学生创造的学习条件与学习气氛的总和，包括物理环境、心理环境和行为环境。一节课就是一个课堂教学时空，师生同在一个场所（可以是教室，也可以是博物馆、田野等），同在40分钟（小学1节课一般为40分钟）内进行学习活动。这个特定的时空就构成了一个教学的物理环境。如果教师仅仅是传递教学内容，那这个环境就是简单、苍白、缺乏生命质感的。在课堂上，学生只有感到安全才能真正投入学习，学生只有感到有趣才能产生高质量的学习效果。当教师以自己的积极情绪调动学生的学习兴趣与热情，并根据教学内容，利用多媒体等多种教学技术和巧妙的组织技巧，营造出一个师生思维碰撞、情感交融的氛围时，才能出现既有利于教师"教"又有利于学生"学"的情境。行为环境中的行为不仅仅指身体行动，还包括思维运动、肢体活动、人际互动，当教师能激活学习内容，允许学生肢体活动并组织充分的人际互动时，学生身心将产生多重行动，这种行动是个性化的。尽管教师创设的情境相同，但每个孩子的感悟不同，生命的鲜活、多彩就在这种情境中生成。对于这样的情境，或可称之为"灵动"的教学意境。"丰富""灵动"、有意境的课堂才是"有生命活力的课堂"。这样的课堂既是深度学习产生的土壤，又是师生快乐生活的地方。对于所学知识来说，"它着意迁移运用，学生不仅要理解学习内容，而且深入理解学习情境。只有把握了情境的关键因素，才可弄清楚差异，对新情境做出'举一反三'、正确明晰的判断，从而实现原理方法的顺利

---

① 王平：《情感教育：一个关乎生活幸福的教育命题》，《教育理论与实践》2014年第28期。

三 概念界定及研究框架

迁移运用"①。情境认知理论认为，学习的终极目标是将自己置于知识产生的特定情境中，通过积极参与具体情境中的社会实践来获取知识，建构意义并解决问题。作为一种建构性学习、深度学习，不仅要求学习者懂得概念、原理、技能等结构化的浅层知识，还要求学习者理解掌握复杂概念、情境问题等非结构化知识，最终形成结构化与非结构化的知识结构体系，并将其灵活地运用到各种具体情境中解决实际问题。② 教学艺术无法在"贫瘠"的教学环境中生成，因此将简单、直接、枯燥，缺少意义的教学物境转化为安全、有趣、探索的教学情境，以此催生教学意境，应该是教学艺术研究的着力点之一。

情境是教学艺术生成的关键。创设教学情境需要教师解放思想，解放学生，需要教师创造开放的物理与心灵空间。物理空间的开放，需要突破教室的空间，走出教室，走进校园，走进社区，走进社会，走进大自然，在真实的环境中活动，在活动中丰富学生内心的体验，从而促进对所学知识的理解，增强知识与生活的联系，并养成生活的技能。这是新课改高度提倡的。在新课改中诞生的综合实践活动就是突破课堂空间，重视实践体验的最典型的课程。即便是在语文、数学等课程中，增强学生实践，重视学生经验也是新课标的内容。如2011年新修订的《数学课程标准》，就新增了"学生基本经验"的内容。在语文教学中，李吉林老师"带领孩子们走出封闭的课堂，投入大自然的怀抱，走进五彩纷呈的社会生活中。在田野上，孩子们像小鸟飞出笼子，尽情地呼吸着广阔天地里清新的空气。小河旁，田埂上、树丛里留下了她和孩子们的身影。在她看来，日月星辰、春夏秋冬、冰雾雷电，还有美丽如画的山川田野，千姿百态的花草树木，光怪陆离的鸟兽虫鱼，连同当今社会生活中鲜活的生活场景、昔日的人文景观，都是大自然和社会早就

---

① 安富海：《促进深度学习的课堂教学策略研究》，《课程·教材·教法》2014年第11期。
② 阎乃胜：《深度学习视野下的课堂情境》，《教育发展研究》2013年第12期。

为孩子们编写好的最生动的教材。""开放的情境让课堂与思维的源泉、语言的源泉相通，进而丰富了课堂教学。"① 因此李吉林老师将"扩宽教育空间，追求整体效应"作为情境教育基本模式的第一条。心灵空间的开放，要求教师即便是在课堂上，也要摒弃"教教材"的心理束缚，以学生为本，对学生的表现无条件地接纳，以体贴的心态对待学生的疑问、好奇甚至突发奇想和不合时宜的行为，真正走进孩子的心里，不仅从孩子的角度思考问题，理解孩子，又能从人生的角度引导、激励孩子。教学艺术只有在开放的心灵空间里才能生成。

3. 创造性

创造性是教学艺术的本质。没有创造就没有艺术，没有教师的创造性劳动就不存在教学艺术。无论是尹宗利和吴也显等人的教学艺术"三特点说"（个别性、创造性和审美性）还是李如密的"四特点说"（实践性、创造性、表演性、审美性），以及杜德栎和范远波的"五特点说"（形象性、情感性、审美性、个体性和创造性）还有张武升的"七特点说"（形象性、情感性、即兴化、娱乐性、个性化、创造性及审美性），"创造性"都包含其中。因为在教学实践中，教师面对千差万别、随时变化的教学对象，既不能照搬别人的经验，也不能沿袭自己的经验，只有靠教师因人、因事、因时、因地制宜地创造。② 因此创造性是教学艺术的一个本质特点，早已得到研究者的一致公认。

4. 审美性

"在每个领域中出现的凡是值得被称为艺术性的活动，都必定

---

① 李吉林：《情境教育的独特优势及其建构》，《教育研究》2009年第3期。
② 李如密：《教学艺术论》，人民教育出版社2011年版，第93页。

具有审美意义。"① 美国学者克莱德·E.柯伦说："当教师更多地懂得了美的素质怎样深入人的生活，当他们能够有意识地完善、扩展这种美的体验方法时，他们也就踏上了教学艺术之路。"② 杜威认为，在所有审美知觉中，都具有一种激情因素。③ 而审美的敌人是单调、目的不明确而导致的懈怠及屈从于实践和理智行为中的惯例。④ 因此富有教学艺术的课，是令师生都感到身心愉悦、能带给人美的享受的课；富有教学艺术的教师，是深爱学生、全身心投入、深受学生敬爱、能促进学生全面健康发展的人。审美性是教学艺术的重要标志。当然，审美性包含不同层次，如教学过程本身呈现美感，更重要的是教学结果因高效愉悦而达到审美性。

当然，审美性具有不同层次，它既包括教学本身的美感，还包含教学效果的美妙，如学习成果的高效，也就是能帮助每个学生多快好省地达成学习目标，感受成功乐趣，增强学习自信心。需要注意的是，情感性、情境性、创造性和审美性这四个特点之间并非等距并行的关系。其中，情感性与情境性紧密相连，二者因教师的创造性而生成、发展。情感性、情境性与创造性具有极强的内在逻辑张力。而审美性则是在情感性、情境性与创造性三者合力作用下呈现出的整体效应。

（三）研究框架

界定了"教学艺术"概念，即奠定了本书的理论框架，也就是教学艺术具有的四个特点：情感性、情境性、创造性、审美性。

需要说明或强调的是：第一，根据国内外专家对情绪在课堂教

---

① ［苏］列·斯托洛维奇：《审美价值的本质》，凌继尧译，中国社会科学出版社1984年版，第17页。
② ［美］克莱德·E.柯伦：《教学的美学》，周南照译，《教育研究》1985年第3期。
③ ［美］约翰·杜威：《艺术即经验》，商务印书馆2013年版，第57页。
④ 同上书，第47页。

学中的重要作用及对教学艺术概念的界定，在分析"情感性"特点时，本书将重点关注师生的情绪状态；第二，鉴于艺术化的教学也具有"高效性"的特点，即为学生提供了便捷的学习路径，提高了学习效率。否则，教师的表演再投入再花哨，学生在课堂上听得再入神，下了课仍然什么也不会，那也不是艺术的。因此，我们将高效性纳入审美性特点中，将其作为审美性特点的重要层次或教学艺术达成与否的关键特征。在后文研究中，我们将聚焦课堂的情感性、情境性、创造性、审美性，重点分析小学教师的课堂教学在以上维度所存在的问题、原因、策略，以期实现强化或增加小学教师课堂上的艺术化行为，杜绝或减少不艺术行为，提高教学水平。

四 研究方法与研究过程

（一）方法论基础：意识现象学[①]

教学艺术研究的深入，既需要突破学科局限，整合教学论、心

[①] 在研读现象学文献的过程中，我首先是从教育现象学著作和在《教育研究》上刊载的论文开始的。在研读后发现，无论是马克斯·范梅南的《生活体验研究——人文科学视野中的教育学》还是国内多位学者的论文都未对"现象学是什么"做出回答，尽管马克斯·范梅南以八个排比的方式——现象学研究是对生活体验的研究，是对引起人们注意的现象的解释，是对本质的研究，是对我们生活经验的意义的描述，是对现象的人文科学的研究，是一种周全反思的积极实践，是一种对人类生存意义的探寻，是一种诗化活动——阐释了现象学的内涵，但因其是基于自己对现象学在教育上研究的理解而不是对"现象学""教育现象学"予以概念界定而难以帮助研究者把握其本质以避免研究走样或出现问题。因此，我追根溯源，开始研读胡塞尔、伽达默尔的现象学著作。在研读后发现，胡塞尔对现象学是有界定的，但为何教育现象学界只说现象学是20世纪最大的哲学思潮而不界定其是什么呢？带着困惑，我参加了2015年9月在首都师大举办的第三届现象学教育学国际会议。与会期间，我主动找到宁虹教授请教。他听了我对教学艺术研究应该走进课堂研究教学现象、研究师生状态后说："抓住状态是对的，但胡塞尔的'现象'和你理解的'现象'不太一样。人们总说让老师们转换，可他脑子里什么都没有怎么转换。"在继续研读胡塞尔、伽达默尔的经典现象学著作后，我感觉依然难以把握现象学的概念。2015年10月底，我又向研究胡塞尔的专家西北师范大学的李朝东教授请教，李教授通过对德文Bewussen和BewuBtssin两个词语的解释，使我明白："意识"是胡塞尔现象学的核心。也就是说，胡塞尔所说的"现象"是人的"意识"，即人的头脑反映客观世界（包括人自身）的活动。我也明白了，宁虹教授所讲的"教师脑子里什么都没有"是指当老师"意识"不到问题时，让其转向就是不现实的。李教授还告诉我，胡塞尔的现象学又被他自己和哲学界称为意识现象学，而海德格尔和伽达默尔的则分别被称为存在现象学和解释现象学。此外，他还推荐我阅读胡塞尔的《逻辑研究》第二卷，以及国内学者倪梁康的《胡塞尔现象学概念通释》、张浩军的《从形式逻辑到先验逻辑》，并给了我一篇他和学生董春莉合作的论文《意识及意向体验的现象学澄清》。经过这次请教及进一步研读哲学著作，我对现象学有了豁然开朗的感觉。因此，本书以胡塞尔的现象学为理论视角和研究的方法论基础，在这里注明"意识现象学"是为了有别于海德格尔的"存在现象学"。当然，在课例研究中将会运用伽达默尔"解释现象学"的观点，因为"解释现象学"原本就是方法。

理学、美学等众多领域的研究成果，又需要通过提高哲学素养以提升研究品质。现象学是方法和理论合为一体的哲学体系，它作为一种方法，当运用其达到目的时，它又成为一种终极的理论——严密科学的哲学。①

1. 意识现象学是严格的科学

100多年前，德国哲学家胡塞尔通过研究逻辑学和心理学走上了基础哲学探索之路，此后他所创立的现象学成为20世纪西方影响最大的哲学流派之一。②胡塞尔起初的目的在于建立一个哲学的方法，而"哲学的方法"是指通向认识真理的一条道路、一个过程。认识的道路通过目的而事先被标明。胡塞尔对目的做了纲领性的描述，即"哲学是严格的科学"。当然，这并不意味着哲学符合现代自然科学的方法。③胡塞尔将现象学标识为"严格的科学"，意味着它有别于"世界观哲学"和近代哲学的各种"主义"。它的严格性并不以客观科学的操作过程，而是以现象学本真的课题，即意向性为标准，这种严格性是指与此课题相符的阐释方式。现象学是严格的，因为它以决然的明见性和认识的普遍性为目标。④明见性是胡塞尔现象学的主导动机，也是其中心概念。"明见性"一词来源于拉丁文"evidentia"，它在修辞术语学上与"直观性"同义，在后期拉丁文中又等同于"清晰性"和"可见性"。在笛卡尔之后，"明见性"概念被理解为"明白清楚的感知"（clara et distincta perceptio），成为"真理"的相关项。但在胡塞尔这里，"明见性"则是指明晰、直接的感知本身，是指对真实事态的"明察"（Ein-

---

① 李朝东、卓杰：《形而上学的现代困境》，甘肃人民出版社1995年版，第120页。
② [德]胡塞尔：《纯粹现象学通论》，李幼蒸译，商务印书馆2012年版，中译者序。
③ [德]埃德蒙德·胡塞尔、克劳斯·黑尔德编：《现象学的方法》，倪梁康译，上海译文出版社2005年版，导言第8页。
④ 倪梁康：《胡塞尔现象学概念通释》，生活·读书·新知三联书店2007年版，第346页。

sicht），但它不包含证明、论证的意思，因为"直观是不能论证的"①。

因此，胡塞尔将现象学的概念界定为：现象学是在纯直接直观限界内的一门科学，一门纯"描述性"的科学。它应当使纯粹意识的事件作为例示向我们显现，并使其达到完全的明晰性；在此明晰性的限度内分析和把握它们的本质，以洞见方式追溯诸本质的相互关联，把握在准确的概念表达中现刻所见到的东西，人们只能够通过所见物或一般来讲被洞见物所规定的这些表达的意义。

根据胡塞尔对现象学概念和内涵的解释，我们可以明确教学艺术研究的路径，就是走进课堂，观察课堂，描述观察到的"事件"，使其作为"例示"向我们呈现课堂案例，在此基础上"分析"、解释各因素之间的"相互关联"，把握被洞见物所规定的"意义"，从中提取教学艺术生成的策略。

2. 意向性是现象学的起点概念

"意向性"在胡塞尔那里，被作为现象学"不可或缺的起点概念和基本概念"，标志着所有意识的本己特性，也就是所有意识都是"关于某物的意识"，并且作为这样一种意识而得到直接的指明和描述。关于某物的意识则是指在广义上的意指行为与被意指之物本身之间可贯通的相互关系。胡塞尔始终将他的现象学理解为"关于意识体验一般的科学"，而"意向性"又是"最确切意义上的意识之特征"，即"意识始终是关于……的意识"，因此，"意向性"毫无疑问地构成了胡塞尔现象学的中心概念，无论是在他早期的描述心理学还是在他以后提出的先验现象学中均是如此。②

胡塞尔认为，可将"意向性"理解为一个体验的特征，即"作为对某物的意识"。并强调，"意向性"是一般体验领域的一个

---

① 倪梁康：《胡塞尔现象学概念通释》，生活·读书·新知三联书店 2007 年版，第 153—156 页。
② 同上书，第 251—253 页。

本质特征。因为一切体验在某种方式上均参与它,因此有理由把整个"体验流"称作"意识流"和一个意识统一体。① 而每一个现实的体验(我们根据一种体验现实的明晰直观进行这一明证)都必然是一种持续的体验,而且它存于一种无限的绵延连续体中——一种被充实的连续体中。因而,它必然有一个全面的、被无限充实的时间边缘域。同时,这也就是说,它属于一个无限的"体验流"②。自我可以从其任何一个体验出发,按照在前、在后和同时这三个维度来穿越时间的整个领域。或者换句话说,我们有整个的、本质上严格封闭的体验时间统一流。即每一个纯粹自我,一个在全部三维上被充实的,在此充实中本质上相联结的和在其内容连续体中进行的体验流;它们是必然的相关物。③

胡塞尔关于意识流、体验流的论述对于我们理解教学艺术生成的内隐机制有指导价值。例如,情绪其实就是自我对现实体验的反应。"体验流"的阐释使我们明白,教师的课堂情绪其实是从现实生活中流进课堂又流向生活的循环往复的过程。因此,研究教师的课堂情绪,不仅要关注教师的课堂情绪状态,还要向课堂外延伸,了解教师日常的情绪状态。以此引导教师主动关注自身的情绪动态,提高自觉管理情绪的意识和能力,为带着积极情绪走进课堂奠定心理基础,同时培养以自身积极的情绪状态感染、带动学生,促使学生在积极的情绪状态下学习、活动,并使这种积极心态向课外延伸,使之成为学生的性格基调,实现教书育人的目标。

又如,我们可以利用醒觉的体验流的本质,即连续不断向前的思维链索连续地为一种非实显性的媒介环绕,这种非实显性总是倾向于变成实显样式,反过来,实显性永远倾向于变为非实显性,以此处理学生尤其是低年级学生的各种问题。其实,年纪越小的孩子思维跳跃性越强,孩子们常常混淆了实显和非实显的关系。在日常

---

① [德]胡塞尔:《纯粹现象学通论》,李幼蒸译,商务印书馆2012年版,第242页。
② 同上书,第236页。
③ 同上书,第239页。

生活中其突出表现是：小孩常常将实显性（做到）和非实显性（想到）混杂并交织在一起。若仅以成人视角评判，常难以理解孩子的行为，更有甚者，有的成人甚至还认为小孩在说谎、吹牛皮等，误解了小孩的初心。当小孩得不到理解时，慢慢地他们就会对成人关闭心灵大门，并且会变成"大人"，不再幻想、不再做梦，想象力渐渐消失，童年逐渐远离，进而也切断了与成人之间发展良好沟通习惯的可能性，因为良好沟通习惯的基础是心灵相通，彼此理解。所以说，无论是家长还是老师，若是明白了现象学中实显性与非实显性存在着动态变化的关系这一原理，面对儿童的问题，就能站在孩子的角度加以审视，提高彼此之间相互理解的可能性。若如此，也就能蹲下身子，倾听孩子，进而理解孩子的言行，减少或避免很多不必要的误会乃至批评、指责、惩罚。

再如，在课堂情境的创设、教学内容的处理等方面，我们可以根据"体验时间统一流"的观点及"自我可以从其任何一个体验出发"的原理，充分挖掘、调动、利用学生此前的日常生活或课堂学习体验，使之服务于当下的课堂学习，并为学生此后的日常生活、课堂生活和现实生活做准备。[①] 因此，将"在前、在后和同时这三个维度"统整在当下的课堂生活中，促进学生建构新的体验流，并努力促使这种体验流建立在积极的情绪状态下，便能达到增强理解深度和记忆强度的效果。这不就是教学艺术的生动体现吗？这样，师生课堂生活质量的提升定是自然而然的，学生学习质量的提高也必是自然而然的。

3. 本质还原是现象学的方法工具

接近实事或本原的东西，传统哲学将之称为明见性。胡塞尔认为，如果没有那种通过对实事的接近和把握而得以明了（"明见"）的认识（"直觉""直观"），那么哲学的思维便始终只是空洞的论

---

① 王鉴、李泽林：《课堂观察与分析技术》，甘肃教育出版社 2014 年版，第 47 页。

证和推断。胡塞尔将所有哲学的"原则之原则"描述为"任何本原地给予的直观都是认识的合理源泉",因而任何理论最终只能从本质的被给予中获得其本身的真理。现象学作为方法是一种获得明见性的尝试。因此,他常说,哲学必须有能力将它的普遍命题的大票面钞票兑换成接近实事的细致分析的小零钱。于是以现象学为方法的哲学便成为"操作哲学"[1]。

那么,如何接近或把握实事?回答是"回到实事本身"。而实事本身只能在直观性自身给予的主观进行中原本地表现出来。而这个进行发生在人的意识中。意识进行的特征依赖于"本质",即对象种类的一般规定性。实事特征对于本质规定性来说,仅仅处于经验层面。这被胡塞尔称为"本质还原"。"本质还原"始终被胡塞尔看作现象学的方法工具。[2] 它在胡塞尔现象学中是在方法上得到保证的本质直观过程,其目的在于把握作为"本质"的先天性。[3]

本质还原对于教学研究尤其是教学艺术研究意义重大,因为如果不进入课堂,不接近课堂上的教学现象,那么,教学研究理论就是空洞的论证和推断,难以体现理论的指导价值,也就难以在实践中扎根。因此,意识现象学视角下的教学艺术研究,是一定要回到课堂上的,需要悬置研究者的主观想法,仔细描述直观到的课堂教学活动,不放过任何一个细节,进而做出细致分析,最终明了其意义。也就是要通过对课堂活动"实事"的接近和细致分析,获得对教学艺术生成的明见性,以此提取教学艺术生成的策略。

需要注意的是,第一,悬置法是现象学方法的准备步骤,还原

---

[1] [德]埃德蒙德·胡塞尔、克劳斯·黑尔德编:《现象学的方法》,倪梁康译,上海译文出版社2005年版,导言第12—13页。
[2] 同上书,导言第17—20页。
[3] 倪梁康:《胡塞尔现象学概念通释》,生活·读书·新知三联书店2007年版,第397页。

法和意向性分析是核心步骤①；第二，现象学作为一门纯描述性科学，并不拒绝做客观的准备。胡塞尔认为，科学只是在这样一种条件下才成立，即当思维的结果可以用知识形式存储起来并可以用一个陈述句的形式为后来的思想所利用时，这些陈述句才具有清楚的逻辑意义，但是它们能够在无表象根基的明晰性从而欠缺洞见的情况下被理解和在判断中被实现。当然，对于任意地（尤其是以主体间方式）建立相关的基础和实显的洞见来说，科学同时要求有主客观的准备。②

因此，为做好客观准备，我们采取的是根据"教学艺术"所蕴含的四个特点（即情感性、情境性、创造性和审美性）建立研究框架，通过专家认定方式，确定各自的具体指标，形成"小学教师课堂教学艺术现状调查问卷"，经小范围预测调整后，再进行大样本调研，以摸清小学教师课堂教学艺术现有的经验和存在的共性问题。针对问题，采用本质还原的方式进行课堂观察，旨在解决教学艺术生成过程中教师最困扰、难度最大的核心问题。实践证明，客观准备对研究者而言难度系数并不是很大，而以现象学为理论基础，主观准备的难度系数则数倍于客观准备。它不仅需要研究者始终坚持研读哲学著作，还要将现象学理论和教学艺术研究在思想上进行反复碰撞、梳理，建立在现象学视角下思考教学艺术研究问题的思维习惯，以实现运用现象学理论研究课堂教学艺术，以求理论突破及提高实践价值。

4. 现象学分析具有反思的特征

"反思"在胡塞尔的先验现象学中是一个重要的研究课题。一是"反思"涉及现象学的方法论，现象学分析本身就是在"反思"中进行的；二是"反思"本身作为一种意识体验也是现象学意向分

---

① 李朝东、卓杰：《形而上学的现代困境》，甘肃人民出版社1995年版，第122页。
② ［德］胡塞尔：《纯粹现象学通论》，李幼蒸译，商务印书馆2012年版，第192页。

析的重要对象。胡塞尔将反思看作他现象学研究的一个任务：区别不同的"反思"并在系统的整理中对"反思"进行完整的分析。

前一种"反思"是指"现象学反思"或"先验反思"。后一种"反思"就是通常意义上的反思或"自然反思"，即"将目光从直向可把握的对象性回转到本己的体验之上"。按照胡塞尔的定义，它是一种"认识活动（哪怕它是素朴的感知），它将兴趣课题性从一个主导性意识活动回折到另一个主导性意识之中，但这种认识活动是以这样一种方式进行的，即这个新的课题方向在本质上只有通过这样一种回折才能够被获得。因此，在通常的话语中，任何一个思考、任何一个后思都是反思。在该意义上，"反思"已经不是原本性意识，而是一种"意识变异"，它大致意味着对已思考过的东西再进行回问：这些想法是否真实？是否可以再做进一步的论证？如此等等。胡塞尔甚至还认为："任何一个合理性的问题都是反思的问题，它都可以或是回指到理论行为，或是回指到评价行为和实践行为之上。""反思"因而始终是指"向以往体验的回溯"。

"反思"的一个普遍特征在于，它本身又是意识行为，因而可以作为意识行为而成为新的反思的基质，并且如此无限地进行下去。

胡塞尔对反思所做的分析表明，意识行为之所以能被反思，或者说，反思之所以得以可能，是因为所有意识行为在进行过程中其自身都被感知到，都伴随着自身意识。在此意义上，胡塞尔认为："反思……具有这样一种奇特的特点：在反思中感知的被把握之物原则上可以被描述为这样一种东西，它不仅存在着并且在感知目光之内持续着，而且在这个目光朝向它时，它已经存在着了。"这意味着，"反思"的可能性条件是意识行为的"自身意识"[1]。而意识则是一条意向体验的河流，即"体验流"，在这条

---

[1] 倪梁康：《胡塞尔现象学概念通释》，生活·读书·新知三联书店2007年版，第407—408页。

"体验流"中，我的所有体验都结合成为一个统一体。我作为"进行的自我"是所有我的体验的相属性的基础。在我的意向体验中我指向世界中的对象，但我在反思中也可以把我自己的自我作为对象。①

反思的基本态度在于，在作为自然体验着的人的他本身与作为存在者而呈现给这个人的对象之间存在着某种联系，现象学研究者将自己置身于这个联系之外。也就是说，研究者将联系置于括号之中②，而他自己则从外面观察处于括号之中的意向生活。③

现象学的反思对于教学艺术研究而言具有多重作用：一是研究者本人要对观察到的教师的课堂教学现象进行反思；二是研究者本人的教学体验在研究中也是被反思的对象；三是要引导教师反思自己的课堂教学；四是研究者要在教学艺术生成策略这一核心目标下统整各类反思，进行系统分析，如对已有的教学艺术研究理论、自身的教学实践尤其是被研究者——教师的教学活动等进行系统的整理，聚焦各类"反思"的集合进行完整的分析。

（二）具体方法

1. 问卷法

运用问卷法，调查小学教师课堂教学艺术现状，为课堂志研究定位。

---

① ［德］埃德蒙德·胡塞尔、克劳斯·黑尔德编：《现象学的方法》，倪梁康译，上海译文出版社2005年版，导言第39页。

② 在胡塞尔现象学中，"加括号"是被用来表述"现象学还原"的众多术语之一。但这些术语在使用上仍有一定的区别。胡塞尔认为，"确切地看，'加括号'的形象化表述从一开始就更适合于对象领域，正如关于'置于局外'的说法更适合于行为领域或意识领域一样"（倪梁康《胡塞尔现象学概念通释》第116页）。此处意指研究者要将观察到的实事置于括号中，而自身在括号外进行观察，即做出现象学还原。

③ ［德］埃德蒙德·胡塞尔、克劳斯·黑尔德编：《现象学的方法》，倪梁康译，上海译文出版社2005年版，导言第28页。

2. 课堂志

根据调研中所发现的小学教师课堂教学艺术生成中最普遍、最棘手、最困难的问题，进入课堂，通过观察、访谈，呈现课例与个案，运用现象学反思进行分析，解释意义，提炼小学教师课堂教学艺术生成策略。

（三）研究过程

1. 研究对象的确定

（1）问卷调查对象

从新课改国家级首批实验区某市某区 5 个学区中各随机抽取两所学校，从中心校学区所辖的两个中心校各确定 1 所学校。最终确定 10 所城市小学和两所农村小学共 12 所学校进行全员调查。

（2）课例研究对象

随堂课课例对象是所调研学校的教师；优质课课例对象是在本区教师基本功比赛和课堂教学"希望杯"大赛的胜出者，即学科知识、个人素养相对较高，分析课堂教学时不再分析其学科知识、教学技能等基础因素。

（3）个案研究对象

从提炼优秀教师的教学艺术经验角度出发，专门选定课例研究中未涉及的学科且具有典型性的教师，进行课堂观察和课后访谈。

2. 研究工具的产生

（1）教师调查问卷

设计专家问卷。根据"教学艺术"概念中所蕴含的情感性、情境性、创造性和审美性这四大特点，确定调查的四个维度及相关项目，形成专家问卷［见附录（一）］。对云南师范大学、广西师范大学、香港中文大学、西北师范大学的 6 位教授、4 位副教授进行走访；向南京师范大学、华中师范大学、山东师范大学、河南大学、西北师范大学及河南省教科所等单位的14位教授发放电子邮件，征求意见。

整理专家意见。共发放专家问卷24份，走访收回10份，通过电子邮件收回9份，回收率为79.17%。在收回的19份专家问卷中，多位专家对问卷的部分项目比较支持，但也提出了不少意见或建议。例如，有11位专家建议删掉"情感性"维度中"着眼长远"这一指标，认为不好操作；又如华中师范大学心理学院教授认为，"积极聆听"属于情感性维度；再如有5位教授建议删掉被调查教师个人情况中"有无职务"这一指标。根据专家建议，删掉了"着眼长远""有无职务"两个指标，将"积极聆听"从"创造性"维度调整为"情感性"维度。

当然，也有专家建议增加"民主性、开放性、智慧性"及"教学技能、教学反思"等指标，考虑到本问卷应紧紧围绕教学艺术的特点，未直接增加与以上指标相关的具体问题。但在调查条目中，有体现民主、开放、机智、反思的问题；而教学技能虽是教学艺术的基础但不是研究重点，不专门添加与此相关的条目；教学反思则渗透在多项指标中，在后面的课堂志研究中，将通过课堂观察与访谈对之予以重点关注。

根据专家的意见及建议，在我的导师王鉴教授的指导下，参考相关成熟问卷的研究条目，完成调查问卷。

预测检验。为确保正式施测的质量，我在60名小学教师中进行了预测，并根据测试结果对问卷细节予以完善，编制完成"小学教师课堂教学艺术现状"调查问卷［见附录（二）］。本问卷含35个封闭条目、3个开放条目共38个题目。运用李克特等级量表，封闭条目每题为1—5分。问卷为正负双向设置。

内部一致性系数检测。在问卷形成后，对问卷内容的四个维度内外间、开放题及所有题目进行一致性检测（见表4-1），数据表明问卷信度很好。

表4-1　　　　小学教师教学艺术现状问卷内部一致性系数检测

检测项目	项数	Cronbach's Alpha
情感性	8	.612
情境性	8	.755
创造性	7	.725
审美性	9	.839
附加题	3	.625
开放题	3	.333
四个维度所有题目	32	.907
本问卷所有题目	38	.901

注：>0.9，最佳；而开放题就是要测出不同方面。

（2）课堂观察量表

在情感性维度上通过教师的语言、语气、表情、神态、动作观察教师课堂情绪状态，从学生的参与热情等方面观察学生的情绪状态；从课堂气氛、具体情境等方面观察情境创设；从细节处理、问题呈现等方面观察创造性；从教学效果、师生及研究者感受方面考察审美性［详见附录（三）］。

（3）教师访谈提纲

访谈、了解教师对课堂教学的评价，先进行心理预热，然后追问教师个人教育理论及对教学艺术的深层次理解等问题［详见附录（四）］。

3. 深入场域开展研究

（1）问卷调查

实测调查。我的12位教研员同事在同一天下午到被抽取的12所学校，利用开期末考务会前的20分钟，对被调查学校的全体教师采取集中发放问卷、集中收回的形式进行实地调查。

问卷回收情况。发放问卷1105份，收回1100份，回收率为

99.55%。剔除未填完和不真实的无效问卷58份，有效问卷为1042份，有效率为94.73%。

数据处理。用SPSS（17.0）软件对数据进行管理、统计和分析。

(2) **课例研究**

针对问卷调查中所发现的突出问题，重点描述五个课例，以回应教师在教学艺术生成过程中所感到的最困难、最突出、最普遍的问题。在分析课例时，在呈现当下这节课的同时，不仅追述此课产生前的教学过程，剖析其存在问题、解决策略，还渗透与之相关的课例，以便比较，促进理解。在学科上，所选课例涉及综合实践活动、心理健康教育、劳动技术、语文和体育；在效果上，虽有教学艺术差的课但更多的是艺术性强的课。

需要说明的，一是任何一节优质课都建立在教师长期认真实践探索的基础之上，对学科知识等基本功方面的问题不再做出分析；二是五个课例既有研究者观察的也有根据自身经历反思的；三是但凡教学艺术高的课都兼具四个特点，为求针对性，课例中仅侧重于某一特点进行深入分析。

(3) **个案研究**

对课例中未体现的语文、数学等学科及教师成长对教学艺术生成策略的影响等问题做了深度挖掘，进行个案研究。个案研究中的三位教师，第一位是即将退休的全国优秀教师，呈现方式是两次课堂观察和两次访谈，以尽可能地诠释她的教学艺术；第二位是省级骨干教师，通过访谈呈现她的成长过程，了解她的成长节点和教学理念；第三位也是省级名师，主要是一次课前交流、一节课堂观察及课后的师生访谈，以展现学生对课堂变革的感受，教师因"读懂学生"而自发地进行课堂变革的缘由、过程、问题，以及他对教学的审视、思考和对学生的认识。

五 研究结果与分析

（一）小学教师课堂教学艺术现状

小学教师课堂教学艺术水平对教学质量和学生发展十分重要。那么，小学教师课堂教学艺术水平现状如何？新课改实施十多年来，小学教师在课堂教学中积累了哪些经验？存在什么问题？需要哪些支持？这些都是亟待研究的课题。本书以对新课改国家级首批实验区某市某区的调查为例，以期为解决上述问题提供思路。

1. 调查结果与分析
（1）教学艺术有良好的生成土壤

通过描述性统计分析发现，当调查内容是以正向的观念与认知层面的表述方式呈现时，老师们的认可度非常高（见表5-1至表5-4）。这表明新课改十多年来，先进的教育理念已深入人心，得到小学教师的高度认同。表5-1表明，有90%以上的小学教师认为自己"总是或经常"全身心地投入教学，进入课堂忘却烦恼；设计教学环节，换位思考，体贴学生，想方设法激发学生的学习兴趣，使学生爱学、乐学；积极聆听，追问学生出乎意料的想法；不因眼前的学习与行为问题而对学生产生偏见，激励学生更好地发展。有56.33%的老师"总是"认为、有28.41%的教师"经常"认为情绪会影响教学，会有意识地调控自己和学生的情绪，表明教师对情绪管理的认识虽稍低于其他方面，但也有较高的认识。教育

五 研究结果与分析

是爱的艺术，没有爱，没有情感的投入，教学艺术就无法生成。数据表明，小学教师对教学和学生有着深厚的感情及很高的投入。深厚的情感基础为课堂教学艺术的生成提供了内在的可能性。

表 5-1　　小学教师教学艺术情感性维度理念认可度

调查条目	总是（人）	经常（人）	比例（％）
全身心投入，教好每个孩子是我的使命	866	169	99.33
我一站上讲台，什么烦心事就都忘了	546	413	92.03
情绪会影响教学，我有意识地调控我和学生的情绪	587	296	84.74
设计每个教学环节，我都想想学生是不是容易理解	739	291	98.85
怎样让学生喜欢学、乐意学是我思考的问题	616	399	97.41
学生回答问题出乎意料时，我会追问他的想法	610	358	92.90
眼下的学习或行为问题不代表未来，要想法激励学生	699	321	97.89

表 5-2 表明，在情境性维度上，老师们重视对学生日常生活与学习生活经验的挖掘，利用其为学生当下的课堂学习服务；重视对教学方法的优化。同时，对学生实践、合作及问题意识培养的重视等认同度都很高。

表 5-2　　小学教师教学艺术情境性维度理念认可度

调查条目	总是（人）	经常（人）	比例（％）
我认为营造安全、宽松的氛围才能使学生学得好	843	190	99.14
我会利用各种教学手段，帮助学生理解所学内容	633	376	96.83
我挖掘学生的生活与学习经验，创设教学情景	681	328	96.83
孩子的身体和大脑都动起来，才能学得既深入又扎实	739	272	97.02
让孩子身心都动起来，他们的脑子才能灵起来	674	333	96.64
我让学生自己思考问题，提出问题，解决问题	567	409	93.67
我把问题交给学生，让他们相互合作，解决问题	449	489	90.02

表 5-3 表明，90% 以上的教师认为自己在课堂教学中善于挖掘、利用教学资源，通过换位思考、善于追问、巧用评价等方法，能急中生智、创造性地处理突发事件，解决教学中所存在的问题。

表 5-3　　　　小学教师教学艺术创造性维度理念认可度

调查条目	总是（人）	经常（人）	比例（%）
解决冲突时，我先思考假如是我的话，乐意怎样做	572	393	92.61
我也曾是小孩子，想想自己小时候就理解学生了	606	387	95.30
孩子有自己的想法，我先听听他们到底是怎么想的	734	297	98.94
我觉得，评价有针对性和激励性，才能使教学更有效	790	235	98.37
期待学生有什么表现，我会在评价时提出要求	556	418	93.47
教学中，我能处理意想不到的突发事件	519	427	90.79
学生的不同想法，我认为是教学的宝贵资源	763	259	98.08

表 5-4 表明，94% 以上的教师对自己的课堂教学有较高的评价，认为自己适合做教师，自己教得轻松，学生学得快乐，教学节奏流畅，具有较好的教学成效。因此，很享受课堂。虽然学生的学业成绩距离自己的理想水平略有差距，但整体而言，课堂对自己和学生是快乐生活的地方。

表 5-4　　　　小学教师教学艺术审美性维度理念认可度

调查条目	总是（人）	经常（人）	比例（%）
我的教学，结构清晰，层次分明，过程流畅	546	480	98.46
所学内容能当堂练习，学生基本都能掌握	526	497	98.18
我教的班，学生学业成绩能达到理想的水平	352	506	82.34
上课，对我来说很轻松	392	541	89.54
我很喜欢上课，我觉得自己很适合当老师	517	469	94.63

续表

调查条目	总是（人）	经常（人）	比例（%）
学生喜欢上我的课，他们学得一点也不吃力	440	581	97.98
整体来说，学生对我的课感兴趣	564	465	98.75
课，对我和学生来说，时间过得太快了	506	477	94.34
课堂是我和学生快乐生活的地方，我们很享受课堂	593	411	96.35

（2）教学艺术有极大的生成难度

通过描述性统计分析还发现，有三个维度四个调查条目问题突出：在课堂教学的具体情境中，当面对问题学生，遇到突发情况，要运用智慧创造性地开展教学活动时，老师们普遍感到情绪失控、手足无措、困难重重（见表5-5）。这表明理想很美好，现实很残酷，尽管先进的教育理念已深入人心，但在实践中尚未扎实落地，老师们依然常常重蹈覆辙。理论与实践相脱离的状况比较严重。小学教师课堂教学艺术在现实中有极大的生成难度。

表5-5　小学教师课堂教学实践中教学艺术生成的突出困难

维度	指标	调查条目	总是	经常	偶尔	极少	从没有
情感性	情绪管理	一看见那些调皮捣蛋的学生，我就有一股无名火	166　15.9%	376　36.1%	434　41.7%	53　5.1%	13　1.2%
情感性	积极聆听	一节课的时间那么短，没时间听学生到底是怎么想的	216　20.7%	400　38.4%	307　29.5%	85　8.2%	34　3.3%
情境性	创设情景	营造生动、鲜活、有意义的教学情景，我觉得挺难的	138　13.2%	312　29.9%	425　40.8%	114　10.9%	53　5.1%
创造性	教学机智	课堂上，会出现让我手足无措难以应对的情景	183　17.6%	506　48.6%	298　28.6%	38　3.6%	17　1.6%

(3) 教学艺术策略支持需整体与定向结合

表5-5也告诉我们，小学教师在课堂教学艺术方面存在着四个共性问题。为进一步了解共性问题中的差异，本书将"骨干、教龄、学科"等作为因变量进行方差分析，检测四个问题在不同因变量内所存在的不同维度的差异。

表5-6　小学骨干教师与非骨干教师在四个指标上的比较

指标	骨干	N	平均数	标准差	F	sig
情绪管理	是	104	3.62	.816	.022	.883
	否	938	3.60	.862		
	总数	1042	3.60	.857		
积极聆听	是	104	3.77	1.108	1.596	.207
	否	938	3.64	.988		
	总数	1042	3.65	1.001		
创设情景	是	104	3.41	1.030	.412	.521
	否	938	3.35	1.007		
	总数	1042	3.35	1.009		
教学机智	是	104	3.83	.841	.577	.448
	否	938	3.76	.837		
	总数	1042	3.77	.837		

注："*"为$P<0.05$，"**"为$P<0.01$，无"*"为不显著。下同。另外，自表5-6起，"情绪管理、积极聆听、创设情景、教学机智"四个指标的具体问题，均为表5-5中对应的"调查条目"。

骨干教师在"情绪管理、积极聆听、创设情景、教学机智"

四个共性问题上与非骨干教师不存在显著差异（见表5-6）。表5-6表明：一方面四个共性问题很有挑战性，另一方面也反映出"以课论优"的骨干教师评选方式存在一定的隐忧。因为很多获奖的"优质课"都是集中众人智慧"打磨"出来的，这些课所体现出的水平高于获奖者本人的现实水平。如获奖教师在此前、此后未形成坚持学习、善于反思的实践习惯，那这种"一课成名"式的成长方式，不仅不能切实提高教师的教学艺术水平，而且最终会影响他们的长远发展。[①] 当然，本书并未对骨干教师在级别（如校、区、市、省、国家级）上做进一步的对比分析。因此骨干教师群体内部是否存在差异、差异大小如何等尚不清楚，有待进一步研究。

从表5-6中我们还可以看出，尽管骨干教师与非骨干教师在"情绪管理、积极聆听、创设情景、教学机智"四个指标上不存在统计意义上的显著性差异，但在每个指标的平均数上，骨干教师还是略高于非骨干教师的。此外，若按从难到易的顺序排列四个指标，则创设情境（3.35）＞情绪管理（3.60）＞积极聆听（3.65）＞教学机智（3.77）（平均数越低表明难度越大）。也就是说，就小学教师群体而言，教学艺术水平的提升，难度系数最高的是创设情境，其次是情绪管理。而创设情境与创新性、情感性又密不可分。由此可见，虽是一个指标，但涉及多重因素，难怪乎"创设情境"是教学艺术中难度系数最高的因素。而如何创设情境，应是教学艺术研究中需要高度重视的领域。这为我们后期的课例研究和个案研究确定了切入点，因为我们就是要解决普通教师在教学艺术生成上感到最棘手、最困难的问题。当然，情绪管理、积极聆听和教学机智也是研究中需要重视的问题。

不同教龄在"情绪管理、积极聆听、创设情境、教学机智"四个共性问题上的差异状况有所不同（见表5-7、表5-8、表5-

---

① 田慧生：《时代呼唤教育智慧及智慧型教师》，《教育研究》2002年第2期。

9、表 5-10）。

不同教龄的教师在情绪管理上不存在显著差异（见表 5-7）。情绪管理问题困扰着不同教龄阶段的所有教师。因此，帮助教师群体学会管理情绪，促使小学教师理智且智慧地面对令自己头疼的学生，应是今后教师培训的着力点之一。

表 5-7　　　　不同教龄小学教师的情绪管理情况

指标	教龄（年）	N	平均数	标准差	F	sig
情绪管理	1—3	272	3.57	.050	1.545	.160
	4—5	70	3.66	.099		
	6—10	180	3.46	.062		
	11—15	182	3.63	.065		
	16—20	176	3.71	.067		
	21—25	93	3.68	.087		
	26 以上	66	3.62	.116		
	总数	1039	3.60	.027		

不同教龄的教师在积极聆听上存在显著差异（见表 5-8）。不同职业阶段的教师在课堂教学中面对学生的不同问题，即在教学预设与生成碰撞的节点上，表现各异。能积极聆听学生的教师有能力通过追问学生的想法，挖掘教学资源，做到"以学定教"，促使学习深化。但是因时间不够而不能聆听并追问学生想法的教师，受自身知识所限，也受赶进度（"没时间听学生到底是怎么想的"）想法的影响，难以挖掘来自学生的、鲜活的教学资源，仍固守"以教定学"的套路。这部分教师是教师培训需要重点干预的群体。

表5-8 不同教龄小学教师积极聆听的情况

指标	教龄（年）	N	平均数	标准差	.F	sig
积极聆听	1—3	272	3.56	.955	2.691	.013*
	4—5	70	3.44	1.125		
	6—10	180	3.54	1.010		
	11—15	182	3.77	1.040		
	16—20	176	3.77	.996		
	21—25	93	3.84	.838		
	26及以上	66	3.64	1.062		
	总数	1039	3.65	1.001		

对"没时间听学生到底是怎么想的"这个教师群体我们通过进一步比较分析予以定位，以为日后有针对性地进行干预做好准备（见表5-9）。

表5-9 小学教师在积极聆听方面不同教龄的组间比较

指标	教龄（年）	1—3	4—5	6—10	11—15	16—20	21—25	26以上
积极聆听	1—3		.401	.911	.022*	.028*	.018*	.553
	4—5			.469	.018*	.021*	.012*	.258
	6—10				.028*	.035*	.021*	.522
	11—15					.942	.614	.334
	16—20						.575	.364
	21—25							.207

表5-8表明，教龄在1—3年、4—5年、6—10年，即处于新手阶段和胜任阶段的年轻教师，与教龄在11—15年、16—20年、21—25年处于成熟阶段、专家阶段的中青年教师相比，在应对学生不同想法的过程中，有显著差异。同时，教龄在26年及以上的

教师，随着年龄的增加，仅凭借经验开展教学活动，教学艺术水平呈现下降趋势，与教龄在1—10年的教师并没有多大差异。因此，对于职业生涯早、中、晚期教师的干预要区别对待。如何发挥中青年教师的带头作用，促进年轻教师的专业成长，延缓中老年教师的教学水平下降趋势，促进不同职业阶段的教师不断提高各自的教学艺术水平，应在干预策略研究中予以关注。

不同教龄的教师在创设情境上不存在显著性差异（见表5－10）。创设情境问题，对于不同教龄阶段的所有教师来说，都是很难的事。从某种角度上说，谁突破了创设情境这个难点，那么谁的教学艺术水平自然就高，教学效果自然就好。情境教育法的创始人李吉林老师，善于从教材内容和学生特点出发，巧妙地调动学生的生活与学习经验，创设符合学生身心特点的教学情境，激发学生的学习兴趣和热情，达到提高教学效果的目标。

表5－10　　　不同教龄小学教师创设情境的情况

指标	教龄（年）	N	平均数	标准差	F	sig
创设情境	1—3	272	3.31	.940	1.066	.381
	4—5	70	3.14	1.040		
	6—10	180	3.36	.972		
	11—15	182	3.36	1.051		
	16—20	176	3.41	1.019		
	21—25	93	3.44	1.026		
	26及以上	66	3.33	1.155		
	总数	1039	3.35	1.008		

不同教龄的教师在教学机智上存在高度显著差异（见表5－11）。反映出教学机智因教龄长短而表现出不同结果（见表5－12）。

表5－11表明，教龄在1—3年的教师，同教龄在11—25年的

教师相比，在处理课堂突发问题上存在高度显著差异，与教龄在26年及以上的教师相比存在显著差异。这反映出刚入职的新教师在课堂上常常遭遇"手足无措难以应对"的棘手问题。而教龄在4—5年、6—10年的教师与教龄在11—20年的教师相比也存在显著差异，与教龄在21—25年的教师相比还存在高度显著性差异。这反映出，教龄在21—25年的教师处于职业生涯的鼎盛期，具有极强的课堂驾驭能力，较之其他阶段的教师能更从容、机智地面对突发问题。有意思的是，当教龄超过了25年之后，面对突发问题似乎又有点力不从心了，处理突发问题的能力仅仅强于刚入职1—3年的教师。

表5-11　　不同教龄小学教师在教学机智方面的情况

指标	教龄（年）	N	平均数	标准差	F	sig
教学机智	1—3	272	3.56	.766	7.651	.000**
	4—5	70	3.61	.906		
	6—10	180	3.69	.846		
	11—15	182	3.90	.769		
	16—20	176	3.91	.870		
	21—25	93	4.09	.816		
	26及以上	66	3.82	.893		

表5-12　　小学教师在教学机智方面不同教龄的组间比较

指标	教龄（年）	1—3	4—5	6—10	11—15	16—20	21—25	26以上
教学机智	1—3		.591	.078	.000**	.000**	.000**	.020*
	4—5			.489	.015*	.011*	.000**	.148
	6—10				.020*	.014*	.000**	.296
	11—15					.877	.069	.512
	16—20						.093	.444
	21—25							.043*

不同学科在"情绪管理、积极聆听、创设情境、教学机智"四个共性问题上的表现有所不同。本书将学科划分为文科（含语文、英语、品生与品社）、理科（数学、科学、微机）、综合科（体育、音乐、美术、综实、心健、校本）及跨学科兼职四类情况。通过方差分析发现，各学科教师在"情绪管理"上存在高度显著差异（P值为0.005），在"积极聆听""创设情境""教学机智"上不存在显著差异。进一步细化分析还发现：

综合实践活动课程教师在情绪管理上与其他学科教师相比存在高度显著差异（P值在0.001—0.009）。音乐学科与语文、英语、数学学科相比，也存在显著差异（P值分别为0.014、0.048、0.025）。这表明学习方式、对学生的熟悉程度等因素制约着教学的组织管理。科任教师尤其是综实教师每周每班1节课，所教班级多，和学生接触少，加之学生对这些学科的主观轻视等因素，导致随着课堂管理难度的增加，教师的情绪管理难度也随之增加。不过，心理健康教师与语、数、英等其他学科教师相比并没有任何差异。这表明，同是科任教师，因学科性质、教学方式、对学生心理了解程度的不同，在情绪管理上也会产生差异。

在积极聆听指标上，语文、数学、体育教师与其他学科教师相比存在不同程度的差异。这是因为语文、数学教师的教学任务量大，教师以完成教学任务为主，所以与其他学科教师相比，课堂上常常没有时间追问学生的想法。而体育教师在操场上，以身体锻炼为主，追求精讲多练，在课堂上也无暇顾及学生的想法。

在教学机智上，综实教师与语文、科学、音乐教师相比也存在显著差异（P值分别为0.035、0.014、0.039）。综实课程作为开放性、实践性、活动性及以研究性为主导学习方式的崭新课程，课堂上生成问题的频度高、挑战性强，对教师的要求更高。而综实教师都是转型而来的且以兼职为主，他们习惯了以讲授为主的教学方式，对这种新型的学习方式至今尚未完全适应，所以任教综实学科的专兼职教师与其他学科的教师相比，普遍感到压力更大，困难也更突出。

（4）教师阅读取向制约教学艺术的层次

统计三个开放问题发现：第一，小学教师在课堂教学上主流心态是积极向上、充满阳光的。有62.7%的老师"每当上课铃声响起"，总是感到"兴奋、期待、激动""愉悦、开心、快乐、幸福""共同成长、充满激情、心潮澎湃、信心十足、精神抖擞"等；有25.2%的教师感到"责任重大、任重道远、使命、平静"等。但有9%的教师处于消极状态，或是提醒自己"打起精神、上课了"，或是感到"心慌、不安、忐忑、紧张、压力、恐慌、焦躁"，甚至"疲惫、无奈、无语"，或是处于"习惯了、没感觉"的麻木状态，表现出较重的职业倦怠感。极个别的老师还觉得"上课铃声"对自己来说就是"战斗、冲锋"，需要强压恐惧，勇敢面对。

第二，过半数的小学教师"最喜欢的教育家"是陶行知。当然，孔子、苏格拉底、叶圣陶、老舍、苏霍姆林斯基、杜威以及魏书生、雷夫等古今中外不同时代的很多教育家也得到了小学教师的尊重、敬爱，成为小学教师群体最喜欢的教育家。

第三，小学教师"最喜欢的一本书"多是教育类通俗读物，如《第56号教室的奇迹》。有趣的是，尽管教师心中最喜欢的教育家是陶行知，但在最喜欢的一本书中，陶行知先生的著作并未成为老师的最爱。虽然在1042名教师中仅有55人未回答这个问题，但在所有填写答案的教师中，有69.8%的教师最喜欢的书属于教育类通俗著作，其中又以畅销书为主。除了《第56号教室的奇迹》之外，《窗边的小豆豆》等也很受欢迎。此外，有19.2%的老师喜欢阅读中外文学名著，如《红楼梦》《三国演义》《简·爱》等。而最爱读哲学、心理学等书籍的分别仅为0.7%和3%。由此可见，小学教师爱读书，尤爱教育通俗类读物，但不爱读哲学、教育学、心理学等学术性、理论性强的书，甚少研读经典理论著作。这或是制约小学教师专业发展的潜在因素，需要关注。因为，无论从事哪个行业，缺乏哲学素养都将缺乏持久的发展内力。

透过以上分析我们可以发现，小学教师教学艺术水平的提高缺乏深厚底蕴的支撑。艺术行为实质上是一个人智慧的表征，而智慧来自于对宇宙、社会、人性、人生的深刻洞悉、整体认识。教学艺术实质上是教师对宇宙、社会、人性、人生的宏观思考在教育教学具体问题上的微观体现。当教师的阅读视野局限在某一领域，缺乏广泛而深厚的理论积淀时，他们在课堂实践中躬耕愈久，愈易陷入经验主义的泥潭，难以突破。从这个意义上讲，小学教师课堂教学艺术现状不容乐观。

2. 调查结论与思考

（1）调查结论

调查发现，当前小学教师课堂教学艺术现状呈现出以下特点：

第一，在情感性方面，小学教师群体积极向上，心态阳光，热爱教学，对先进的教育理念高度认同，但理念认同与自觉行动之间的落差很大。在课堂上尤其是身处具体教学情境或面对某些学生时，有52%的老师情绪波动大，"一看见那些调皮捣蛋的学生就总是或经常会有一股无名火"；有59.1%的教师总是或经常觉得"一节课时间那么短，没时间听学生到底是怎么想的"。

第二，在情境性方面，骨干教师虽略强于非骨干教师，但在全部被调查教师中，仅有5.1%的老师从未觉得"营造生动、鲜活、有意义的教学情景"是困难的。方差分析发现，"创设情境"的难度高于"教学机智、积极聆听、情绪管理"，成为影响教学艺术生成的最大难题。

第三，在创造性方面，无论是创设教学情境还是面对突发问题的机智处理，教师们都感到困难重重，有66.2%的教师总是或经常感到"课堂上会出现让我手足无措难以应对的情景"。

第四，在审美性方面，教师因受情绪波动、无暇聆听追问、情境创设困难及解决突发问题乏力等因素的困扰，加之小学教师因与哲学、教育学与心理学等学术著作疏离而缺乏智慧发展的底蕴支撑，尽管在审美性维度上教师理念认同度普遍很高，但是"我教的班，学生学业成绩能达到理想水平"这个问题在审美维度九个问题中的分值最低（见表5-4），表明主观与客观之间存在着较大差异。

第五，小学教师课堂教学艺术现状表明，尽管先进的教育理念已经走进教师心中，但是理想与现实之间存在着非常大的差距，突出表现在"创设情境（情境性）、情绪管理与积极聆听（情感性）、教学机智（创造性）"等方面，因此小学教师课堂教学艺术生成策略研究需要重点解决以上几个方面的问题。

(2) 调查思考

从教27年来，我对教学艺术问题始终充满兴趣，所念皆在于兹。反思自己的从教经历，我认为当满足了三个条件——教师对教学内容驾轻就熟（知识水平高）、对所教内容非常热爱（教学热情高）、情绪状态良好且能有效地感染学生使其处于良好的学习状态（身心投入高），这样，即便是刚入职的教师也能生成教学艺术。经验告诉我，艺术化的教学行为在每个职业阶段都会发生，只是频次与程度有所差异。就新教师来说，当她（他）们在讲授自己熟悉又很感兴趣的内容而且自己和学生情绪状态都很好的时候，课堂上就会出现"艺术"效果，即教师不仅能巧妙应对学生提出的意想不到的问题（体现出教学机智），而且学习效果很好（教与学的质量高），还能使师生彼此感到"美美的"（达到审美层次）。但是，尽管新教师非常努力，这种美妙的感觉体验不仅次数少而且不稳定，可遇而不可求。这种美妙感觉出现的概率随着教学经验的增加而增多，稳定性则与教师个人的整体素养及情感投入度呈正相关。

特级教师课堂教学的艺术性之所以强且稳定性高，是他们长期乃至终身积淀的结果。所以课堂内的轻松愉悦映射出的是课堂外的综合修炼，也就是教师对教育事业的热爱，具体而言，就是矢志不渝地对学科知识的精深掌握，对自我修养的不断完善、对教育境界的至臻追求。小小课堂，空间仅几十平方米，时间仅40分钟，但要想提高教学艺术水平绝非一朝一夕的事情，因为意识流或体验流是整体的，是整个的、本质上统一和严格封闭的体验时间统一流。[①]课堂上的短暂表现是课堂外的毕生积淀。教师的体验流是从课外流进课堂又流向课外的循环往复的过程。因此，若要提高课堂教学艺术效果，最根本的是在课外锤炼。

其实，在我通过自身经验分析得出的决定教学艺术生成的三个条件中，让老师们感到最棘手的并不是学科知识，这和很多专家的研究包括我对见习期教师的调研是一致的。说明经过多年学习尤其是高校的几年深造，走上工作岗位的教师尤其是小学教师大都掌握了基本的学科知识（其实，如何将知识点转化成学生们易于掌握的学习内容才是教学艺术生成的难点，而非基本知识的简单灌输或传授）。在教学中，因知识技能欠缺而导致的问题，其出现的概率相对较低，困扰他们的常常是教学组织、兴趣激发、学习效果等方面的问题，也就是教学艺术方面的问题。换句话说，教学研究应该着力解决的恰恰就是学科基本知识之外的教学技巧乃至教学艺术问题。

在调研中所反映出的普通小学教师最集中、最普遍的四个问题分别是：教学情境创设（情境性）、情绪管理、积极聆听（情感性）、教学机智（创造性），这恰与我分析的影响教学艺术生成的三个条件的后两个条件相对应。那么它们在课堂上有什么具体表现？又是如何困扰教师的？有没有成功的经验？如果有的话，其中包含着哪些值得借鉴的方法？从中又能提炼出哪些策略或行之有效的具体办法？决定一种教学行为艺术或不艺术的根本因素又有哪些？教学艺术性强与差的老师在课堂以外的生活中又有何不同？诸如此类问题都是我们感兴趣的，也都是需要通过研究予以揭示的。

或许，研究的品质恰取决于对问题追问的深度及解决问题的程度。

---

① ［德］胡塞尔：《纯粹现象学通论》，李幼蒸译，商务印书馆2012年版，第239页。

3. 确定课例研究切入点

教学艺术所涉及的研究领域非常宽广，我在文献研究中已说到十多年前，研究者多研究教学艺术所呈现的外部形态，对教学的语言、板书、节奏等进行了深入研究，而最近十多年来转向教学艺术生成的主体——教师，从教师的教学机智、实践智慧、实践知识等角度进行深入研究。换句话说，转向前更多地侧重在于教学艺术生成的技术层面而转向后则更加重视教学艺术生成的意识层面。那么，本书研究如何才能有所突破、实现超越？答案是：既要选准切入点又要在方法上创新。问卷调研中所呈现的突出与共性问题为研究切入提供了数据支持，为课例研究做好了客观准备。具体而言，就是要从"创设情境、情绪管理、积极聆听、教学机智"切入，帮助一线教师切实解决她们在教学艺术中感到最困难、最突出、最普遍的现实问题。

（二）教学有无艺术的课例研究

从现象学视角来说，课例研究就是研究者走进课堂生活世界，通过悬置，即课堂观察，呈现课例，分析解释，诠释意义。而悬置是现象学方法的准备，意向是悬置的起始。因此，现象学方法实质上是对意向对象的活动进行分析，即呈现意向对象的活动过程与活动细节，将其呈现给读者。分析是在研究者意识基础上做出的分析。而此前，读者已经产生了一定的意义。双方在意义碰撞中产生新的认识，生成新的意义，以此促进双方对意向对象的活动产生本质认识。

人类学家格尔茨曾说，如果你想了解一门学科是什么，你首先应该观察这门学科的实践者们在做些什么。[1] 要想了解教师的教学

---

[1] ［美］格尔茨：《文化的解释》，韩莉译，译林出版社1999年版，第6页。

艺术水平如何，就必然要走进教室，观察教师的教学情况。因此，课例研究才是教学艺术研究的重点，前期的文献研究乃至调查研究都是为了走进课堂做课例研究所做的准备。唯有走进课堂，才能根据事实即对教学活动进行客观的记述、说明，从中解释现象或发现规律。① 教学艺术研究属于教学论研究的范畴，走进课堂开展研究，恰是教学论研究的本源所在。因为真正意义上的教学论就是以研究教学活动构建理论大厦，又以其理论指导实践，进而再发展教学理论的。②

1. 运用悬念，创设情境——基于两节优质课的课堂观察与分析

"悬念"在《现代汉语词典》中被解释为："做动词，意为挂念；做名词，意指欣赏戏剧、影视剧或其他文艺作品时，观众、读者对故事情节发展和人物命运很想知道又无从推知的关切和期待心理。"③ 生活中我们常用"卖关子"来表达制造悬念的意思，相声艺术中称之为"抖包袱"。与欣赏文艺作品一样，在课堂上，教学活动若充满悬念，学生学习兴趣会倍增，学习效果就会事半功倍。而要想使教学活动富有悬念，教师则要深刻把握知识点与学生认知现状，通过创设情境，引发学生现有认知水平与所学内容之间的矛盾，使学生处在认知冲突中，以激发其一探究竟的内动力。

(1) 课例呈现：利用悬念打破认知平衡

本课例是一节小学五年级心理健康教育课。下面是我的观察记录。

导入环节：以心理学家阿希设计的著名的线段实验，创设第一个问题情境，促使学生初步认识本课的学习主题——从众现象。

---

① 王鉴：《课堂研究概论》，人民教育出版社2007年版，第10页。
② 同上书，第14页。
③ 《现代汉语词典》，商务印书馆2012年版，第1475页。

五 研究结果与分析

上课伊始,教师请学生看多媒体投影屏幕并说:"请同学们认真观察,看看左边的线段和右边三条线段中哪一条相等?"(按:ppt 上有四条横线段,左边靠上有一条,右边三条垂直排列,分别标以 a、b、c,a 线段明显长于左边的线段,b、c 两条线段与左边的线段长度相近,但仔细观察可以看出 b 线段比 c 线段略短,c 线段和左边的线段长度相等。)

很快,十多个学生举起手来。

生:"左边的线段和右边的 c 线段相等。"

师:"谢谢你的分享!有不同意见吗?"

生:"老师,我认为左边的线段和右边的 b 线段相等。"

师:"谢谢你的分享!还有哪位同学乐意分享自己的观察结果?"

生:"我同意刚才那位同学的意见,认为左边的线段和右边的 b 线段相等。"

老师微笑着示意学生坐下。接着示意另一位学生继续发表意见。

生:"我的观察结果是,左边的线段和右边的 c 线段相等。"

生:"我觉得左边的线段和右边的 b 线段相等。"

师:"看来,同学们现在有两种观察结果。那我们举手表决一下,认为左边的线段和右边的 c 线段相等的请举手。"——20 多位学生纷纷举起手来。

"坚持左边的线段和右边的 b 线段相等的请举手。"——也有 20 多位学生举手。

师:"想不想知道答案?看大家急切的样子,都很想知道吧。好!请大家仔细看——"说完,老师移动鼠标,屏幕上左边的线段向右移动,最终和 c 线段完全重合。

"看到这个结果,你现在有什么感受?"

生:"我的判断是正确的。这会儿心里挺开心的!"

95

生："老师，我原本也觉得和 c 相等，可是看到班长都说和 b 相等，就没有坚持。感觉有点后悔，应该坚持自己的判断的。"

师："像刚才这位同学，因为几位班干部认为左边的线段和 b 线段相等，就改变了自己的想法的请举手示意一下。"

师："看来我们班有十多位同学因为受到了他人的影响，而改变了自己原来的想法。这种现象在心理学上被称作从众（板书）。"

师："刚才，同学们参加的其实是美国心理学家阿希设计的著名的'线段实验'。按照实验规则，我在课前找了咱班 7 名班干部，让他们在课上坚持'左边的线段与 b 线段相等'的观点。当然，我要求他们严格保密而且回答问题时要严肃认真。刚才他们做得很好，我要谢谢这 7 位同学的配合。正是由于他们很认真，才真正忽悠、误导了一部分同学。心理学家把这种'在压力影响下，改变自己的意见，选择与多数人保持一致的行为称为从众。'也就是我们平常所说的'跟风''随大流'，这种现象就是从众现象。"

辨识环节：通过播放新近发生的新闻视频，创设第二个问题情境，促使学生辨别从众现象，将学习引向深入，帮助学生更好地理解和掌握心理概念。

师："听完我刚才的介绍，你们认为从众现象好吗？为什么？"

生："不好。因为不能坚持正确的判断。"

师："你刚才是不是被误导了？"

生：（不好意思地点了点头。）

生："我觉得，从众也不是不好，关键还得看自己能不能坚持正确的想法。"

生："跟风、随大流不好，像中国式过马路。"

师："看来，现在又有两种观点，我们也表决一下好吗？"

五 研究结果与分析

"认为从众现象好的请举手"——"嗯,有个别同学举手了。"

"认为从众现象不好的请举手"——"比刚才举手的多。那,从众到底好还是不好呢?我先不做评价,请同学们看一段视频。"

教师播放的是一段从某卫视新闻栏目中截取的一段视频,内容是:某日,一位女士和朋友到银行取了5万元钱。她把钱拿在手中,刚走出银行大门,手里的钱不小心掉在地上,这时刚巧刮来一阵大风,钱瞬间飘落一地,有的还飞舞起来。

视频放到这里,老师又轻点鼠标,将画面定格在"钱飞舞的瞬间",并提出问题:"这位女士的钱能找回来吗?"老师稍微停顿了一下,接着说:"请同桌两位讨论2分钟,说说各自的观点和理由。"

很快,有的小组举手了。

"我认为,钱能找回来。因为大家会拾金不昧。"

"老师,我不同意。我觉得钱找不回来了。因为有的钱可能被大风吹跑了,根本就找不到了;有的钱还可能被人……(声音突然降得如耳语般)还可能被人装进了自己的腰包里。"(说完,掩口偷偷地笑了。班里也有学生嘻嘻地笑了,好像既有点不好意思又有点暗自兴奋的意味。)

"我觉得,钱不一定能找回来了,"又一个学生说。

师:"看来我们班在这位女士的钱能否找回来的问题上也出现了不同意见。那,就让我们看看这位女士的钱到底能不能找回来?"说完,接着播放视频。(教室里安静极了。每双眼睛都紧盯着屏幕,生怕漏过丁点儿细节。)

看到女士的钱洒落一地并迎风飞舞,最先反应过来的是银行的保安,他跑出来,用脚踩住要吹跑的钱,并蹲下身子,开始捡拾地上的钱。第二个反应过来的是女士的朋友,很快,附近的人纷纷从惊诧中反应过来,也加入了捡钱的行列。那位女

97

士事后说，当时她完全懵了。终于，5万元钱在大伙的努力下，最终捡回了48700元，只有1300元不见了。

"视频看完了。大家好像还沉浸在刚才的情景中。"（全班学生都进入沉思中，似乎也像那位女士一样懵了。）

老师接着问："看完这一段视频，你此刻又有什么想法？从众到底好不好呢？能分享一下吗？"

生："我感觉，很多过路人当时也是跟着保安和那位女士的朋友捡钱，然后就把钱还给了那位女士。所以，从众也有好的一面。"

生："我也觉得，从众也不全是不好的。"

师："同学们现在对从众心理又有了新的认识。也就是从众既有消极影响也有积极影响。"（在"从众现象"下方靠左边的位置上板书"消极"，在靠右边的位置上板书"积极"。）

师："通过参与心理实验和观看视频，同学们对从众心理有了比较全面的认识，那我们在做事情的时候，能不能避免消极的从众行为，遵从积极的从众行为呢？（在'消极'与'积极'之间加上了一个'→'）请同学们看这些图片（图片反映的是很多家长带着孩子报课外辅导班的热闹场面），这是什么现象？"

应用环节：根据学生日常生活中常见的"报班"现象，创设第三个问题情境，促使学生运用所学到的心理知识，解决发生在身边的问题，做有主见的人。

"报班儿！"学生们响亮地回答。

"看来深有体验啊，"老师笑着说，"咱班都有谁报了课外辅导班？能分享一下你参加课外班的感受吗？"

"我妈妈给我报了5个课外班，有奥数、英语、作文，还有钢琴和绘画。我快烦死了！"

"我也上了3个辅导班。我喜欢上画画班，因为我爱绘画。不喜欢上作文班，没意思。"

五 研究结果与分析

"我妈也给我报了两个班,英语和舞蹈。这两个班我都很喜欢,英语班人少,有很多机会练习,舞蹈班是我从幼儿园就参加的,已经好几年了。"

师:"看来,参加辅导班的情况也不一样啊。有利有弊。那我们能不能运用今天学习的从众心理的积极效应去解决报班中的消极问题呢?如果你的家长是盲目跟风、随大流给你报了辅导班,你有什么方法帮助家长避免这种从众行为?"

"请前后排4人小组讨论3分钟,共同解决这几个问题。"(学生很快围坐在一起,热烈地讨论起来;老师巡视着,并不时地加入某个小组的讨论。)

很快,有的小组讨论完了。

师:"刚才讨论很热烈,看来报班问题大家都有体验,也或多或少遇到了问题。哪个小组愿意说说你们的讨论结果?"

生:"我们讨论的结果是,谁的家长如果盲目跟风报班的话,可以把我们学到的知识讲给家长听,让家长了解什么是从众;然后,再跟家长讲,报班不是不好,但必须是我们喜欢或者需要的,不然就会花冤枉钱,而且浪费时间。"

生:"我妈妈给我报了5个辅导班,我准备和我妈商量商量,争取去掉两三个班,保留奥数和弹琴。因为我喜欢奥数,很有意思;弹琴,虽然不如奥数那么喜欢,但是我妈肯定不同意去掉,所以就保留。但是其他的班我想退掉,因为有的班对我来说根本没用。"

生:"我们小组的讨论结果是,报班一定得想好。比如哪一科成绩不太好,可以补一补;另外,就是得有兴趣,可以发展我们的特长。今天学习了从众现象,我们认为遇到事情需要判断清楚,才能防止盲目跟风。"

师:"同学们真有智慧。的确,学习知识就是为了帮我们增长智慧。今天,我们学习了'从众现象',大家不仅了解了什么是从众,而且通过参与实验和观看视频还总结出从众具有消极和积极影响，进一步认识了从众现象。更重要的是，通过分析报班现象，开始在生活中应用从众现象的特点，总结出了遇到问题要深入分析，不盲目跟风从众的做事原则。这样才能做到有独立判断，才能有主见。这就是我们今天学习的主题——（板书）我心有主。"

师："希望同学们在今后的学习、生活中，都能做到'我心有主'！今天我们的课就上到这里，谢谢大家。下课！"

运用"悬念"，创设问题情境是教学艺术生成的一个规律。这一规律能在源头上提高课堂吸引力，满足人"喜新厌旧"的天性。"悬念"所带来的新鲜感，所激发的认知矛盾冲突，能牢牢地吸引住学生的注意力，促使学生不由自主地投入学习。而善用这一规律，不仅能生成教学艺术还能促进教师快速成长。因为创设"悬念"对教师的专业知识、情感投入、学情分析、教学创新等都提出了较高的要求。

执教《我心有主》一课的教师创造了教师专业发展成长速度快的县区记录。她从心理学专业本科毕业，任专职心理教师不足3年，教学非常认真，在"基本功"比赛中胜出，并获得国家级首批教改实验区"青年教师课堂教学优质课大赛希望杯"一等奖，随后获得"全市小学心理健康优质课比赛"第二名。在教龄仅三年零两个月时，她参加全省优质课大赛，从84位参赛者中脱颖而出，荣获一等奖。当然，需要说明的是，获得全市第一名的教师与她同在一个区，同属一个团队。如果说《我心有主》的成功是基于心理学专业底蕴+教学设计创新的话，那么获得第一名的教师则是在选题上勇于创新，挑战了此前从未出现的性教育内容"自我保护"（课题是《保护身体"红绿灯"》），并巧妙地将之与学生日常生活经验中的"红绿灯"联系起来，帮助小学三年级学生利用生活经验学会保护个人隐私。

由此可以看出，无论是在选题还是在内容上，创新都是生成教学艺术效果的因素（当然，选题创新只是体现了选题的胆魄，其教学过程可能不艺术。勇气与艺术是两回事。艺高人胆大，但胆大的并不都艺高。教什么不重要，重要的是如何教，即教的艺术不艺术）。而创新不仅体现在教学内容的选择上，而且体现在知识点有效转化的方式上，就是要通过创设情境，激活知识，将知识植入学生的生活体验中，使知识以鲜活的形态扎下根须，生出新芽，成为学生自己的知识。沿着这样的思路，2015年，该区一位从语文教学转行任教心理健康不足两年的教师，不仅获得全省优质课大赛第一名，还作为全省唯一的代表，参加了全国心理健康教学优质课大赛并荣获一等奖。她执教的是小学五年级心健课《神奇的暗示》。课上，这位老师通过运用语言、表情、动作、色彩、道具等创设了充满悬念的问题情境，使"暗示"的神奇变得直观、感性。当谜底揭晓时，不仅学生就连观摩教师都站了起来想先睹为快。下面请看该课的教学设计：

导入环节：通过积极评价，调动积极情绪，以热身游戏为对比暗示的效果做铺垫，运用铜棍与手指游戏，引导学生初步感受暗示的神奇，导入新课。

活动体验课：《神奇的暗示》教学设计[①]

一　游戏导入，感受暗示

师：同学们好！（学生回礼："老师好！"）多么甜美的声音啊。在上课前，咱们做个约定吧：1. 积极回答问题。2. 认真倾听他人发言。能履行约定吗？（学生回答能）很棒，相信你们能做得很好。

（一）热身游戏

师：咱们先来玩个热身游戏。

[①] 这是河南郑州金水区黄河路第二小学的陈泽清老师在"全国中小学心理健康教育课堂教学研讨会"（2015.10，长沙）上执教现场课的教学设计。

1. 双手平放，单腿站立，时间一分钟。

2. 两只脚着地或者身体摇晃就算游戏结束。

总结：其实，没有坚持到底的也不要紧。这节课将有一个成功的秘诀等待我们去发现，有心的你准备好了吗？让我们一起踏上寻找成功秘诀的旅程吧！

（二）铜棍游戏

师：看，这是两根神奇的铜棍，当我们呼喊"打开、打开"的时候，会有怎样的奇迹发生呢？拭目以待吧，大家一起喊："打开、打开"（铜棍打开）能合上吗？大家一起喊："合上、合上。"（铜棍合上）你有什么感受？

（三）手指游戏

师：双手相扣，伸出食指，打开；接下来，请大家专注地看着她的食指，见证奇迹的发生。大家有什么体会？（解释暗示现象）今天，就让我们一起走进神奇的暗示，感受它带给我们的力量（板书课题）。

学习环节：运用语言、色彩、体验活动制造"悬念"，创设问题情境，通过交流分享，理解、明确积极暗示与消极暗示的内涵。

二 开展活动，体验暗示

（一）体验积极暗示

师：同学们看，我这儿有个漂亮的盒子，里面装着一些又可爱又好玩的小物品，会是什么呢？猜猜看？（盒子是暖亮色的：粉红的底色辅以黄色和大红色的流畅线条。）（轮流让学生从上面的口中插进胳膊摸盒子里的东西。）

（二）体验消极暗示

师：除此之外，老师还带来了另外一个盒子。嘘，安静些，它既怕声音又怕光，摸的时候一定要小心，不要让它伤到你。谁愿意来试试。（一样大小的盒子，但整个盒子是黑色的。）（依然轮流让学生从上面的口中插进胳膊摸盒子里的东西。)

（三）交流感受

师：两个盒子里究竟装着什么呢？答案马上揭晓。同学们看，同样的小物品，你摸他们时的感受一样吗？

生：（分别谈两个盒子带给自己的感受。）

（四）教师总结，明确概念

1. 摸彩色盒子时，大家的感受为什么更多的是兴奋和喜悦呢？

是呀，像这种阳光的、暖暖的能给我们带来正能量的语言、动作等暗示，我们称为积极暗示。

2. 摸深色盒子时，大家的感受为什么更多的是紧张和担忧呢？

是呀，像这种负面的、消极的语言、动作等，让我们的情绪变得低落的暗示，我们称为消极暗示。

深化环节：提取体验流中的经历，提取自己生活经历中的积极自我暗示，分析积极暗示的特点，学会将消极暗示转化成积极暗示。

三　创设情境，学会暗示

（一）回忆生活中的积极自我暗示

师：其实，暗示无处不在，我们每个人都在有意或无意之间接受着来自他人，或自己的各种各样的暗示。在刚才的游戏中，老师对大家的暗示，就是"他人暗示"；自己对自己进行的暗示，是"自我暗示"。在日常生活中，你曾经对自己进行过什么样的积极暗示，让自己充满信心和力量呢？请小组同学相互分享。

生：（分享。）

（二）总结积极自我暗示语的特点

师：积极的自我暗示，潜移默化地给予我们力量。请同学们观察这些积极的暗示语（展示暗示语），它们有什么相同之处？

生：（总结。）

师总结：同学们很会观察，积极的自我暗示语，往往是乐观的、肯定的、具体的语言。

四 迁移学法，转化暗示

师：在我们的学习生活中，你是否对自己进行过消极的自我暗示呢？如果有，能利用今天学习的内容把它转化成积极的自我暗示吗？跟同桌的小伙伴说一说吧。

生：（交流。）

师：是呀，微笑地面对生活，给自己一个积极的自我暗示，生活也许就会给我们一份惊喜。

应用环节：通过与导入部分热身游戏的对比，切身体验与感悟积极暗示的神奇力量，并通过互动交流及联系近期实际运用所学到的积极暗示知识，让自己越来越棒。

五 联系实际，运用暗示

（一）团体活动，强化暗示

师：还记得刚才的热身游戏吗？游戏规则不变，但请大家给自己一个积极的自我暗示，为自己加油鼓劲。你想对自己说些什么呢？

生：（分享积极的暗示。）

师：两次游戏，你有什么体会？

生：（交流分享。）

师：积极的自我暗示，给了我们力量，让我们积极向上，自信主动。

（二）走进生活，运用暗示

师：接下来，请你联系近期的生活、学习中的目标或遇到的问题，给自己一个积极的暗示，为自己加油、鼓劲儿。

生：（根据自己的实际情况，为自己写一句积极的暗示语。）

生：（展示。）

总结：同学们，积极的心理暗示就像一双隐形的翅膀，给我们增添了正能量，让我们在孤单彷徨中坚强，让我们拥有希望和梦想。愿同学们在生活、学习中巧用积极暗示，做最好的自己。

（2）课例分析：在问题情境中生成教学艺术

创造，从根本上说，就是对适应的打破，改变和谐而又停滞的黏着状态，把动态过程往前推进。任何推进都意味着不平衡，并以不平衡为动力。[①] 悬念即是打破认知平衡状态，在已有认知和新认知之间产生推动力，促使认知向前发展。

利用"悬念"创设一个个问题情境，激发认知矛盾冲突，将"问题导向"在课堂教学中生动化、具体化。《我心有主》一课，属于心理健康教育—团体辅导活动—课堂教学中的认知发展课型。这种课型相比活动体验课的上课难度要大，对教师的要求更高。因为教师得想方设法创造使学生产生认识矛盾的情境；这样才能把抽象的心理学概念与学生的生活联系起来，转化成为学生易于理解、掌握进而能在生活中运用的知识，从而促进学生的认知发展。在这节课上，为了增强教学效果，吸引学生注意力，激发学习兴趣，顺利达成教学目标，教师采取了"问题导向"的教学策略，设计了紧密联系、逻辑性强的一系列问题：

1. 请同学们认真观察，看看左边的线段和右边三条线段中哪一条相等？
2. 看到这个结果，你现在有什么感受？
3. 你们认为从众现象好吗？为什么？
4. 从众到底好还是不好呢？

[①] 余秋雨：《艺术创造学》，长江文艺出版社2015年版，第215页。

5. 看完视频，你此刻又有什么想法？从众到底好不好呢？

6. 通过参与心理实验和观看视频，同学们对从众心理有了比较全面的认识，那我们能不能避免消极的从众行为，遵从积极的从众行为呢？

同时通过创设优秀学生"当托"故意误导部分学生产生错误判断的情境，使学生初步认识"从众现象"，并在学生体验了从众的消极影响的基础上，引导学生识别从众的特点，进一步认识"从众现象"；当学生尚处在后悔被误导的状态，只认识到从众的消极影响时，又创设了另一个情景——通过播放视频，利用真实事件，营造出强度更大的悬念，让学生自己做出判断后再揭晓答案，使学生全面认识"从众现象"；进而将"从众"引入学生的日常生活，促使学生把所学的知识向课外延伸，为生活服务，并落脚在独立思考、有主见上，达成提高学生意志心理调适能力，促进认知水平不断发展的育人目标。

整节课充满悬念，连听课的老师都感到一波三折，被深深地吸引住了。悬念的产生来自于教师创设的两个情境：一是心理实验；二是视频故事。伴随着这两个情境，教师设计了多个引发学生认知冲突的问题。认知矛盾一直冲击着学生的认识与体验。学生的认识一直在情境中打架，一直处在否定之否定的思维运动中。书本知识"从众现象"这个对于小学生来说抽象、陌生的概念在鲜活的情境中被激活，和学生的体验、经验发生了密切的联系，产生积极的互动。知识恢复到鲜活的状态，与学生的生命、生活息息相关，课堂呈现出生命态。[①]

教学艺术就出现在教师创设"悬念"，学生揭晓谜底的过程中。通过《我心有主》的教学实录和《神奇的暗示》的教学设计，分析近两年该区心理健康教育三位教师的课堂教学及成绩发现：一是

---

① 叶澜：《重建课堂教学价值观》，《教育研究》2002年第5期。

该区课堂教学艺术水平较高;二是教师专业成长较快;三是该区掌握了课堂教学艺术生成的一些规律,如创设"悬念",使知识呈现出鲜活的状态,激发学生探求未知的热情,使学生在思维运动、身体活动中体验、感悟,进而理解、掌握、应用知识,有效达成教学目标。学生的学习状态始终处于热情、投入、乐学的审美层次。杜威说,没有什么非凡的美中不存在一定比例的新异性。单纯的技术不构成艺术①,单调是艺术生成的阻碍。

创设"悬念",创设问题情境对教师提出如下要求:其一,教师要把握新授知识的本质;其二,教师要清楚地掌握学生的认知现状和生活经验;其三,教师要广泛寻找新知识与学生现有水平之间产生联系的各种资源;其四,教师要利用挖掘到的资源,制造新旧知识或经验之间的矛盾点。

此外,制造"悬念",创设问题情境的方法,尤其适用于个性相对内向、激情不足但思维严谨、学科知识底蕴厚实的老师。当然,如果教师在此基础上,富有激情且语言生动,教学效果必锦上添花,事半功倍。当然,制造"悬念"仅仅是创设"情境"生成教学艺术的一个规律。该规律已经给师生带来了快乐与成功的体验。深入剖析"悬念"的产生,我们发现,其实"创设情境"本身就是教师对教学的情感投入,对学生学习的用心,对教材内容的创造性运用,对教学效果审美性追求的具体体现。

2. 情绪不良,缺乏聆听——两节缺乏教学艺术的随堂课
(1) 一节笼罩着不良情绪阴霾的综实随堂课

学生的学习存在两个心理过程:一个是"感觉—思维—知识、智慧(包括知识技能的运用)"的过程;另一个是"感受—情绪—意志—性格(包括行为)"的过程。前者是一种认知过程,是智力活动;后者是情感过程,是非智力活动,两者密不可分,缺一都不

---

① [美]约翰·杜威:《艺术即经验》,高建平译,商务印书馆2010年版,第161页。

能成为真正合理的学习过程。①

  本书研究高度重视情绪在教学艺术生成中的作用，在分析国内外专家学者的研究成果的基础上，认为教学艺术的生成需要教师以自身的积极情绪调动学生的最佳学习状态，并在具体情境中综合运用自己的知识、能力和方法等素养，创造性地解决教学问题，从而使教学效果达到审美境界。因此，走进课堂观察教师的情绪状态，是本书的重点研究任务之一。

  本课例呈现的是我 2014 年 9 月随单位组织的集中下校调研中听过的一节小学综合实践活动课。集中下校是我所在单位——××区教育发展研究中心——每周二上午的常规工作，调研程序一般是：前两节课，教研员各自听课；第三节课，教研员与授课教师及其所在的教研组的老师们进行课后研讨；第四节课，所有下校人员汇合，集中向被调研学校领导班子进行反馈。一般而言，第二天被听课的教师会在周一傍晚之前接到学校通知，为第二天迎接区教研员、本校陪同领导和本组教师听课做准备。周二早上，教研员会于 7：40 左右赶到被调研学校，集中查看学校总课程表。对于听哪位教师的课，一般来说，教研员会根据学校的安排听课，但有时也会根据需要指定听某位教师的课。

  本课例的主讲是一所农村学校的教师。该校虽说是农村学校，但因城市扩大，早已被圈入城区。学校坐落在两条交通主干道之间的城中村里，四周楼房林立，楼主基本上都是该村村民。现在，很多城中村的村民也就是失地农民多靠出租房屋生活，因为这里早已地处城区，位置好，该村村民的收入很可观。可以毫不夸张地说，这是一个经济实力很强的城中村。该校经过重建，硬件设施与市区学校相比毫不逊色，而且在生均、场地等多项硬件指标上还更为出色。因该校是一所镇办学校，所以主要属于镇中心校，也就是由镇教育行政和业务部门专门负责。

---

  ① 王鉴：《课堂研究概论》，人民教育出版社 2007 年版，第 292 页。

五 研究结果与分析

那天早上，天下着雨，当我赶到学校时已是 7：50。我来到会议室后就和陆续到达的其他同事（包括中心校相关学科的教研员）查看学校的总课程表。我负责的是综合实践活动（以下简称"综实"）和心理健康教育两个学科，就关注这两个学科当天的排课情况。学校教导处的老师介绍说，学校没有专职的心理健康教师，只有专职的综实教师，所以安排我听综实专职教师 N 老师的课。N 老师参加过上一年全区综实教师说课比赛，给我留下了较深的印象。她参赛时尽管内容说得比较实在，但普通话讲得实在太不标准了，而这种情况在所有参赛教师中是极少见的；再就是她作为中年教师参赛，在这次比赛中这个年龄段参赛的教师也是极少的。此外，在学期初统计各校综实专职教师情况时，印象中她连续三年都担任这所学校的专职综实教师，像这种情况在农村学校也为数不多。

预备铃响了，教导处的老师说这节课是在六年级的一个班级上，我拿着听课本，拎着塑料凳，还没走出门，有位老师把教导处的一位老师叫了出去。不一会儿，教导处的那位老师转回来对我说："不好意思，N 老师家里有点儿事，第一节课来不了。"我笑笑说："没关系。那我就欣赏一下校园吧。"我在走廊里转悠着参观校园文化，因为雨还在下着。

第一节下课前，教导处的那位老师返回会议室，而我也已转遍了教学楼一至三层的走廊、楼梯间，早就回到这个会议室兼少先队大队室的地方，正欣赏着队室的宣传版面。"不好意思，刘老师，一会儿我们中心校的老师陪您到六（2）班听课，"教导处的老师再次表示歉意，"N 老师家里的水管坏了，她已经找人收拾了。这会儿刚回来。""没关系，您忙吧，一会儿我自己上去，我知道六（2）班的位置，"我笑着回答。第一节课下课后，我带着东西径奔三楼六（2）班教室，在南边的楼梯间碰到了中心校的综实教研员，我们俩就一路走去。

在六（2）班教室门口，看到了该班的班主任，她好像刚对学生讲了什么。我走进教室，靠窗坐在第八小组第一排课桌前正对着教室门的地方。这个位置非常好，既可观察全班学生，又可观察教师，还因位于角落而不那么引人注意。中心校的教研员坐到了教室内侧通道靠后的位置，学校综实组的一位兼职教师则坐在了教室外侧通道靠后的位置。因还未上课，学生出出进进，有些学生并未注意到我的存在。不过，第七小组第五排的一位女生不仅注意到了我，而且当我面带微笑环视全班与她目光相遇时，她还向我微笑了一下。离我最近的第七组第一排的男生好像很不适应我选择的位置，他有点害羞地把头埋在了手臂之间。

"丁零零……"上课了，很快，学生们都抱着手臂，端坐起来。我环顾了一下全班，感觉学生个个精神饱满。或许是教室里多了几位听课的教师，或许是走道上班主任老师的存在，又或许是学生们早就对听课有了自己的应对策略，抑或是……我看着、想着、微笑着。我看到那个课间朝我微笑的女生嘴角上翘，带着笑意，眼睛看着黑板。孩子们期待上课，做好了上课的准备。

  导入环节：通过表情、语言、要求显示出教师处于消极的情绪状态，未能调动学生身心进入积极的学习状态。

  铃声一落，N老师走进教室。她站到讲台上，面无表情、声音冰冷地宣布："上课。"

  "起立！"全班学生唰地站起来，齐声喊道："老师好！"

  N老师依旧面无一点喜悦且声音也生硬冷漠地回答："同学们好！""坐下。"

  （这个环节，教师从进教室、组织教学到问好再到讲要求，用时1分钟。）

  看到学生们都坐好了，N老师说："希望大家遵守纪律，不要闹矛盾，要听组长的安排。"接着，她又说："今天我们的活动是'拒绝二手烟，还我们一个清新世界'。"说完，她转身在黑板上板书课题。

五　研究结果与分析

板书完后,她环顾全班,问道:"你们想研究什么?大胆提出想研究的内容。"

很快,有几位学生举起手来。

师:"你说说,你想研究什么?"

生:"我想知道为什么要拒绝二手烟。"

师:"你要想知道拒绝二手烟的原因?"

生:"是。"

师:"好,坐下。"

师:"你想研究什么?"

生:"我想研究怎样才能拒绝二手烟。"

师:"你想研究拒绝二手烟的方法?"

生:"是的。"

……

(在这个过程中,很多学生已经开始干自己的事,有的自己玩,有的同桌一起玩。)

在26人次12分钟"乒乓球式"的师生对话后,N老师说:"下面以小组为单位,组长带着确定一个主题,设计方案。"

教室里一下子热闹起来。

合作学习环节:因为主活动"设计方案"既未进行方法指导也未提出具体要求,导致学习低效。

学生们前后两桌四个人很快围坐在一起。有的小组四个人热烈地讨论着;有的小组某个学生在记录,某个学生身子扭着不知道在做什么。离我最近的两个学生转过身子,和第二排的两个学生脸对着脸,但是那个羞涩的男生自始至终都没有说什么,只是抱着胳膊,看着、听着。他对面的那个女生(应该是小组长吧)催促着自己的同桌:"快,拿纸写下来。"她同桌的男生很快从桌斗里掏出一个本子,"哧"地撕下一张纸,问:"写啥,写啥?"

N老师在各组之间忙碌着，脸色越来越难看。

展示汇报环节：因前期问题很多导致教师情绪更加糟糕，师生在不良情绪中相互影响，导致课堂教学毫无艺术性可言。

17分钟后，N老师走上讲台，用教鞭用力地敲打着讲台，厉声说："你们还有完没完，没有写完，纪律还这么差，下节课好好找找原因。"

教室里稍微安静了点，有的学生转过身子，表情疑惑；有的学生抱臂坐正了，注视着老师。但有的学生还在讨论着。那位学校的兼职教师，拉了拉旁边还在讨论的学生，小声说了些什么，旁边的学生很快转过身子，不再说话。中心校的综实教研员（她是这个学期刚刚接手综实学科的）低着头，看不清脸上的表情。

N老师接着训斥道："都6年级了，这么长时间方案还写不出来，纪律还这么不好。"

3分钟后，教室里终于彻底安静下来。

N老师说："有的小组完成了，组长说一下你们的方案。"

第三个小组刚上台要展示的时候，下课铃响了。

下课后，我小声问第七小组的那个男生："你喜欢上综实课吗？"男生挠了挠头，垂下眼帘，撇着嘴笑了笑，想说但没说出话来。我没有勉强他，带着凳子，离开教室。几位老师已经在教室门口等我了。

N老师看着我，苦笑了一下，说："头疼死了，每次上课都被吵得头疼。"

为什么在这样的课上教师会感到"头疼"？

整节课，教室上空笼罩着不良情绪的阴霾，身处其中的我感到烦躁、压抑，谈不上丝毫的成就感、愉悦感。授课老师也觉得"头疼死了"，而且"每次上课都被吵得头疼"。那，这个班的学生呢？他（她）们上这样的课是什么感受？又将留下什么样的体验？

五 研究结果与分析

胡塞尔认为，一切体验在某种方式上都是意向性的，可以把整个体验流称作意识流和一个意识统一体，而自我可以从其任何一个体验出发，按在前、在后和同时来穿越。师生在这节课上的体验，发生在当下，但将向其他时段延伸，进而影响其他时段的情绪。也就是说，若当下的体验是积极的，就将对其他时段的情绪产生积极影响，反之亦然。那么，我们就会追问，N老师的情绪体验流是在什么状态下进入课堂的？对课外又会产生什么影响？我们该如何帮助她调整这种情绪状态，促其发生积极转变？

情绪体验本身以及它的组成项都是多重设定的，但其中必然是包含着信念设定的。[①] 对于N老师来说，她的情绪体验流入课堂时，尽管因素很复杂（她家的水管损坏或许是一个前置因素），但她对教学和课堂，在其内心深处或信念上是有问题的。这一点从她对课堂状况的随性评价——"每次上课都被吵得头疼"——中透露出来。那为什么"每次上课都被吵得头疼"？症结在哪？若能对症解决，N老师的情绪问题不仅能在很大程度上得到缓解，发生转变，而且能向课外、向生活积极延伸。因为情绪流、体验流、意识流是一个统一体。

分析N老师的教学过程，我认为，导致其不良情绪并使之不断升级的根源主要是教学组织和教学设计问题。

第一个是教学组织问题，也就是"课堂教学管理问题"。心理学家的调查支持了这样一个结论：课堂教学管理问题是困扰各年龄段教师的普遍问题。在实践中，我们常常会发现，只要教学组织有序，则教学目标不仅达成度高而且师生都很愉悦；而教学组织一旦出了问题，教学非但没有效率可言，而且常常会导致教师"头疼"，学生厌学。就N老师这节课而言，在教学组织上存在两个症结：一是教师不善于通过激励调动学生的学习积极性。激励不仅包括教师通过语言暗示与评价来引导学生，还包括教师以自

---

① ［德］胡塞尔：《纯粹现象学通论》，李幼蒸译，商务印书馆2012年版，第356页。

身的积极情绪和良好状态去感染和带动学生。N老师不仅把自己的消极情绪带入课堂，而且在组织教学时关注与评价的也多是学生的消极行为。如一上课，她说："希望大家遵守纪律，不要闹矛盾，要听组长的安排。"这句话传递给学生的信息是"你们不守纪律，闹矛盾，不听组长安排"。下课前，她抱怨说："你们还有完没完，没有写完，纪律还这么差，下节课好好找找原因。""都6年级了，这么长时间方案还写不出来，纪律还这么不好。"由此，我们看到N老师的注意力自始至终都投在表现不好的学生身上。首先，上课时她注意到的是没有进入学习状态的那部分学生，忽略了坐得比较端正、注意力比较集中、期待上课的学生。其次，小组活动时她关注的是没有完成任务的小组，忽略了三个完成任务的小组。心理学家做过实验，请被试闭上眼睛，然后对被试说："请不要想老虎，不要想黄色的老虎，不要想头上写着'王'字的黄色的老虎。"之后请被试睁开眼睛，问"你现在在想什么？"结果不言而喻。有人说，抱怨解决不了任何问题，只能表示当事人已无能为力。N老师在下课前抱怨学生，可自己并未反思导致这种状况的根源。新课改要求教师组织教学要以积极的、鼓励的、正面的评价为主。教师应该管理好自己的情绪，通过表情、声音、语言、动作、姿态等方面的积极状态营造安全、轻松、愉悦、向上的课堂氛围，不断释放并传递正能量。研究发现，"激情"是具有综合性表征特点的教师的实践性知识。[①]而激情要求教师在教学中投入饱满的情感，激励、感染、鼓舞、带动学生。走进课堂，教师向学生传递正能量应是解决课堂教学管理问题的第一要务，因其背后支撑的不仅是教师对教育事业、学生、课堂的热爱，而且是教师的职业态度、生活智慧、生命哲学。从某种角度来说，建设自身的积极心态，成为正能量的传递者应是教师终身修炼的

---

① 陈向明等：《搭建实践与理论之桥——教师实践性知识研究》，教育科学出版社2011年版，第140页。

五 研究结果与分析

功课。从幸福人生角度来说，这也应是每个人终身需要修炼的功课。由此可见，教师潜移默化的教育力量的挖掘与释放是实现新课改既定目标的教师必备的功课之一。

教学目标不明确，活动层次模糊，缺乏有效辅导，这也暴露出导致教学失败、缺乏教学艺术的第二个问题，即教学设计问题（鉴于本书重点分析情绪问题，对教学设计仅作简要分析）。这个问题不仅直接影响教学组织，还关乎教学效度。N教师在"师—生"一对一线性对话后，一下子抛给学生两个任务，即"确定一个研究问题"和"设计方案"。教学目标是模糊的。到底是让学生确定研究问题还是让学生设计活动方案？放手让学生讨论了17分钟，既未提出具体要求也未给予方法指导，所以仅有3个小组初步完成任务，教学效率低下。这样粗放的课堂当然是令教师头疼的，而上这样的课学生也不好受，他们不仅要面对教师的灰暗情绪，在不断受到批评的同时还要忍受没有头绪的任务以及嘈杂无序的环境，自信心和成就感根本无从谈起。

教师"高高兴兴走进教室""轻轻松松完成任务"，让自己和孩子都"高高兴兴走出教室"，既是对自己付出的最佳慰劳，更是检验教学艺术生成与否的标尺。

课后教研，我既未查看N老师的教学设计，也未追问她的教学目标，而是笑着说："当老师不容易。我们得想方设法让自己'高高兴兴走进教室，高高兴兴离开教室'，这才是对自己付出的时间、精力，对自己的劳动的最好回报，也是我们能够给孩子的最好的成长礼物。"听了我的话，大家都笑着点头。

针对N老师的课，我提出了具体建议：一是明确目标。课前想明白这节课的重点到底是确定主题还是设计方案，由此才能确定教学目标、教学重难点、教学流程等。二要理清脉络。若是设计方案，第一步，让小组用2分钟讨论设计活动方案的

115

要素；第二步，全班集体分享各小组的讨论结果，教师总结设计方案需具备的要素；第三步，让各小组用5分钟初步设计方案；第四步，请2—3个小组展示活动方案，请其他同学观察评价，谈谈哪里好、哪里可以改进，教师给予适时指导；第五步，让各小组用4—6分钟完善方案；第六步，展示成果。只要目标清晰，对重难点进行细化分解，学生就会因活动有铺垫、设计有梯度、成果有变化而提升自信心。

听了我的建议，N老师茅塞顿开，一下子开心起来，连连说："以前总以为学生应该会，所以太放手，结果乱糟糟。我也快头疼死了。你这一说，我明白了，像教其他课一样，先复习一下，再试一试，最后完善完善，一步步地来，我们都会轻松起来。太好了！"

教学中出现各种各样的问题并不可怕，可怕的是教师听任问题蔓延而不主动寻求解决办法。综合实践活动课程作为伴随着新课改诞生的一门崭新的国家级必修课程，是基于学生的直接经验，密切联系学生自身生活和社会生活，体现对知识的综合运用的实践性课程。它以活动为主，课堂开放度高，实践性强，相对于以静听为主的课堂而言，组织教学的挑战系数更高，对教师驾驭课堂能力的要求也更高。习惯了灌输式教学的老师若按以往的方式上综实课，就必然会体验到"头疼死了"的感觉。在教室里上综实课时，主要任务是辅导学生掌握走出教室，走进校园、家庭、社区、社会、大自然进行实践探究的本领，教师的作用是辅导而不是灌输更不是管教，这对习惯了传统教学的老师来说极具挑战性。这一点与问卷调研中所反映的数据是一致的：综合实践活动课程的教师在情绪管理上与其他学科教师相比存在高度显著性差异。因此，作为综实课教师，就格外需要通过转变观念——尊重学生的主体性，提高自身的研究能力等——来适应这门课程的教学。当然，教师的转变特别需要业务部门尤其是教研员的专业支持与帮助。业务部门和教研员一方面需要加强培训，促使教师转变观念，但更重要的是提供课程资源，助力老师上好每一节课，组织好每一个主题活动。为了方便教师辅导学生开展实践活动，我们根据主题活动开展进程，研制出主题确定课、方法指导课、方案设计课、专题研讨课、中期反馈课、设计制作课、成果交流课等13种课型，教师可以根据需要确定课型，然后参考我们提供的"课型分析、教学流程、活动案例及实施建议"等设计活动实施预案。同时，我们还研发出《3—9年级学生综合实践活动能力发展标准》，即在尊重3—9年级不同年龄阶段学生学习特点的基础上，根据活动流程，将"问题意识、分工合作、制定活动方案、观察、访谈、调查、实验与操作、设计与制作、整理资料、撰写报告、展示交流和评价"等能力发展目标细化到年级。综实课程专兼职教师可以根据13种课型将能力发展目标通过主题活动的设计与实施，渐进式、阶梯式地开发学生的综合能力，并在活动实施过程中促使自身和学生共同实现能力生根。[①]

　　加强教研，促进业务上的有效互动，想方设法给像N老师这样的老师以最直接的帮助，应该是教学艺术研究的着力点之一。在教研中，我们需要对处于总是感到教学"头疼死了"这种痛苦、无助状态的教师多加关注、给予关爱，就如同我们对班里后进生的耐心呵护一样，因为决定教育质量的绝不只是特级教师而是广大的普通教师，尤其是那些教学艺术水平尚处在低下状态即缺乏教学艺术的教师。所以要从教学源头上帮助他们"治疗"进而"治愈"课堂教学顽症，让他们也能品尝到教学成功所带来的愉悦。唯有如此，才能帮助当前尚处于N教师这种教学状态的老师们摆脱不良情绪，使他们自身的体验流或者意识流发生转变。当这种转变渐渐成为他们的课堂常态时，才能促进课堂内"静悄

---

　　① 许士柯、刘历红：《提升课程实施质量 服务学生能力发展——河南郑州金水区综合实践活动课程区域整体推进策略》，《综合实践活动研究》2013年第5期。

悄的革命"发生、壮大。

调控情绪是每一位教师都需要不断修炼的功课。对于不良情绪的产生及其对教学的影响，教师对情绪管理的认知情况、管理策略等，我们将在后文详加分析。

是啊，下雨并非大自然的常态，艳阳高照的日子总是更多些。当然正因为有雨，我们才倍感阳光的明媚与温暖。生命发展，既需要阳光也需要雨露。问题总会有，解决它，我们才会倍感有力，才能不断向前。

教研结束时，雨，停了。

（2）一节因缺少体贴聆听而未完成的语文随堂课

严格来说，本课例既非典型的"写真"案例也非典型的"深描"案例，它属于研究者的反思。因为研究者并未走进课堂，而是间接知道了课堂内发生的意外事件。之所以将其纳入研究视野，是因在与当事师生的对话中，老师和我都意识到它本不该发生，但它对当事人乃至对全班都造成了不同程度的伤害。想到这种课堂现象具有一定的普遍性，就是老师虽然好心但因不理解孩子，结果时常引发矛盾冲突甚至导致教学事故，影响正常教学。若教师能智慧地处理这类问题，则既能保障教学秩序，又能体现教师的教学艺术，还能发挥出偶发事件的育人价值。

若干年前的一天早上，第一节课刚上了一会儿，时任学校少先队大队辅导员的我到教导处打印材料。当我在计算机前修改材料时，电话铃声突然响了。教导副主任拿起电话，里面传来急切的声音："主任，快请×主任到我们班来帮帮忙，我们班的××躺在地上打滚，嗷嗷叫，上不成课……"教导主任是位年轻的男同志，一米八多的个头，很魁梧，他已经听到了老师的求助声，在与副主任进行简短交流后，放下手中的笔，摇了摇头，向后挪了挪椅子，站起身来，离开了教导处。教导处在西教楼南头，出事的一×班在北教楼二楼最东头。十多分钟

五 研究结果与分析

后,主任带着一个满身泥斑的小男孩走进了教导处。教室里一般在早上和下午上课前打扫卫生时都会洒水,孩子们都很喜欢拎着小猫或熊猫样的洒水壶在教室里的通道上前前后后洒来洒去,尤其是在夏季,每个班教室的地面都常常被洒得湿湿的,谁会料到有人要在地上打滚呢!这小家伙虎头虎脑,皮肤白净,噘着小嘴,垂着眼帘,站在桌子前面,一脸的不服气。我看了看他,接着忙自己的事。

第一节下课后,两位主任因为有事,一起离开了教导处。不一会儿,事发班级的班主任兼语文老师小Z急火火地走进教导处。年轻的小Z看见我在教导处,就冲到我跟前,和孩子并排站在桌子前面,大声地对我说:"刘老师,气死我了!"看她怒气冲冲的样子,我停下手里的活,静静地看着她,听她倾诉。"刚一上课,我们班的同学就告诉我,他(Z老师恨恨地指着站在她身旁的那个孩子,那孩子低垂着头,手却在玩着桌上的一个小东西)带了两把裁衣服的大剪刀,我担心危险,就让他把剪刀先交给我保管,等到放学的时候再还给他。可他竟然不愿意。我就只好去他书包里找,结果他拽着书包不给,后来还躺到地上打滚儿,嗷嗷叫着,闹得一节课都没上成,气死我了!我已经给他家长打电话了,让他家长好好管教管教他。"

听了Z老师的话,我柔声问那孩子:"为什么要带剪刀到学校里来啊?"孩子没吭声,仍旧低着头,继续玩弄着小玩意儿。

"是昨天美术老师让学生今天带小剪刀,上午的美术课要用,"Z老师听了我的话,大声抢着回答,"他那大剪刀,是有尖的那种,特别利……"

"是不是没有找到小剪刀,就带了大剪刀?可是,为什么要带两把呢?"我看着那孩子,探寻地问。他的头依然低着,手依然在桌上,但动作停了下来。

屋子里异常安静。

"是不是想着,万一哪个小朋友忘了带剪刀,就借给他……"那孩子抬起头,看着我,眼泪唰唰地流下来。

Z老师沉默了。

下午上课前,我在办公室里忙着,偶然一抬头,看到那个孩子在窗外望着我。我忙招手让他进了办公室。他慢慢走到我跟前,我俯身看着他,想跟他聊点什么,还没有开口,就看到他裸露的手臂上有一道道红色的痕迹。我拉起他的胳膊,看到袖子下也是伤痕。孩子眼睛里含着泪,抬头望着我,幽幽地说:"爸爸中午用皮带抽的,说我给他丢脸了……"

这个真实的故事已经过去了很长时间。可每当回忆起来,我总是泪流满面。包括在写上面这段文字的时候,眼泪也还是止不住……

每当我想起这个"两把剪刀的故事",就不断地在问,为什么我们不能走进孩子的心里去,站在孩子的角度分析和处理问题?那样能避免多少课堂上的矛盾、冲突,能避免多少这样令人痛心的、本不该发生的悲剧啊!

怎样帮助教师走进孩子的心里去?面对课堂内外学生种种意外情况,希望教师从"动机"入手来处理问题。因为每一个意外背后绝不是一种空的逻辑可能性,而是一种在经验联结体内有动机的可能性。这个联结体本身就是彻头彻尾的"动机"联结体。它永远会纳入新的动机和改造那些已形成的动机。对于它们的把握内容或规定内容而言,动机是不同的,是具有或多或少的丰富性、内容规定性或模糊性的,这取决于它是否有关于一个已"被知的"或"完全未被知的""还未被发现的"物;或者对于被看见的物而言,它是一个关于已知物或未知物的问题。这完全是一个有关这类联结体本质结构的问题,它们就其一切可能性而言,都可成为纯本质探讨的对象。①

中国传统文化强调"己所不欲勿施于人",就是与人相处、解决问题时要换位思考,"推己及人"。对待小孩子也是一样的。在这个案例中,Z老师的好心是站在自己的角度上的好心,而且她天真地认为,这种好心应该得到孩子的支持与配合。因此,当孩子没有配合时,她觉得委屈,因而很生气,更因为遭到了孩子的抵制而恼怒不已。用意识现象学分析,Z老师听到学生拿了两把"大剪刀"后,心中只有"剪刀"这个表面"物"或这个外在现象,而未经深思或没有意识到"此物"背后的"动机",也没有探寻这个"已知"现象背后蕴含着哪些自己尚不知晓的"未被发现的物",就直接针对"剪刀"采取行动。结果,面对老师简单甚至粗暴的处理方式,孩子感到委屈,在老师强行找剪刀的过程中,孩子的委屈加剧,但刚上一年级的他又不会申辩,也没有像高年级学生那样在老师面前变"乖",只会用哭闹、撒泼来表达委屈,于是矛盾、冲突步步升级,最终演变成教学事故。

事实上,很多事故中的孩子的动机都是向上、向善、美好的,但因孩子的心智不成熟,虑事不周全,常常导致动机和结果出现反差。如果成人包括老师囿于表象或结果而做出判断,否定孩子,孩子就会因得不到理解、感到委屈而与成人发生矛盾冲突。性格不同的孩子表达委屈的方式存在差别,任性、倔强的孩子常表现为哭闹甚至迁怒他人而与人打架等,而胆小、懦弱的孩子往往表现为畏惧、躲避等。

很多时候,面对偶发或意外事件,能否机智地处理教学问题,能否产生教学的艺术效果,关键就在于老师有没有从动机出发,能否体贴孩子,蹲下身子耐心地倾听孩子的真实想法,在充分肯定孩子出发点的基础上,和孩子通过协商共同解决问题,实现有效化解各类意外的意识和行动。

---

① [德]胡塞尔:《纯粹现象学通论》,李幼蒸译,商务印书馆2012年版,第151页。

其实，课堂内外的很多冲突大都是因为师生彼此不理解而造成的，老师在面对学生的意外情况时，若能从动机入手评价学生，就可以艺术性地化解问题，避免事态恶化，从而保障教学的顺利进行。Z老师若能先了解孩子的动机，肯定孩子的善良，并跟孩子商量："你能按照美术老师的要求把剪刀带来，你真是个认真的孩子；你还能想到有的同学可能会忘带剪刀，就带了两把，准备借给同学，还是个细心又乐于助人的好孩子！不过，这两把剪刀有点大、有点尖，不是我们要求使用的那种圆头的、用起来比较安全的剪刀。这样好不好，我帮你暂时保管一下，上美术课的时候再给你找一把圆头小剪刀，行吗？"若如此，孩子在感到被理解的同时，就会接受老师的建议，冲突就完全能够避免。

写到这里，我想起我的老师——丹老师儿子的故事。丹老师留学加拿大，她儿子上幼儿园的第一天，她就接到电话，说她儿子咬人了，让她们夫妇俩到幼儿园来一趟。夫妻俩一路上非常忐忑，根据国内"老师请家长"的经验，他们做好了被老师严肃批评的心理准备。到了幼儿园，令他们颇感意外的是，老师没有批评他们，而是先介绍了事情发生的经过：当时，他们的儿子正在玩玩具，另一个孩子抢了他的玩具，他因为不能用英语交涉，情急之下就咬了那个孩子。接着，幼儿园老师说，孩子咬人是在向大人发出求助信号，因为他还没有更好地解决问题的办法。最后，幼儿园老师提醒丹老师夫妇：要帮助孩子尽快能用英语自如地与其他小朋友交流；在此之前，要帮孩子学会在遇到类似问题时向老师或他人求助；要帮助孩子逐渐学会交往的方法，学会表达感受而不是指责或攻击别人。

孩子的问题是他们发出的求助信号，老师和家长合力要做的是帮孩子学会解决问题的办法。如果我们的老师也具有这样的"换位思考，体贴对方"的教育意识，则不仅能帮孩子减少纠纷、冲突，还能帮家长提高教育智慧，减少像"两把剪刀的故事"中孩子家长那样的不理智行为，保护孩子免受伤害。若如此，又有谁能否认这样的老师不具有教学机智与教育智慧？

针对各类教育意外，我建议：第一，面对意外，切忌急躁行事，首先要进行情绪管理，冷静下来，积极聆听，了解孩子内心的真实想法究竟是什么；第二，换位思考，体贴孩子，在倾听中，不要做出评价或处理，而是要通过重述或澄清，梳理孩子所说的内容；第三，采用"双赢策略"，就是老师提出解决问题的建议，征求孩子的意见，由孩子决策。因为决策是在教师建议的框架内或基础上孩子自主选择的，所以教师处于主导地位；而孩子因感到了教师的尊重，而且是自主选择，就会认同、执行最终的决定。

西谚道，想让小马往前走，不一定非要打它的屁股，可以拿一把青草在前面引它。"打屁股"的确能实现目的，但伤感情，而拿青草在前面引诱、轻拍小马的头或脖子引领、建立更多和小马之间的暗示以培养彼此间的默契等，都是实现目的的手段，那为什么不选择更省力、更能让彼此获得愉悦感受的手段呢？第斯多惠曾说："教学的艺术不在于传授的本领，而在于激励、唤醒、鼓舞。"教师要多做激励、唤醒、鼓舞学生的事，不做打击、羞辱、挫伤、否定学生的事。而要激励、唤醒和鼓舞学生，教师自己先要具备激励、唤醒和鼓舞人的热情与能力。在某种程度上，教学艺术往往是在已被唤醒且有能力唤醒学生的老师那里才具有生成的可能性的。在此意义上，很多教师首先要被唤醒。

3. 颠覆假设，学生辅教——"一课三上"教学艺术渐增的课

科学研究往往是提出假设、验证假设的过程，课堂教学也暗含着假设，只是极少被实显化，且很多老师对自己头脑中的假设几乎未曾关注或深入思考过。教师头脑中内隐的教学假设决定着教学设计的出发点、教学组织、评价及对教学资源的挖掘与利用。因此，教师内隐的教学假设关乎教学成效，决定着教学艺术有无生成的可能。那么，教师头脑中的假设到底是什么？它又是如何影响课堂教学的？

本课例呈现的是同一位教师执教同一课题的三次执教过程，从

中可以看出教师的教学假设是如何调整，教学是如何改进，教学艺术水平又是如何提升的。

  导入环节：教师试图调动学生兴趣，但生怕教得少，所以从材料准备到教材上的图示，都予以一一讲解。在琐碎细致的讲解中，学生自学、互助能力被忽视。

  第一次执教："彩线编织"（小学四年级劳动技术课）甲班教学实录：

  师："课前让大家准备了些彩线，现在我们来想想，可以用这些彩线干什么？"

  生："可以玩翻花绳游戏。"

  生："可以编织中国结。"

  师："彩线除了可以玩游戏、编织中国结，还可以编织什么？"（教师停顿一下，环顾教室后接着说）瞧，人们用灵巧的双手把这些普通的彩线进行有规律的打结，就制作成了各种精致华美又不失实用价值的艺术品！"（屏幕展示各种精美的编织物）"看了这么多，大家想不想也让彩线在咱们的手中变得美丽、神奇呢？今天，让我们走进彩线编织的世界，学习编织一只蜻蜓。"

  师："在学习编织蜻蜓之前我们先做好准备工作，首先是准备材料：打开教材看一看要想编织蜻蜓，需要哪些材料呢？"

  生："需要彩线和珠子。"

  师："你对准备材料介绍得很清楚。编织蜻蜓除了要将材料准备好，最重要的是还要学会看图纸。咱们先来看这张图（屏幕出示图片），图中是A线压住了B线，还是B线压住了A线？你是从哪里看出来的？"

  生："从交叉点可以看出来。"

  师："你观察得很仔细，抓住了这张图片的关键部分——线段的交叉点，看明白了线段是如何叠压，读懂了图片无声的语言。"

◆ 五 研究结果与分析 ◆

师："那这张图（屏幕出示图1）又是用无声的语言在告诉我们什么呢？"

生："右线从两根中线下面穿过，压在了左线的上面。"

师："什么地方给了你提示呢？"

生："我注意到了箭头。"

生："箭头符号告诉我们线段是怎么穿过的。"

师："我们除了关注图片中线段的交叉部分及箭头的指示之外，还要注意图片旁边的文字提示（屏幕出示图片）。"

（在师生围绕图片对话的过程中，有的孩子已经分心。听课的我也觉得很费劲。而且看到已经有孩子在打哈欠了。）

学练环节：因为讲得多，练得少，缺乏合作，且忽视了能力差别与性别差异，导致学习效果差距很大，教学目标没有达成。

师："任何一件彩线编织作品都是由一个个基本结组成的，编织蜻蜓的这个基本结是平结中的一种，叫双向平结。那么这个基本结——应该怎么编织呢？给大家三分钟的时间来编织这个基本结，可以多试几遍，熟能生巧，相信大家肯定能够发现这个基本结有什么编织特点，从而掌握它的编织规律的。"

（学生在桌子上练习，坐在我前边的男生，手忙脚乱的。不是这边的线跑了就是那边的线打结了。总之，一直没有成功。）

师："有的学生已经编织成功了，谁愿意边演示边讲解一下？"

（女生到展台上演示讲解。）

师："我们再来看图片，谁来说说图1、图2告诉了我们什么？"

女生："先把两根彩线摆好，右线从两根中线下面穿过，压在左线上面，然后左线从右线的绳环中绕出。"

师："关键的动作是什么？"

师:关键是——(板书"穿、压、绕"。)
师:"图3、图4呢?"
师:"从左线开始,将左线从两根中线下面穿过,压在右线上面。"
师:"图5、图6的方法一样吗?"
生:"一样。"(有的学生拖着长腔应答。)
师:"最后这两幅图又有什么关键性的动作?"
师:"对!是——拉。"
师:"那这个基本结的编织规律是什么?"
生:"是右左交替。"

(教师在唱独角戏。有的学生急着练,可老师还不厌其烦地教着每个环节。)

练习环节:因基本内容还未真正掌握,练习难度加大后更多人未完成任务。

师:"学会了基本结,就编好了蜻蜓的眼睛。下面给同学们八分钟时间自己尝试编织蜻蜓的翅膀和腹部。"

(学生练习。教师在教室里巡视着。我前面的男生依然手忙脚乱,因为基本结没有学会,所以蜻蜓自然没有编出来。)

师:"八分钟时间很快过去了,大家的作品完成了吗?我们先来听听没有完成的小组遇到了什么困难?"
生:"绳子松松垮垮的,不好看。"
师:"在编织基本结的过程中绳子要拉紧,这样编织出来的蜻蜓才会更美观。"
生:"编的时候总往一边跑。"
师:"发生了旋转?哪些同学也出现了这种情况?问题出现在什么地方?"
无人响应。
师:"那就让我们来验证一下。"(说着,老师把学生的那个结拆开……老师似乎又有点着急了,她看了看表,拿着那个

126

学生的结说)"哪些同学已经编织好了蜻蜓,拿着你们的作品到前面展示给同学们看吧。"

(四位女生和一位男生陆续走到前面,把自己编织的蜻蜓举在胸前展示。老师已将那个没完成的结还给了学生,并示意几位展示的学生回到座位上。而我前面的男生在这个过程中,只抬了抬头,仍在继续做自己的蜻蜓,其他学生大多也自顾自地忙着。这时,下课铃响了。)

创新环节:因为学生在前面的环节中未能达成学习目标,所以尽管拖堂,但创新环节仍像走过场,没有达到预期效果。

师:"同学们不仅有灵巧的双手,也有善于思考的大脑。众人拾柴火焰高。蜻蜓编好了,我们可以将它进行怎样的再加工,让它点缀我们的生活?老师为大家准备了资源包,大家可以从中选取自己需要的配件,将蜻蜓以不同的形式呈现出来。"

(学生接着练习。)

师:"哪一组先来展示你们组的作品呢?"

(两个女生上台,展示了她们做的发卡。)

师:"课堂的时间是有限的,但展示、创作的舞台很大,课下同学们可以把你们的作品展示给家人或朋友看,运用双向平结、单向平结编织出更多的作品。"

执教教师课后反思:

一节课下来我满头大汗,感觉疲惫不堪,感觉自己教得这么认真,怎么还有那么多学生不会编织呢?课堂气氛怎么如此沉闷,无法调动学生的学习积极性呢?当刘老师(按:指我,本书作者)问我对这节课的感觉时,我说没有教好,刘老师又追问我:"你不教,学生会不会自己看图学会编织?"我沉默了。

一语点醒梦中人。通过刘老师的悉心分析,我认识到这节课最大的问题是教学理念存在偏差,没有体现出新课改精神,

127

课堂上还是不愿意放手让学生自主探究，剥夺了学生的学习权和话语权。为了打破这道屏障，我将教学环节进行了大变动。导入环节改变为实物呈现，吸引学生的注意力，提高他们的学习兴趣，让他们直观了解本节课的学习任务；编织准备环节直接删掉，因为学生在以往的学习生活中已经具备了一定的看图理解能力，课堂上无须再重复讲解；学习基本结环节由教师手把手地教改为学生自主看、说、试，激发学习兴趣，形成自主学习能力；编织蜻蜓翅膀和腹部环节由困难分析改为经验交流，节奏更为紧凑，促使学生在学习过程中不仅能发现问题，还能依靠小组的力量解决问题；创意设计和总结环节对语言进行锤炼，把本节课的高潮部分更好地呈现出来。

另外，本节课原来是一人编织一只蜻蜓，虽然这样每位学生都有了实践的机会，但是为了完成任务都各自为政，无暇顾及周围其他同学，而老师的精力有限，不可能有效指导所有学生。因此打算将一人编织改为两人合作编织，这样的分组将个人之间的竞争转化为小组之间的竞争，可以弥补教师难以顾及学生差异的不足。小组合作学习锻炼了学生的人际交往能力，他们可以从中学会参与、倾听和尊重他人，使得教学过程不只是一个认知和形成技能的过程，同时还是一个交往与审美的过程。

第二次执教："彩线编织"（小学四年级劳动技术课）乙班教学实录：

导入环节：教师以微笑、备礼物、看礼物、是否敢挑战的设问进入教学，从上课伊始就营造了富有"悬念"的教学情境，且以自身的积极情绪激发出学生良好的学习状态，并快速导入课题。

师（微笑着）："课前老师给大家准备了一些礼物，打开盒子看一看是什么？"

五 研究结果与分析

生:"是编织的蜻蜓。"

师:"谁能说说这是一只用什么制作的蜻蜓?"

生:"是用彩线制作的蜻蜓。"

师:"用彩线就能编织成这么一只惟妙惟肖的小蜻蜓,看到它你有什么想说的吗?"

生:"我也想编织一只蜻蜓。"

师:"大家都想自己编一只蜻蜓吗?"

生:"想!"(学生的回答很响亮。)

师:"敢挑战吗?"

生:"敢!"(学生的回答很果决。)

师:"那么,今天就让我们走进彩线编织的世界,来编织一只蜻蜓。"(板书课题。)

学练环节:首先,信任学生,放手让学生通过独立、仔细地观察图示,自主学习;其次,通过同桌交流、合作比赛进行练习;最后,让完成任务的小组讲解方法,让学生分化出小老师的角色。只是还未练习巩固就比赛,太着急了。

师:"今天我们所要编织的蜻蜓是由九个相同的基本结组成,这个基本结应该如何编织呢?它有什么编织规律呢?请同学们打开教材,仔细观察教材中图 1 到图 6,看不明白的地方可以做上标记。"(学生看教材。)

师:"看明白了吗?"

生:"看明白了。"

师:"我看到有些同学没有回答老师的问题,可能心中还有疑问,和你的小伙伴说一说吧。"(同桌的学生进行交流。)

师:"看明白了,说清楚了,下面咱们来个小比赛,同桌的两个同学在两分钟内合作编织一个基本结,编织好后要和老师送给你们的小蜻蜓进行对比,准确无误后两人举手大声说'完成'。下面大家打开材料盒,做好比赛前的准备工作吧。"

(屏幕上呈现出比赛要求;学生串珠、摆线,做赛前准备。)

师："比赛开始！"（屏幕上显出钟表，开始计时。同桌合作编织，教师巡视。)

师："短短两分钟，已经有多个小组完成了任务，你们成功的秘诀是什么？"

生："我们两个配合得很好。"

师："你们怎么配合的？"

生："两根绳子颜色不同，我们一人负责编一边。"

师："除此之外，其他同学还有什么成功的秘诀吗？"

生："我们是如果编错的话，解开绳子再尝试一次，直到成功。"

师："多次尝试你就会发现基本结的编织规律，谁愿意到前面来边演示边讲解基本结如何编织？"

（两个女生上前演示。）

师："通过两位同学的展示，大家有没有发现编织这个基本结的规律？"

生："开始是用最右边的绳子穿过中间的两条绳子压在最左边的绳子上，最左边的绳子从右边的绳圈中穿出来。然后用最左边的绳子穿过中间的两条绳子压在最右边的绳子上，最右边的绳子从左边的绳圈中穿出来，方向是相反的。"

师："也就是编织时先右再——"

生："左。"

师："右左交替编织"（板书"右左交替"）。"谁愿意再到前面来给大家演示一遍基本结是如何右左交替编织的？"（学生演示。）

师："通过同学的演示和讲解，咱们能不能把编织基本结的关键步骤凝练成几个字，让大家容易记住方法呢？"（学生说，教师板书"穿、压、绕、拉"。）

（坐在教室第一排和最后一排的两个男生小组在比赛中未

五　研究结果与分析

能完成任务。)

练习环节：因基本内容还没有达到熟练掌握程度，所以该环节严重超时。但因教师积极鼓励，学生一直保持着较高的学习兴趣。

师："同学们已经掌握了基本结的编织方法，而蜻蜓的眼睛、翅膀、腹部的编法一样，都是由基本结组成的。你们觉得编织蜻蜓难吗？"

生："不难。"

师："下面给大家八分钟时间，四人为一小组合作编织两只蜻蜓，遇到困难集中攻克，发现方法及时分享。"（小组合作，教师巡视。实际用时18分钟。）

师："刚才在编织过程中你们遇到了哪些难题，又是通过什么方法解决的？"

生："我们组在编织时中间的绳子过长，两边绳子又太短，导致蜻蜓身体没法编织，只好拆了重编。"

师："编织第一个基本结两边就要预留足够长的绳子，为后面的编织做准备。"

生："我们组在编织翅膀时，出现翅膀大小不一的情况，我们又重新看教程，四个人在一起讨论，觉得是因用力不均造成的。"

师："这个小组解决问题的方法很好，先是自己认真看图，然后请教周围同学，共同解决了翅膀大小不一的问题。"

生："编着编着蜻蜓身体开始旋转起来，刚开始不知道是什么原因，后来发现是编织顺序出现错误。"

（学生自己解决了上一节课出现的、老师当时也没有解决的问题。）

师："编织过程中如果违反右左交替规律的话，就会使蜻蜓的身体发生旋转，编成其他的基本结了。刚才我们通过小组合作解决了这么多的问题，再给大家三分钟时间继续编织。"

（学生继续编织。）

创新环节：学生学习热情依然比较高涨，完成教学任务的学生较之第一次课大大增加，但是拖堂现象依然很严重。

师："一只只可爱的蜻蜓在我们手中诞生了，我们可以对它做些什么改造，让它点缀我们的生活呢？"

生："装饰在发卡上。"

师："蜻蜓样式的发卡。"

生："可以穿上绳子让蜻蜓变成钥匙链。"

师："肯定非常漂亮。"

生："把蜻蜓粘在画板上变成一幅画，看到这幅画就会想起编蜻蜓时的乐趣。"

师："同学们的创意可真丰富，事物的价值在于利用，老师为每个小组准备了一份大礼包，大礼包里你所需要的物品都有，下面给大家8分钟的时间对蜻蜓进行大改造。"（这时上课时间已经过去了37分钟。学生进行8分钟的创新设计。）

师："哪一组愿意来展示你们的作品呢？"

生："我们小组用编好的蜻蜓粘在发卡上，又用编蜻蜓多余的彩线进行点缀。我们还制作了钥匙链，可以别在裤子上。"

师："针对他们小组的展示大家有什么评价吗？"

生："他们小组制作得很好，但是我觉得我们的应该比他们的更好！"

师："你们组想和他们PK一下，是吧？"

生："是的。"

师："好，来吧。"

生："我们组做了一幅画，名字叫《夏天》，上面加上编织的蜻蜓，配上荷叶和太阳公公。另外还做了头箍。"

师："这两个小组都充分利用了材料包里提供的物品进行创新设计。通过这节课的学习，你们有什么收获吗？"

生："我学会编织蜻蜓了。"

师："回家以后可以教教周围的小伙伴们。"

生："我现在知道了线是那么的有趣，我还想学更多的东西。"

师："小彩线，大智慧。课下同学们可以搜集资料学习其他基本结，尝试编织更多更美的作品，来装饰我们的生活。这节课我们就上到这里，下课！"

课后教研时，我首先肯定了教师在教育理念上的积极转变，同时指出了这节课存在的两个主要问题：一是编织基本结的教学环节缺乏练习巩固，直接进行比赛，没有达到让学生掌握基本结编织方法的目的，进而导致第三环节——编织完整的蜻蜓耗时太多，最终拖堂近 10 分钟。编织基本结是本课的教学重点，在这个过程中要让每个小组都能掌握基本方法，为编织完整的蜻蜓以及创新打下基础，做好铺垫；二是分组不合理。女生手巧，完成得快，男生相对来说不善于做细活，同性分组的话，男生的学习成效会较低。

因此，我给出了两个建议：第一，基本结编织环节要体现学习的层次性。也就是在观察教材中的编制方法后，要细化学习步骤：第一步，先让两人小组尝试着练习 3 分钟；第二步，让完成的小组代表利用展台，一边展示一边讲解编织方法，在此过程中，教师应适时追问、澄清和强调主要方法和步骤，并顺势总结、提炼，板书基本编织方法，同时引导学生总结编织规律，帮助学生学会运用理论指导实践；第三步，在学生经历了自主合作探究和他人（同学和教师）的方法指导后，再组织全班进行 2 分钟的小组比赛，以此激发练习热情，促使学生巩固练习的成效；第四步，通过检查比赛结果查看练习效果，如教师可以询问"编织 5 个或 5 个以上基本结的举手？没有完成的举手？"为教师重点帮扶确定对象。第二，做到全班学生都是异性分组。也就是把两人小组调整为由一名男生和一名女生组成，让女生帮助男生练习。

第三次执教:"彩线编织"(小学四年级劳动技术课)说课稿:①

各位专家、评委、老师:

大家好!今天我说课的内容是河南省科学与技术出版社出版的《劳动与技术》教材小学四年级上册第七课"彩线编织",我将从以下五个板块进行说课。

一　说教材

教材是学生学习的依据,"彩线编织"是一节手工编织课,用生活中常见的彩线编织蜻蜓。教材分为三个板块:"材料准备"部分介绍编织蜻蜓所需的材料;"看图编织"部分借助形象的图片及简要的文字介绍编织蜻蜓的全过程;"拓展探究"部分为学生后续学习提供了图片参考。这是编织类的教学内容在本套教材中首次出现,因此本节劳技课最重要的不只是让孩子们学会彩线编织的基本手法,更是希望通过这节课让他们感受编织的魅力,为之后五年级上册"编织网袋"、六年级下册"吉祥结"的教学做铺垫。

二　说学情

这节课的教学对象是小学四年级学生,他们处在思维方式转变的关键期,也就是由形象思维向抽象思维过渡阶段。虽然学生在之前的学习生活中已经具备了一定的看图理解能力和动手操作能力,但依据图示进行实践时仍然会出现心手不一的情况。另外,四年级学生活泼好动,乐于动手实践,但缺乏合作探究意识。因此,学生的能力发展还需要在活动中进一步提高、完善。

三　说目标

基于以上对教学内容和学情的分析,我将本节课的学习目标设置为:

---

① 这是河南郑州金水区黄河路第一小学教师张杭在"河南省小学劳动技术说课暨优质课比赛"(2015.10,郑州)中的说课稿。

◆ 五　研究结果与分析 ◆

1. 运用操作示意图，掌握基本结的编织方法，学会编织蜻蜓。

2. 在独立观察、交流讨论、动手编织、展示评价等过程中，使合作、探究及创新等能力进一步提升。

3. 培养认真、细心、做事有条理的劳动习惯，体会彩线编织的魅力，享受创造的愉悦。

学习重点：掌握基本结的编织方法，右左交替，有规律地穿、压、绕、拉。

学习难点：运用基本结编织蜻蜓。

四　教学过程

为了突出重点，攻克难点，达成目标，我设计了如下四个教学环节。

（一）激发兴趣，启发探究

在导入环节，我为每个小组准备了一份神秘礼物——用彩线编织的蜻蜓，当同学们看到蜻蜓时被它的颜色、做工甚至材料所吸引，我顺势向学生发出邀请：这么可爱的小蜻蜓，同学们想自己编一只吗？敢挑战吗？由此导入课题。通过实物呈现，使学生能近距离观察实物，用视觉上的冲击来拓宽学生的视野，吸引学生的注意力，从而激发学生的学习兴趣，为他们主动参与学习打下良好基础，也为后续编织蜻蜓提供了参考范例。

（二）引导发现，初步探究

我们所要编织的蜻蜓是由九个相同的基本结组成的，因此学会基本结的编织方法是本节课的重点。为了引导思考，我先抛出两个问题：基本结应该如何编织呢？它有什么编织规律？然后通过五个小活动放手让学生自主探究：

活动一——看一看：用2分钟的时间仔细观察教材的图1到图6，了解基本结的编织方法，在不理解的地方做好标记。学生对操作示意图逐一观察，整体思考，对基本结的编织方法进行了初步感知。

135

活动二——说一说：用2分钟的时间同桌交流，将图义通过语言表述出来。同伴交流既解决个人在看图过程中所产生的疑惑，也进一步深化了对基本结的认识。

活动三——试一试：在多次尝试过程中印证自己对基本结纺织的理解是否正确，并通过个别学生的演示和讲解，直观感受基本结的编织方法及规律，最终将其凝练为"穿、压、绕、拉，右左交替"，通过板书呈现，方便学生记忆与操作。

活动四——比一比：两人一组在2分钟内合作编好一个基本结。在以竞赛为形式的实践操作过程中，使学生注意力高度集中，增强了合作效率，也提高了学生编织基本结的熟练度。

在整个过程中，学生通过独立观察、同伴交流、动手编织、讨论分享，经历从"理论—实践—理论"的全过程，既体现了学生学习的主体地位，又符合学生身心发展规律。由此，本节课的教学重点——掌握基本结的编织方法得以达成。

（三）小组合作，深入探究

学会了基本结的编织方法，编织出了蜻蜓的眼睛部位，学生是不是就能顺利编织出一只蜻蜓呢？事情并没有那么简单，因为编织蜻蜓的翅膀和腹部还需要8个基本结、连续16次右左交替编织，初次学习手工编织的学生势必会顾此失彼，错误频出。出现错误正是引导学生进行小组合作、深入探究的良好契机，因此，在此设置8分钟的小组活动时间，让学生四人一组合作编织两只蜻蜓，为他们的交流、讨论、相互学习提供方便，鼓励优秀学生当小老师指导其他学生操作。8分钟后小组代表分享编织过程中所遇到的问题，又是如何解决的。学生在亲身实践中所学到的方法稳步从知识形态逐步走向技能形态，并最终转化为能力。教育家蒙台梭利说过："我听过就忘记了，我看过就记住了，我做过就理解了。"交流过后问题一一迎刃而解，一只只可爱的蜻蜓在学生手中诞生了。

（四）创意设计，拓展探究

蜻蜓在中国传统文化中是非常吉祥的一种昆虫，造型优美，身姿优雅，心灵手巧的人们常以蜻蜓为原型制作各种各样的手工艺品。而学生们的创意更是精彩纷呈，在短短 5 分钟时间后，一件普通的编织作品，经过学生们的创新设计，成了漂亮的发卡、可爱的钥匙链、别致的胸饰、靓丽的项链，还做出了一幅体现童年纯真的画作，也许它们还很稚嫩，也不够精致，但每一件作品都闪烁着学生智慧的光辉。再创造的过程给学生们带来的不仅是一种劳动创造美的喜悦，而且是一种对勇于开拓、努力拼搏精神的鼓励。

五　说反思

（一）彰显学生的主体地位

美国著名心理学家布鲁纳说："学习者不应是信息的被动接受者，而应该是知识获取过程中的主动参与者。"本节课体现了素质教育理念，在教学过程中，学生是课堂的主人，教师是课堂的组织者、参与者、引导者，学生有充足的思考时间和实践机会，通过独立思考、同桌互助、小组合作等方式，在实践中探究，在探究中领悟，在领悟中成长，感受探究之美。

（二）培养学生的技术素养

《3—6 年级劳动与技术教育实施指南》强调，要在动手与动脑的紧密结合中促进学生技术素养的形成，也就是要在"做中学""学中做"。教学中我始终关注学生劳动习惯的养成、劳动技能的提高以及劳动思维的培养，为后续的学习生活奠定基础。

通过这节课的教学，我想说：劳动创造美好生活。坚持"教学做合一"，劳动与技术课程将为无数学生开启创新思维的大门，创造出美好多彩的生活。

我的说课到此结束，感谢大家的聆听，期待交流指正！

执教"彩线编织"的 Z 老师，2015 年 10 月 10 日经过现场说

课比赛，在全省 14 名参赛教师中胜出，成为本次全省比赛中唯一一位在说课后进行现场课展示的教师。说实话，在说课的 14 位教师中，无论是在外形气质还是在语言感觉乃至表现力等方面，Z 老师都不是最出众的，她胜在了教育理念，胜在了对学生学习主体的尊重以及教学细节的处理上。究其根本，是她头脑中的教学假设已经发生了根本性的转变，而其他老师则没有。

教师头脑中固有的"我（老师）教你（学生）学，不教不会，教了才会"的错误教学假设是导致教学效率低下的根本原因，也是影响教学艺术生成的根本原因。第一次执教实录反映的是当前中小学课堂上最普遍、最常见的教学现象。恰如 Z 老师在反思中所言：一节课下来，老师满头大汗，感觉疲惫不堪，感觉自己教得这么认真，怎么还有那么多学生学不会？课堂气氛为什么那么沉闷？为什么没有调动起学生学习的积极性？老师在反思时，常常愧疚地认为是自己"没有教好"。真是这样吗？答案显然是否定的。

在教学过程中，实际情况和老师内隐的教学假设并不一致。事实上，无论哪个班，总有几个学生是老师"不教（或稍加点拨）就会"的，也总有个别学生是老师"教了也不一定会"的，而大多数学生虽说是教了才会，但他们对老师的教理解得并不那么到位、及时和深刻——这才应是正确的教学假设。可老师内隐的假设对此却毫不理会。在"我教你学、教了才会、不教不会"的假设面前，学生是没有差别的。这就和实际情况发生了冲突，导致有的学生在学习上"吃不饱"而有的学生"吃不了"①，学习质量低下。同时，老师恨不能把知识嚼碎了喂给学生"吃"，学生常常并不领情。一方面老师讲得异常辛苦，另一方面学生思维开小差儿，身在曹营心在汉，课堂气氛沉闷。遗憾的是，很多教师包括本书"研究缘起"部分所谈到的那些有教学改革热情的老师，在教学反思以及在学校组织的校本教研活动（如"课堂教学大对话"）中，往往聚

---

① 王鉴：《课堂研究概论》，人民教育出版社 2007 年版，第 261 页。

焦或纠缠在教学技术或教学枝节上，时间长了自己也渐渐感到厌倦，产生"一提上课就想吐，甚至害怕走进教室"的反应。

教学变革若不从源头上、意识上加以思考，不从教师头脑中固有的、内隐的假设入手，仅仅停留在分析的浅层问题上，那么教学变革就无从谈起，教学艺术也难以生成。让教师转变她（他）们头脑中固有的假设并不容易。首先，假设的形成是教师多少年在受教育过程中潜移默化地形成的，已根深蒂固；其次，很多老师已经习惯了这种教法，尤其是有些老师会觉得自己已经认认真真地"教"了，也就无愧于心了。宁虹教授所说的"你们总说让老师转变，他们脑子里什么都没有，怎么转变"指的正是这种状况。目前进入中小学任教的教师都受过高等教育，个人素质较高，又经过公开招聘考试，起点比过去的教师要高，转变教学假设的难度相对较小，关键是要想方设法地促使他们关注教学假设，使其从内隐化走向外显化、实显化。因为只有意识到了才能思考和改变。

我认为，要促使教师转变教学假设，必须将其具体的教学行为凸显在他们面前并进行讨论，唯其如此，教师才会审视和反省自己的课堂教学，进而改进自己的教学活动。[①] Z 老师在教学比赛前，非常渴望改进教学，对于解决问题有很强的内动力；同时，她能在区、市选拔中胜出，表明她已经具备了一定的能力，有一定的悟性。所以，聚焦教师的课堂，在讨论中引发思考，是帮助教师转变教学假设的有效路径。当然，并不是人人都有机会参加优质课大赛的，所以加强学校以及学科教研的频度、力度与深度尤为重要。实际上，教师一旦转变观念，尝到甜头，进步是非常快的。比如 Z 老师的第二次执教蜻蜓编织课就发生了很大的转变。

尊重差异，颠覆原有假设，让不教也会的孩子成为教学资源（挖掘、发挥其教育者角色的力量），让教了也不一定会的孩子也

[①] 王鉴：《课堂研究概论》，人民教育出版社 2007 年版，第 130 页。

能学会，让每一个孩子都能在原有基础上得到发展。如前面提到的，正确的教学假设应该是：学生之间存在差异，借鉴《中庸》和王阳明的分类方法，大致可分为三重境界：有的学生天分高逸，自学力强，不教而能（古人"生而知之""生知安行"的说法实属夸张，故改为"不教而能"）；有的学生"学知利行"（轻松学习，顺利实践），教师示范、点拨即可；有的学生"困知勉行"（艰难学习，勉强实践），教师重点关照、多加教诲也不一定行。[①] 基于此，教师要充分相信学生，放手让学生去想去做，把在这一过程中落到后头的学生作为教学的重点对象，让跑到前头的学生成为教学的资源，形成传、带、拉的教学氛围，最终使学生们都能学会。Z老师在第三次课堂教学中，在观察基本结的编织方法、小组探究后，让探索成功的小组站在台上边展示、边解说编织的方法与步骤；在编织完整蜻蜓的过程中，让率先完成的小组离开座位，帮助有困难的小组；在展示完整的蜻蜓作品后，让学生分享如何解决所遇到的问题，把"不教就会"的学生作为学习资源充分挖掘、利用，此时课堂上已经不是一个老师在教，而是多了一批小老师在协助不能及时理解或反应较慢的同学，教师在巡视过程中也对速度较慢的小组给予格外关注，促使"教了也不一定会"的学生不仅在课堂上完成了基本的学习任务，而且有能力、有信心挑战更高难度的学习。

只有研究学生"学"的特点，才能提高教师"教"的艺术。新的假设是建立在以学生"学"为教学目标的基础上的，它需要老师解放思想，目中有人，不再单纯考虑自己的"教"，而要深度思考学生的"学"；新的假设以学生差异为起点，尽管不一定能完全做到因材施教，但是可以做到让"教了也不一定会"的孩子——这类几乎在每个班上都存在的孩子常常被老师、家长甚至自己放弃——在老师和同学的帮助下也能"吃得了"，同时发挥"不教就会"的孩子的引领、示范和

[①] 《礼记·中庸》："或生而知之，或学而知之，或困而知之，及其知之一也。或安而行之，或利而行之，或勉强而行之，及其成功一也。"《传习录·答顾东桥书》：生知安行，圣人之事也；……学知利行，贤人之事也；……困知勉行，学者之事也。

小老师作用，并通过放手创造环节，保证这部分孩子"吃得饱"。当然，在转变教学假设的过程中，对细节问题也不能放过。解决第二次教学执教中所暴露的问题，需要教师体贴学生。

纵观本课例，当Z老师转变了自己头脑中的教学假设后，教学效果发生了显著变化。第三次授课后，她这样反思自己的教学：

这次教学展示课，学生表现得非常出色，出人意料的精彩发言让我不禁暗自叫好。回想磨课初期，我畏首畏尾，给学生设置了诸多限制。现在我觉得，只要给学生充足的思考时间和实践机会，他们就会表现出惊人的创造力。通过几次磨课，我在教学成长之路上收获了很多。首先，教师还是要解放自己的思想，把看到的、听到的、学到的先进的教学理念真正运用到自己的实际教学中，多一些耐心，相信学生，体贴学生，让学生在一次次活动中形成积极主动的学习态度，掌握学习方法，提高各方面的能力；其次，教师要多学习，阅读与学科有关的理论文章，可以了解学科发展动向，获取先进教学资讯，从而开阔视野，在潜移默化中增强个人底蕴，使自己的教学更从容、灵动；最后，教师在教学过程中要关注细节，关注学生的发言并有针对性地给予评价，关注学生的活动，给予策略性地引导，关注学生的情绪，做出有目的性地及时调整。

阅读Z老师的反思，回顾她的三次授课过程，在为她的快速成长感到欣喜的同时，对教学艺术我也产生了新的感悟：

教学艺术并非没有规律，但它类似维特根斯坦的"家族相似"理论所描述的那种规律性。家族成员间虽个性迥异，但在容貌、声音、步态等方面或多或少存在一些相似之处，而更为重要的是，家族成员在骨血、基因上具有很高的一致性。教学艺术的规律性是确定存在的，但它显现的恰恰是一种不确定的规律性，而现象学上以意义为单元的研究能帮助我们走近、捕捉、洞见这种不确定的规律，进而提取教学艺术生成的 DNA，从而使这种不确定性、复杂性呈现出来。①课堂教学艺术总是在课堂上教师与学生、教师组织下学生与学生的联系中显现的，而这需要教师解放思想、创造性的实践来催生教学假设，就是教师的教学信念，信念范畴理论问题的解决，必定要先于价值和实践的理论问题的解决。②

4. 基于目标，机智灵活——一节教学艺术凸显的优质课

根据意识流的作用，反思自己的课堂教学，是现象学对我的重要启示之一。前面的课例是我观察、指导和遇到的，下面的课例则是我 1997 年 10 月在重庆举行的全国体育课堂教学观摩研讨会上执教的小学三年级体育新授课"后滚翻"。专家评定：此课"可看、可取，值得推广"，被评为一等奖第一名和最佳创新奖。

准备环节：利用唱游、音乐、徒手操、复习活动等，从情感及身心方面做好充分预热。

"后滚翻"因为与人体前倾的常态姿势相反，因此小学生学习起来是有较大难度的。为了帮助孩子们顺利掌握这个运动技术，在准备活动中，我分三个环节充分预热：首先，运用中原地带的孩子们非常爱玩的游戏"打花巴掌""炒豆豆"和"编花篮"，让学生一边唱歌谣一边进行小强度的活动，使学生的身体与心理从安静状态向神经逐步集中、兴奋过渡，小肌肉、小关节也逐渐摆脱黏滞性转而增强灵活性和自控性。其次，在音乐伴奏下，集体练习我自己编创的将后滚翻中"团身、推手、蹬地"等技术要领与大肌肉、大关节的全身性活动

---

① 宁虹：《教育的实践哲学——现象学教育学理论建构的一个探索》，《教育研究》2007 年第 7 期。
② ［德］胡塞尔：《纯粹现象学通论》，李幼蒸译，商务印书馆 2012 年版，第 390 页。

五 研究结果与分析

有机融合的徒手操，为学习后滚翻做基础性铺垫。最后，复习一、二年级学习过的前后滚动、前滚翻动作，巩固"团身紧、双手用力推和双脚用力蹬"的滚翻动作的基本技术；增加诱导性练习动作——垫着体操踏板在斜坡上做团身向后滚动抱膝的动作，接着又增加难度，改斜坡为仅增加一个体操垫的高度，向后滚动练习，将学生已经掌握的滚翻技术向后面要学习的后滚翻这一新技术迁移。斜度减小了后滚的难度，化解了学习新授教材的难度，降低或消除了学生学习新技术的畏难情绪，提高了他们掌握后滚翻这一新技术的信心。

学练环节：通过尝试体验、观察、调动第二信号系统参与、小组练习等方式，层层过渡，帮助学生掌握新技术。

在教授主教材的过程中，我首先让学生在诱导练习的基础上，尝试独立完成完整的后滚翻动作，因为后滚翻这个动作与以前学习的前滚翻相比，最难的是滚动到肩手着垫时的二次推手这个新动作，这是教学难点，学生第二次推手只有两手同时用力且要动作干净、利索、有力才能帮助身体迅速翻过。而学生仅仅学会了一次推手的动作，所以在尝试性练习时虽然掌握了"团身紧"等动作要领，但对于第二次推手还处于未知状态，所以探究动作质量低且花样百出，例如有的学生没有滚过去，有的学生虽然滚过去了可因两手用力不同而发生或左或右的侧翻。

在学生对后滚翻有了初次体验后，接下来我向学生提出问题，促其仔细观察我的示范动作，并以正确、规范、流畅、优美的示范动作激发学生渴望像老师一样掌握后滚翻这一技术的内动力，调动其学习积极性。然后，通过对话，强调后滚翻的要领，并在学生观察、回答的基础上形成提示技术要领的口诀，帮助学生在练习中运用第二信号系统指导第一信号系统，增强练习效果。同时，还教授了学生保护与帮助的方法。这是体操运动中学习任何新动作都需要的重要技术，可以帮助学生防止受伤、降低压力和提高学习效率。随后，让各个组长组织5人小组进行初步练习，并提出要求：首先由各组的小组长对大家进行保护与帮助，小组长练习时由每组最后面的那个同学保护与帮助组长。在此过程中，我走进各个小组，指导、解决学生的各种问题。

初步练习5—6分钟后，我针对各组出现的共性问题叫了第一次暂停，把学生组织起来集中指导，一方面是让问题特别突出具有典型性的学生做动作，同学们按照技术要领评价该同学的动作，找到问题的症结及纠正方法，再次明确技术要点，强调如何解决技术的重点和难点；在此基础上请几个小组中动作完成得好的两三位学生进行示范，强化认识，并激励大家向榜样学习。之后，小组长带领小组进行第二次练习，这次练习要求小组同学轮流即互相进行保护与帮助，同时提醒大家如果感觉自己可以独立完成动作，就申请独立完成，组内认真观摩，相互学习。这个阶段之后，让各组5个学生听老师的哨声按顺序独立完成一次后滚翻动作，以检验教学目标达成情况，展示学习成效并顺势由主教材的内容过渡到辅助教材的内容——奔跑游戏。

教学设计中（课前已经发给与会专家及评委），对主教材也就是学习后滚翻，安排了15分钟，之后是9分钟左右的奔跑游戏。因为评价一节体育课的优劣不仅要看其表现性还要看客观数据，就是要在课堂上监测男女学生代表的心率，并在此基础上计算出该课的练习密度与练习强度。因此为了使整节课达到合理练习的密度与强度，更为了促进学生全面发展，所以辅助教材一般要科学安排内容和运动量。《后滚翻》这节课，辅助教材安排的是"折返跑"。当然，作为参赛课，为了增强游戏的表现效果和吸引力，将普通的折返跑进行了艺术加工，设计成为春种秋收的富有教育意义的活动，而且作为种子和果实的种子是色彩鲜艳的鸡毛毽子，学生们练习滚翻的小体操垫子也被集中到同心圆的中央,围成了"粮仓"。原本设计的是学生进行三轮游戏,以增强运动量,提高心率,使运动密度和强度指标更高一点,因为后滚翻的运动量比较小。三轮游戏的安排,在迅速提高练习密度、强度的同时,还能通过学生的加油呐喊声、奔跑运动、游戏道具、色彩流动等使课堂教学瞬间变得热烈、灵动。

调整预案环节:在主教材学习过程中,在预定时间内学生并未达到预期效果,基于教学目标,教师果断地调整了教学策略,教学活动出现教案中没有的环节。

可在预设的15分钟内,学生未达到预想的效果。是按照教案转换进行奔跑游戏?还是……如果不转换项目,在继续练习后滚翻后还进行三轮游戏的话,就要延时下课,这是赛课的大忌,表明在规定教学时间内没有完成教学任务。若不按教案实施,教案已经发到评委手中。看到场上的情景,我的指导教师已经紧张得捋起西装袖子擦汗(课后照相,我的指导老师右手臂的西装袖子依然捋在肘关节处)。

当时,我已经完全进入教学情境中。场外的伙伴做的各种提示动作我都没有注意到。当我发现全班只有不足一半的学生能够独立完成动作时,就果断地叫了第二次暂停,让学生集中起来,针对学生出现的蹬地和推手力度小等问题,要求学生再次带着问题观察我的示范动作,并在原地每个人做两次徒手团身用力蹬地和肩上用力推手的动作。之后,让学生继续练习,并争取人人独立完成动作。我改变了教案。第一,主教材后滚翻的学习时间延长了3—4分钟,在这几分钟内教师通过示范展示,对导致问题的关键动作进行指导,组织学生强化练习,切实解决问题;第二,将各小组按照顺序统一听老师哨声独立完成动作变为小组内若能独立完成动作就独立完成,若感到自己还不能独立完成动作的学生可以在伙伴的保护与帮助下先练习一次,紧接着独立完成一次。也就是,既提高了练习有困难学生的练习密度又提高了练习频次,对这部分学生给予适度倾斜。经过这一调整,每个小组的学生都顺利且独立地完成了动作,全部掌握了新授教材——后滚翻。

辅教材环节:因学生学习自信心增强,加之游戏设计巧妙,气氛热烈。

主教材延长了3—4分钟,在接下来的辅助活动"春种秋收"折返跑游戏活动中,我把预设的做三轮游戏,缩减为两轮,游戏时间就由原来的9分钟减少至6分钟。学生因为都成功地完成了前面的学习任务,各个自信心高涨,非常投入,加油呐喊时很多学生甚至兴奋地在原地蹦跳着为本组学生助威,场面欢快,气氛热烈。

放松环节:在舒缓的音乐的伴奏下,学生自由想象遨游太空,场面美妙。

在放松部分,我设计的情境是让学生听着静谧、舒缓、优美的音乐,想象着在太空中活动,学生们很快放松下来,沉浸其中,不由自主地做起了"慢动作",而且姿态各异,富有想象。

"课堂教学只有根据教学目标和学生课堂上的实际情况,机智灵活地调整教学设计,才能有效地达成教学目标,并体现出高度的教学艺术效果。"仔细分析"后滚翻"这节课,它生动地诠释了课堂教学的预设与生成的关系。预设性体现在教学中,就是老师上课前,要根据教育目标、课程标准、教学内容、学生特点等设计教学活动,我们通常称其为"备课"。我们常说"有备无患",所以备课越充分、细致、深入,教师在教学过程中就越得心应手,从容镇定。但即使是同样的教学内容,因学生的生活经验、理解能力、学习基础等存在差异,课堂表现也不尽相同。所以即便老师在"备课"时不仅"备教材"而且充分地"备学生",即便教师预设了各种应对意外的策略,也不可能预设到课堂上出现的所有情况。正因此,课堂教学才极具挑战性,需要教师创造性地劳动,需要教师根据课堂的真实情境机智地调整预设,改变预案，使得课堂教学具有了生成性的特点，即课堂上出现了与预设情况不一致的教学行为。能根据课堂实际情况采取灵活策略改变教学预设并收到较好效果的老师，我们常说他们具有教学机智或教育智慧。这样的课堂教学效果是具有高度艺术性的。杜威在分析教师的教学机智或智慧行为生成的根源时，认为"意义的'下意识'储备贮藏于他们的态度中"，但在实践中"如果精神紧张时这种'下意识'则没有机会释放"[1]。

在面对课堂意外或突发事情时，教师瞬间做出决断，采取行动，常常是下意识的行为。而这种"下意识"其实早已经贮藏在老师的教育教学态度之中，因此，在课堂上出现意外或教学现状与预设不符时，教师才能不假思索地、果断地采取行之有效的方法进行调整，推进教学活动，有效达成目标。可见，教师的态度、情感、认知先于行动，并为有效行动做好了先行准备。而新教师虽然在课前准备充分，但常因心理紧张而导致思维受到抑制，在课堂实际情景中表现得手足无措，导致无法生成展现其教学机智，自然也就无法体现出教学艺术。

生成性教学是后现代教学观强调的一种教学形态，它是指教师在教学活动中，根据课堂状态，及时调整教学思路和教学行为的教学形态。[2] 课堂之所以会生成，是因为教师要达成教学目标，保证课堂教学的有效性。鲍里奇认为，有效的教学包括五种至关重要的行为。一是清晰地授课。清晰的教学是一个复合行为，与教师的认知活动、组织能力、授课经验和策略选择等因素密切相关。二是多样化教学。即教师能灵活多样地呈现教学内容。三是任务导向。制定单元和课时计划，能反映课程标准，有效地处理干扰因素，以最小化代价解决扰乱课堂的行为，为教学目标选择适合的教学方式。四是引导学生投入学习过程。五是确保学生学

---

[1] ［美］约翰·杜威：《艺术即经验》，高建平译，商务印书馆2010年版，第319页。
[2] 王鉴：《课堂研究概论》，人民教育出版社2007年版，第312页。

习的成功率。①"后滚翻"一课，在教学过程中充分体现出鲍里奇的有效教学理论。因此，艺术性强的教学一定是有效的，而有效的教学一定会在某些方面体现出教学艺术效果，只是不一定能达到教学艺术的最高层次。

依照叶澜教授关于"什么样的课才是好课"的标准，"后滚翻"这节课体现了"扎实、充实、丰实、真实"的特质。②首先，教师有讲解，有示范（两次）；学生有探究尝试、观摩教师示范、自主练习、互相帮助，整个教学过程是围绕教学任务认认真真、扎扎实实进行的，最终圆满完成了教学任务，课是"扎实"的。其次，在教学内容安排上，既有主教材内容的学习，也有辅助教材内容的训练，既让学生掌握新的技术动作，也有运动密度和强度的保证，既满足了本次教学目标，也符合体育教学的整体目标，同时具备了必要性和充分性，课是"充实"的。再次，在学习过程中，学生有多层面的收获：全体学生都学会了后滚翻这个技术，体魄得到了锻炼，掌握了保护与帮助的方法，产生了积极的情感体验，在相互帮助和集体游戏中激发出团队精神，课是"丰实"的。最后，在教学过程中出现了意外，教学目标在预设时间内没能顺利实现，教师根据学生的实际情况，机智应变，调整了预设程序——延长主教材学习时间，缩短辅教材练习时间，增加练习层次，改变监测手段等，生成了新的内容，高质量地达成了教学目标，不是走"教案"，不是"表演秀"，课是"真实"的。

好课其实就是教学艺术性强的课。有效教学实质上是从教学艺术的审美层次衡量教学效果是否富有成效。而"富有成效"恰是教学艺术的审美性特点的重要指标。当然，需要强调的是，实现教学富有成效，需要师生投入情感，教师创设情境和灵活地教学。换句

---

① ［美］加里·D. 鲍里奇：《有效教学方法》，易东平译，江苏教育出版社2002年版，第8—14页。

② 叶澜：《扎实、充实、丰实、平实、真实——什么样的课才算一堂好课》，《基础教育》2004年第7期。

话说，情感性、情境性、创造性是实现有效性的途径。如此看来，"有效教学"也好，"好课"也罢，它们在某种程度上只是教学艺术的另一种说法而已。但达到了教学的有效性，并非都能体现出高度的教学艺术性。因为教学艺术的最高层次是通过教学活动呈现思维艺术，是通过师生的心灵互动点化学生的生命，决非仅仅是板书的艺术、结课的艺术等技术层面的呈现。而思维就是同自己的灵魂进行无限的对话。① 哪怕是在体育课上，引导学生学会总结、思考，引导学生同自己谈话，致力于达到与所做的动作与技术要领的一致，学会辩证地思考与自主的评价，养成遇到问题能够主动查找原因并想方设法解决问题的意识和能力，并把这种思维方式、行为方式向课外有效延伸，我认为，这才是教学艺术的至臻境界，也是教师应努力追求的目标。当然，实现这一目标的根基，是课堂教学要具备较高的艺术性。

从课例研究延伸出对优质课大赛的思考。"优质课"是所有教师从教经历中都无法绕开的问题，因为在各级职称评定中"有课"也就是获得"优质课"证书都是必需的，尤其是初级、中级及副高职称申报者。而很多地方的职称改革政策，对教师"教书育人"能力高度重视，对没有优质课证书的老师，只要是在面试答辩环节获得"优秀"等级，可视为具备"优质课"的业绩。而课的优秀、优质与否，就是对教学艺术高低的考量。因此，上出优质课也就是艺术水平高的课，当前对于小学教师而言，哪怕是从功利角度分析，都是极其紧要的事情。但是，很多参加各级优质课大赛的老师包括很多评委都感慨："高分是越来越难拿了！"

我在向河南省教科所周宝荣副所长请教中，谈到这一点时，他高度认同，并以他最近作为省级优质课评委时的标准与我分享了他的观点："现在，预设完成得好不能拿高分了，关键是看有没有生

---

① ［德］汉斯—格奥尔格·伽达默尔：《诠释学Ⅱ：真理与方法》，洪汉鼎译，商务印书馆2013年版，第644页。

成。"他认为，教学就是认知传播，一要保真，不能误人子弟；二要保量，要让孩子都会，基本教学任务要完成；三要增值，而实现增值要有生成。其中，"保真、保量"是课堂教学的保底任务，而"增值"需要课堂教学高质量。过去我们强调"一分耕耘，一分收获"，当下我们追求"一分耕耘，三分收获"。也就是向生成要质量，而实现这一点就要有教学艺术。

通过课例，我们发现了促使"教学艺术"生成的一些经验，如通过"悬念"创设情境，变革教学假设解放学生，围绕目标灵活调整教学预设等，而以上因素的应用与体现，促使执教教师在全省乃至全国优质课大赛中脱颖而出，甚至成为优质课中的典范，值得其他参赛教师或希望提高教学艺术水平的教师参考、借鉴。当然，我们还发现了阻碍教学艺术生成的一些因素，如教师情绪波动，不能从动机入手体贴、聆听孩子的想法，并由此导致课堂教学成效低甚至造成教学事故。

此外，作为曾经的体育教师，现任的综合实践活动课程和心理健康教育教研员，受个人经历和工作关注点所限，选择、呈现、分析的案例在学科上存在一定的局限性，为此在下面的个案研究中，我重点选取了语文、数学、科学学科的优秀教师，通过课堂观察、深度访谈等，以弥补课例研究学科局限的问题。

（三）教学体验艺术的个案研究

每一现实的体验都必然是一种持续的体验，而且它存在于一种无限的绵延连续体———一种被充实的连续体中。它必然有一个全面的、被无限充实的时间边缘域。也就是说，它属于一个无限的"体验流"。教师在课堂内的行为必然与其课堂外的态度、情感、认知存在于同一个无限的体验流即意识流中。这也就清楚地揭示了教师在面对生成性问题时能"下意识"地机智解决的根本原因。[①] 自我

---

① ［美］约翰·杜威：《艺术即经验》，高建平译，商务印书馆2010年版，第319页。

可以从自身的任何一个体验出发,在当下自动地提取出任何一个与该体验相关的意识,因为人的意识被统一在体验的时间流内。① 研究教学艺术,不能只局限于教师在课堂上的表现,而必须把视野扩展到教师课堂以外乃至整个生活当中的学习、思考和行为上。

在创造性的教学活动中无时不闪烁着理论知识的光芒,只是在教学活动中所体现的理论知识已经不等同甚至超越了作为书本知识的原有的理论本身。在艺术性强的教师的课堂内外,理论早已被转化成为个性化的、创造性的教学行为。因此理论知识因优秀教师而变得生动、鲜活、富有生命力,饱含意义。由此可知,教学艺术具有且富有学术性、理论性,但其鲜活性常常在理论的抽象过程中流失。这其实正是实践与理论有距离有隔膜、理论又常难以有效指导实践或难以完全包含实践的一个根本症结。所以,我们要运用"纯描述性"的科学——意识现象学的方法,去描述教师课内外的行为,了解他们的想法,使教学艺术尽量恢复其丰富性和细腻性,达到完全的明晰性,并通过分析,洞见其本质。尽管这和当前自然科学的研究范式不同,但需要注意的是,如果仅仅将当下流行的自然科学研究范式等同于科学研究,就暴露出研究视野或研究态度的狭隘性。当然,我们也要牢记亚里士多德的叮嘱:"实践理性和实践的观点并不具备科学所具备的可学性。它只有在实践中,亦即在同伦理学的内在联系中才获得其可能性。"②

为此,在深入不同学科,呈现出不同形态、不同效果的课堂教学案例之后,有必要把教师的工作生活结合起来,通过优秀教师的故事更加全面、深入、细致地了解教师的教学,加深我们对如何生成教学艺术的认识。

---

① [德]胡塞尔:《纯粹现象学通论》,李幼蒸译,商务印书馆2012年版,第236—242页。
② [德]汉斯—格奥尔格·伽达默尔:《诠释学Ⅱ:真理与方法——补充和索引》,洪汉鼎译,商务印书馆2013年版,第636页。

1. 身心投入，研究阅读——助她成为全国优秀教师

个案对象：D 老师，女，54 岁，语文高级教师，全国优秀教师，研究"阅读教学法"多年，现担任五年级语文教师兼班主任。D 老师通常每学期用一个月时间完成教材知识的教学，其他时间带着学生研读名著。多年来，她所带班级的语文成绩显著高于平行班级。

第一次访谈：

时间：2015 年 4 月 16 日（星期四）上午第二、三节课。

地点：学校南教楼 5 楼微机教室。

背景介绍：因为我和 D 老师相识多年，以前曾是同事，我是大队辅导员，她是语文教师兼班主任，而且我还教授她任教班级的体育课，彼此非常熟悉。因此，第一次访谈没有任何铺垫，直奔主题。

访谈过程及具体内容。

问题 1：教师该具备什么样的素质才能捕捉到教学艺术生成的契机？

D 老师：自身素质要高。第一，文化素养，这是基本素质；第二，上课时要关注学生，这样就能随时捕捉到生成的因素。如果上课时教师关注的只是知识，就不会有生成。每节课肯定都有教学艺术生成的素材或因素。但是（语气坚决地）不是每一节课都能生成教学艺术。因为教师的作用不是你怎么讲，不是你把学生拽到或拎到平台上，而是通过"搭梯子、敲边鼓"让学生的思想、境界、看问题的深度和广度，从一个平台上升到另一个更高的平台上，让学生通过这节课在思想上得到升华。

笔者：是不是说，课堂上教师不是为了教知识而教知识，而是站在学生的角度基于学而教……

五 研究结果与分析

D老师：（听我说到这里，她右手一拍大腿并迅速抬起，做了一个很有力的挥手动作）对！有时候，你的目标可能很明确，但是到课堂上一看学生的发展状况，你发现目标定得不是很准确，那你就得调整目标，可能这节课就改变了很多。

你要根据学生的表现，随时调整自己的目标。那你的终极目标是啥？就是为了孩子的发展！

笔者：那就是说，我们说的教学机智，就是在课堂上要根据学生的变化随时调整自己的教学预案。要生成教学艺术，教师就要站在一个高度来驾驭自己所教的东西，而不是被教案绑架了，走教案。

D老师：（很激动地）对！就是这样的，对那些有智慧的老师来说，不仅能捕捉到生成的因素，而且在课堂上还有精彩的展现；而对于那些没有智慧的老师来说，不仅捕捉不到生成契机，即使捕捉到了也是无效的。

笔者：你刚才提到"智慧"一词，请问在你心中什么样的老师才算有智慧？

D老师：唯一的一点——终极目标。就是根据孩子的发展能够捕捉到课堂生成的东西进而调整自己的教学，来……（她停下来，深思着）怎么说呢？来达到这种终极的东西。改变的原因是什么？比如说，上课就是该讲这点东西，你该讲到的、点到的、达到的要求，但是课上有可能出现了更重要的东西，你就会调整它。但这种情况如果是公开课，他们就不会调整。其实，如果是公开课，生成的东西被老师"揪住"不放，根据老师的智慧来引导、点化，还是不离这节课的终极目标的。

笔者：就是"随心所欲不逾矩"的状态出现了，是吗？

D老师：嗯。嗯。（似乎仍沉浸在对"智慧"的思考中）你看着很散的，但是它都回归到一个"根"上，一个"本"上了。

笔者：那你认为这个"根"这个"本"到底指什么？

D老师：这个"根本"就是终极目标，就是学生的发展。"学生的发展"这个目标太大了。有的是知识层面的发展，有的是习惯层面的发展。比如说，有时上课回答问题时，学生站起来，"啪"凳子倒了。凳子发出很大的响声，它不是这节课要的东西。但凳子响了，就需要停下来（说着，她站了起来，原本我们是脸对脸坐着的），教孩子怎样放凳子，怎么不让凳子发出声音。因为凳子响了可能会影响到其他人。因为同样有人在上课，对不对，凳子"啪"地一响，就会影响到楼下的学生上课。如果凳子倒了，还可能会砸到别的同学。这时候，就可能要随时调整一下，讲课就可能停下来，要处理这件事儿。

笔者：就是说，这件事儿对于一个人来说，比今天讲的某个知识更重要。所以我们就先把知识搁置一下。

D老师：（坐了下来）但是我们处理完这件事以后，还要回归到教学上来。对于类似这样的突发事情，不要因为它不是我们知识教学的内容，就对它置之不理。（D老师陷入思考，停了下来，我静静地等着，没有说话）哎，对对，就是这样的——那天讲《水浒传》劫法场那一回……要根据孩子的表达，处理教学……（她陷入回忆。她的思维很跳跃。）备课，就考验着一个教师的素养。如果教师的素养不高，如果他把握不住，那就不会把握生成契机。

笔者：那教师怎样才能具备把握生成素养的能力？

D老师：比如《水浒传》，我讲了多少遍？（1997年我们成为同事时，她就已经在阅读教学上探索多年）现在是我退休前的最后一年，再讲《水浒传》，你说我还要不要看书了？我现在仍旧反复地听。以前是看，现在眼睛不好了，就听。

笔者：那就是说，教师要想驾驭课堂生成，就得不停地学习。

D老师：对！要不常言说，打铁还得自身硬！我感觉，只要不学习，对一个教师来说，你的课堂就不可能有精彩的生成，也不可能生成什么教学艺术，你就会被淘汰。

笔者：也就是说，讲《水浒传》对你来说已经是驾轻就熟的事了，但你还在反复地看，反复地听，坚持学习。

D老师：对！也许有人觉得我根本不需要看了，但是我还得看。阅读这种东西，随着自身阅历的变化，理解也在变。而且年龄大了，忘得多啊。所以要回头再捡。在分析某个人物之前，除了我自己看、听之外，我还会看看专家的观点，比如鲍鹏山。例如，李逵这个人物，他一旦认定了谁就会竭尽所能。看了鲍鹏山的观点，对比着思考，就会感到我又发现了新的东西，会改变一些。

笔者：你在教孩子阅读时，不仅看书中表现出的、自己感觉到的，还从专家学者那里借鉴，对照分析：我理解得好在哪儿？哪里还有问题？然后又把这种比较、反思的思维方式潜移默化地传递或影响学生，让他们也在阅读过程中、学习进程中不断地比较、思考，这样孩子的阅读就更加深入，收获就更多了，是吗？

D老师：对。我感觉咱们教孩子的根本不是知识，而是让他们如何动脑子，如何思考问题。这才是语文教学根本的东西。

笔者：是不是说，有的老师的局限就在于他只教知识，而没有教授方法、培养能力，所以他的影响就是短暂的，孩子们也不喜欢上这样的课。

D老师：对。但是，这样上课轻松啊，不需要动脑子啊。（声音突然降低了）这样上课只需要把握几个关键词，读读课文就行了。

笔者：嗯。所以有家长对这样的现象非常不满，也因此看不起小学老师。我们心健（综实）团队里有位老师说，有个家长在他们学校大门口训斥孩子："你要是不好好学习，长大就当小学老师！"这真是太悲催，也太需要反思了。

问题2：教师对学生的爱，怎么体现？

笔者：情绪是实实在在地存在着的，每时每刻都伴随着我们。能管理好自己情绪的老师，通过柔和的语气、眼神，也就是"我"的情绪状态让学生感到安全，让学生感受到"我"传递给他的那份情怀，才能让学生真正感受到老师对他的爱。从教育角度来说，情绪管理是教学艺术生成的心理基础？你觉得这个观点对吗？

D老师：对！而且兴奋时必须控制，还必须包容。有时你对有些人应该是以德报怨。当然，有时对方并不认可这种包容。你不是他，他到底是怎么想的，你也不知道。最根本的就是做好自己的事情，该怎么办还怎么办。

有一次，我每天让我们班的学生加强运动，班里有一个学生不乐意，我就跟他聊，告诉他"对我有意见就提"，孩子说没有。可那天，这个学生在微信圈里说："今天给老D上了一课，大获全胜。我今天要把老D气病，要让她去吃药。"那天我整晚失眠，血压一下子升到160mmHg。后来我就想，为啥不沟通？误解都源于缺乏沟通。

笔者：不过这也难免，不过就这么一个学生。

D老师：这个孩子很优秀，每天早上做早饭，还会摄影，还读了很多东西。他的唯一的问题在哪儿？

笔者：是不会感恩吗？

D老师：不，他妈不这么认为。他妈认为，他每天早上给外公外婆做饭……很懂事。他唯一的问题在哪儿？（边说边"啪"地拍了一下手）……但家长不配合。将来对这个孩子是一种伤害……他坐在哪儿，哪儿都会打架，跟谁坐在一起都不安生。最后怎么办？全班同学任他挑，他愿意跟谁坐都可以，可人家都不愿跟他坐。最后中队长说试试吧，结果又打。

笔者：是不是该去进行心理咨询……

五 研究结果与分析

D老师：（又拍了一下手）人家可不认为自己心理有什么问题！班里同学跑步，他说一群傻瓜、一群吸尘器。一下子把全班同学都得罪了。他家长不这么认为，认为孩子有个性。家长指责我："我的孩子从一年级到四年级都很优秀，为啥到你班上就变了。"对我来说，我的评价方式变了。我不以你的学习成绩评价好坏，而是以你的综合素质、你的整体发展来评价。

我接了这个班以后（声音再一次低了下去，几乎是耳语的）觉得很……（没听清）所以，我觉得十分苦恼的是，作为一位老师，如果你做不到公正，在小学都做不到公正……（声音渐渐高了起来）我不管你是天王老子，你只要到了这个班，你就是一般般的学生，每个学生都是一样的。无论你的父母是干啥的，无论你以前享受过什么特殊待遇……

笔者：但是，很多时候我们也无能为力。

D老师：对。有时候你会碰得头破血流。但你的这种素质是改变不了的。比如，这是唯一失落的事。（D老师也有所顾虑。有的孩子因为种种原因，虽然并不那么优秀但一直担任班干部。但是到了她这儿，她的评价标准变了，触及个别孩子和家长的利益，因此就像她这样"重量级"的教师也遇到了阻力。）

笔者：潜规则思维。有的人或许已经适应这种思维模式了。

D老师：对！到我这不适用。所有请吃饭，我统统不参与，送的卡统统退回。

笔者：所以无欲则刚。

D老师：有老师、家长评价我"这个人太傲了"。我对学生说，你们走向社会了，毕业了，吃什么我都敢跟你去。但是，现在不行！有两个老师跟着听我的课，课后老师们聊天。一个说D老师学不来，有老师问："咋学不来啊？""她把学生

157

当自己的孩子，你们谁能做到？"当时这话传进我耳朵里，我很震惊。

笔者：在你身上，我强烈地感受到了什么是全身心投入。没有全身心投入，是不可能产生智慧的。你的喜怒哀乐都和孩子们捆绑在一起。当教师对孩子的一切都无动于衷时，就会漠视课堂上育人方面的生成因素。听了你刚才所讲的事，你的血压升高也好，你烦恼或纠结也好，都和学生息息相关，根源都在学生身上。（好老师的故事，真该好好挖掘D老师的故事，我不由自主地想到。）

D老师：这是不由自主的。有人可能会说"神经病吧"。有时，不由自主地会制止自己看到的事，比如孩子横冲直撞或看到孩子趴在走廊上写作业，就会带着孩子敲门，把他送进班。假如我自己办学，我就抓基本的素质培养，让学生养成认真的习惯，只要认真，没有什么做不好的。你看，有些家长给孩子报那么多课外班，如果孩子内在不努力，统统是无效的。内驱力没有，一切都没用。枪头不用劲，枪杆儿用劲，有用吗？

第一次课堂观察：

时间：2015年4月16日（星期四）上午第四节课

地点：学校南教楼4楼五年级某班教室，学生69人

课题：评点《水浒传》

教学实录：

我搬着凳子坐在教室门口，在第一组第一个同学前面。

上课铃还没有响，我坐在那里静静地观察着进进出出的学生。有的孩子看到我，停下来，给我敬个队礼，向我问好。

上课铃刚一响，D老师突然走过来把我拉到讲台跟前，她站在讲台上，我站在台下面。她两手搭在我的肩头，身体贴着

我，下巴支在我的头上，笑着问同学们："你们猜，她是谁？"

（我非常意外。很快，就想到她真会挖掘教学资源。的确，教室里突然来了一个陌生人，孩子们肯定很好奇。D老师很体贴，一上课就先满足孩子们的好奇心，也印证了她的话，有一些事比教知识更重要。）

学生们一个个看着我，有的还偷偷笑着，但眼神里透着好奇。不一会儿，有几个孩子举起了手。

"老师，我觉得这位阿姨一定是你的好朋友。"

"为什么？"D老师问。

"因为你们很亲密。"

"你是从哪里判断出来的？"

"因为你们身体挨得非常近，不是好朋友不会这样的。"

"孩子，你很善于观察。"

还有的孩子依然好奇地看着我。

D老师笑着又问："你们是不是在想，老师的好朋友为什么要到我们教室里来？她是干什么的？她是就来这一次，还是……"D老师还没说完，很多孩子就忍不住回答："对！"（D老师真是太了解孩子了。我正想着，感到她捏了捏我的双肩对我说）"乖，你说说吧，我们班的孩子对你充满了好奇，满足一下他们的好奇心吧。"

（呵，做一次课堂观察，还把自己置于全班学生面前，真是出乎意料。看来我只得接住这个瞬间生成的"球"，毕竟我也是这节课的一个新生的教学资源。）

于是我做了简短的自我介绍，我的姓名、工作岗位以及此行的目的——完成博士学位论文，正在进行课堂研究，今天就是对D老师进行访谈和观课的。在我介绍的过程中，D老师在黑板上迅速写出了我的姓名。我说完了以后，她兴奋且自豪地说："阿姨厉害吧。我们以前是同事，现在依然是好朋友。我们都是小学老师，可她坚持学习，所以今天能读到博士。博士，了不起！在她身上，我感觉到了什么是执着！所以，你们要向刘老师学习（我的身份由阿姨转换成了老师）。好，我们谢谢刘老师！"孩子们对我报以热烈的掌声，眼神也由好奇转变成敬佩甚至崇拜。D老师在短短几分钟内营造出了积极向上、喜悦美好的情境，一个充满正能量的心理场，我也在几分钟内被全班的孩子接纳，和他们成为一家人。

我坐下之后，D老师迅速、响亮地击掌两次说："下面我们处理昨天的作业。先展开你们选的那两页，看到你们的心血，你们要展示的，你们就要竭尽所能来做，竭尽所能。就像刘老师那样，竭尽所能，就能成功。"（哈，还在挖掘我的教育资源。）

一位男学生站了起来，D老师快步走到那个男生旁边（D老师语速极快，手势很多，肢体语言、表情都非常丰富，并且动作很麻利），说："你选的是哪两页？说说理由。"

男生很激动地说："我选的是梁山好汉：李逵。"

"为什么？选择理由？"D老师盯着那个孩子。

（我感觉D老师气场很大，浑身充斥着能量，整个教室都在她的气场包裹之下。在这种强烈的气场中，师生都有很强的心理张力，非常投入，孩子们处于既紧张又兴奋的状态。我选择了用手机录拍，不再听具体内容，因为怕遗漏下任何一个细节，同时想重点关注课堂状态，还萌生了研究教师课堂情绪状态的念头。因为教学艺术性强的课，师生表现出的那种投入状态太吸引人了。这样的课，孩子们似乎被一种强大的力量吸住了，怎么会打瞌睡？怎么会分神？）

在学生分组讨论时，D老师来到我面前（我站起身来）对我说："怎么才能让孩子们明白在交往中需要赢得人心？我是想通过阅读，层层分析，引导学生明白，未来在社会上发展，得学会、培养交往能力。"（我脑子里瞬间涌现出"着眼长远"四个字。）

五 研究结果与分析

坐在教室后面的一个孩子站起来,分享他阅读《水浒传》选择的人物:宋江。

D老师问:"从宋江身上得到什么启示?"

紧接着D老师又说:"发过言的起立(她停了下来,20多个孩子刷地站起来)。好(她用手势示意学生坐下),没发言的还没读透,今晚抄写(什么?);明天习作《唯酒无量》。"

(在上课过程中评价发言情况并对后半段的发言提出要求,还分层次布置今天的作业和明天习作的内容,这样的节奏,这样的信息量,学生一旦分神,恐怕就要赶不上进度而且要做额外作业了。厉害!不按常理出牌,学生只能专心致志地投入才能避免多做作业或被动跟着学习。我感到有点紧张,D老师的投入和劲头,让我觉得不敢有丝毫马虎。学生发言量很大,范围很广,但D老师动作迅速,总是能很快地站到学生附近或近前,乃至一手揽着学生的肩膀,一手对着全班做手势,重述学生的话或用手势、眼神、表情对学生的回答做出评价。)

我没有仔细听学生的回答,只听D老师追问学生:"从宋江写反诗上发现了什么,得到了什么启示?"D老师从教室内侧通道快步走到外侧通道上,转眼闪到教室最后面(家长都想把孩子交给她带,直到再也塞不进学生为止。现在的孩子发育快,五年级已经身高体壮了,老式教学楼的教室面积都显得太小,69名学生把教室后面的通道全堵死了)。她追问那个男孩:"你还从宋江身上得到了什么?……什么方法……"(D老师背对着我,我只看到她的两只手在胸前来回比画着,一会儿右手臂又举到侧前方……)

在最后几分钟时间里,D老师开始布置作业:"发过言、没发过言的中午抄课文。补功课……重点在写法上。记作业:1. 常规复习,短歌行《观沧海》三阕;2. 准备习作《水浒传》两个主题,一是《唯酒无量》;二是《孩童般的李逵》,二选一;3. 读41回,546页到548页,听4回,50字内在

161

552页写40回至41回的主要内容（第3项作业不明白）。下课！"

（下课了，我的思绪还没有停止。一节课时间过得真快，师生高频度互动、学生思维运动量非常大。学生是那么投入，为什么？）

观课感受：

全身心投入是教学艺术生成的地基，而坚持不懈的学习则决定着教学艺术生成的高度。学生在课堂上为何那么投入？是缘于D老师的教学激情：D老师透过丰富的语调、手势、表情，通过快速的移动和她与孩子近距离的对话——重述、评价、追问，强烈地吸引着学生；是缘于D老师的教学水平：共同研读名著，师生聚焦在一处，孩子是初读或第一次精读，而老师已经读了几十年而且年年读并和专家对比着分析，理解得更透彻，孩子会为老师深度的掌握和深刻的理解所折服，佩服是油然而生而非强制的、外在的。老师这种钻研精神、学习劲头潜移默化地影响着学生，教学过程生动、鲜活。尽管没有当前强调的生生互动，但是师生对话密度大，有深度，张力十足。课堂教学艺术的"家族相似性"规律告诉我们，好课的DNA相同，但是外在表现方式又各有特色，极具个性。

第二次课堂观察。

时间：2015年4月22日（星期二）下午第一节课。

地点：学校南教楼4楼五年级某班教室。

课题：习作课。

教学实录：

14∶28，离预备铃响还有两分钟，我和D老师一起走进了教室。学生都已安坐在教室里，静静地看书。看来课前常规学生都自觉做到了。

我依旧在上次的位置上坐下来。

五 研究结果与分析

D老师站在讲台左侧,也就是靠门这边。她环顾了一下教室说:"把座位下的碎纸屑捡一捡。"教室已经打扫过了,还洒过水了,只是地上还有一些小纸屑。孩子们迅速地俯身捡拾自己座位附近的纸屑,又很快重新坐好。

D老师:"这一节是习作课。把习作本拿出来,还有红笔。"

学生动作迅速,东西摆好了。D老师响亮地击掌两次,同时宣布:"上课!桌子上只摆什么东西?"在站立着的孩子中,有的俯身往桌斗里放东西。很快,孩子们都站好了,教室里非常安静。学生看着D老师非常整齐地说"老师好!""请坐!"(我感觉,师生之间很默契。)

D老师:"要写小人物,有正能量的小人物。社会是由一个个小人物堆起来的。虽然说,历史在某些关头是由伟人推进的,但生活是由一个个小人物构成的。(我观察到D老师的移动路线:从讲台上→教室外侧走道中间→折回→走到里侧通道尽头→转过身。孩子们的关注点始终在老师身上,眼睛跟着老师的身体移动,老师转到后面时很多孩子也向后,看着他们的老师,师生眼神的互动频繁、紧密。我不禁想到:积极聆听的标志之一就是有眼神的交流。)这些小人物可以是送快递的,还可以是餐厅的服务员、卖菜的,等等。(D老师走回到通道中间)你写了什么?后面的同学。"(没有提问,没有举手,但她和某个孩子在进行眼神交流,注意到了孩子的回应。)

第一组也就是靠外侧走道倒数第二排的一个男生站了起来:"我写的是环卫工人。"(孩子回答时的声音不太大。)

D老师大声提示:"声音,声音,说具体点。"

紧接着,D老师举例:"每周三,修鞋的师傅都到学校(他爱人也在学校工作,她说的是他们家属院)……清理垃圾的、收废品的,每个月,固定的(时间),很多年。(在叙述过程中,D老师已经在教室里又走了一个来回,而且每次都要走到教室最后靠墙也就是后黑板那里略站一下再返回。移动之频、移动路线之长在其他课上很少见。）此外，送酸奶的、协管员，曾经有很多同学写学校门口的交通协管员，他声音哑哑的、沙沙的……就是这样的小人物，给我们的生活带来了很大的方便。谁，离得开这些小人物？谁，没见过？谁，没遇到过？请举手。

"这次习作几乎全军覆没（语调高了，声音铿锵）。有两个人，一个是（说出了一个名字），另一个是（又点了一个名字），两个女生——谁写的门卫，没有卡（小区入门的卡），不敢进？还有一个写的是公交车司机，（写公交车司机的学生）出门比平常晚了一点，很担心赶不上车，跑步到车站，远远看见车就停在那里，司机叔叔喊着：'赶快、赶快'。车上的奶奶说：'司机叔叔为了等你，已经等了一会儿。'你平常每天都坐这辆车？全班几十个人，只有3个人合格。4人小组讨论，看看问题出在哪儿了。"

孩子们讨论时，D老师走过来，小声和我交流。"这儿的孩子麻木了，看不到、关注不到这些小人物，从那个班到这个班……原来咱们学校的孩子虽然脑子是空的但生活阅历丰富，这儿的孩子并不一定比那儿的孩子成才。"（我们原来共事的学校在当时属于我们区第三世界的小学校，生源以都市村庄和做小生意、打工家庭的孩子为主。目前D老师来到了一所底蕴深厚的老牌名校，孩子以省级机关事业单位子弟为主。）

我追问："你的成才标准是什么？"

D老师："并不是看分数，是看怎么做人。"

小组讨论结束。D老师回到讲台前点评："有的孩子关注的是××（没听清楚）的人，而我们要关注的是正能量。为什么？"

生1："没细心观察生活。"

D老师："太大了。"

五　研究结果与分析

生1："只关注别人的缺点，没观察人家的优点。"

D老师："对。内心缺少阳光，不仅仅是不细心观察。"

生2："小人物太小了，不被人注意。"

D老师：（走到里侧过道中间）"是吗？"

生3："是人们不细心观察，不注意观察。"

D老师反问："如果学校门口有了新玩具，你会注意到吗？"

生3："是不感兴趣。"

生4："麻木了，没有好奇心。"（D老师在黑板上写出"麻木"两字。）

D老师追问："是枯竭了还是心中的情也没了？"

生5："觉得人家的付出是应该的，天经地义。"

D老师对这个学生说："你最该有'点'的，你最有内容可写，举例……"转而问全班同学：为什么对周边的人物观察不到？我们忽略的是……（停下来回到生5的习作中）你选择的是不是"最"有：

1. 内容可写。最能打动你的小人物；是一个人还是……

2. 得有感情，什么事打动了你？

3. 题目是什么？随机点评了几个题目，这几个题目、这几篇文章——重写。

学生进入写作状态，修改文章。

D老师搬了个凳子坐到我对面，笑着对我说她根本没备课。我说："挺好。你这样足够了。"她两眼放着光，激动地说："当你喜欢教学时，就会越来越喜欢教，越教……（没有说出来，我觉得应该是'越教越有成就感'）有的老师就内容而内容……（转移话题）俺班的学生，文章有5种读法，哇！完全不在一个层面（掩饰不住为自己的学生自豪）。"

有学生改好了文章。D老师又拍了两次手，说："停下来，你是不是找到了要写的小人物了？举手——"

学生双手把习作本递给了D老师。

D老师："28分。×××（学生的名字）好在哪儿？缺啥？《微笑面对每一天》命题方式有很多种。他……小吕叔叔，30岁左右，是不是语病。采用什么方式？——欲扬先抑。记不记得《灰雀鸟》（学过的一篇课文）？不要指责别人……家政工作人员。语言很碎，但整篇文章……要写出厨房、卫生间，他是怎么处理的。重新写。没跑题的原因是能抓住一个小人物。

"（看第二篇作文）题目是《请等一等我》……（看了一会儿）这个题目和后面的不相配，应该是《谢谢你，叔叔》。没关系的，不用重写。不过，这篇文章没有写好。要把自己的焦急、气喘吁吁地跑、跑上去，旁边的奶奶说的话……你上课时间、考试时间……写出来……

"（看第三篇作文）《一场回家的噩梦》改了——《噩梦醒来是早晨》。咱班同学写得啰唆。背景——门卡——没办好，第一次等，门卫叔叔问，等了几次后，他老远就帮你刷卡，让你进去……这篇文章重新组织。"

D老师停下来，专门讲题目：《门神》《红×哥，你在哪里》……然后又继续看第四篇作文："《情深深雨蒙蒙》，写下雨天，阿姨帮她。题目和琼瑶的小说一样，26分。副标题——一个小人物。哪能这样写？题目《阿姨，您在哪儿？》。（对全班）停下来，你没交我没改的——起立。（看着站起来的学生）这次习作按"0"分计算。每周一我改习作，每周（六、日）家长改一次。"

接下来，D老师板书，画出一个长方形框，上面画了两道横线。

D老师："左上角，括号里写'第二稿—小人物'。"说完，从讲台上走下来，查看学生是否按要求的格式书写。坐在第一组第一排也就是我旁边的那个白白胖胖的小男生，在作文本上空了一面，在新换的一页上写了"第二稿"……应该是第二次习作的位置。D老师一看，"唰"地一下，把那一页撕了下来，并厉声问："要不要空纸？把所有作业抄在新本上。"（下课铃响）然后转过身，对全班说："5分钟上趟厕所，上下楼没声音。（学生刚起身）停！等一会儿。记作业：1. 常规。（1）复习，《孙子兵法》一则；（2）背，142—143页，4首，上阕词。2. 昨天46回（指《水浒》），今天47回、48回，批注：一处人物，一处场面，一处环境，可以听。好，上洗手间。"

（我"惊魂未定"。看学生陆续走出教室，D老师也走出了教室，我就凑上前去，问那个满脸紧张的小男生："你的本子被撕了一页，你怕不怕？"那孩子小声点着头说："怕！"）

第二次访谈：

时间：2015年4月22日（星期二）下午第二节课15：25—15：55。

地点：学校南教楼4楼语文办公室。

背景：周二下午，该校五年级各班都是连着两节作文课。老师们都不在办公室。D老师班上的学生有写作任务。所以，D老师把我带到她的办公室。语文组办公室有两间，隔壁那间稍大，坐的人多，这间坐三位老师，她冲着门单独坐，另外两位老师面对面坐。不过，用的是"格子间"式的办公桌，彼此看不到对方。

访谈过程及具体内容：

问题1：你怎么看你在课堂上的爆发力？

笔者：你出教室后，我问那被你撕了一页作业本的小男孩害怕不害怕，他说怕……

D老师：（笑着）你知道那小孩是谁？别人我敢不敢？那小孩就是、就是天天跟着我吃饭，管我叫"姥姥"的。

笔者：（也笑）那你是选对象的。

D老师：（哈哈大笑）啊，啊。

笔者：那你看，你比一般老师在课堂上……

D老师：（不等我说完，插言）要厉害。要霸道。

笔者：（笑着）爆发力特别强。我就想知道，你怎么看你在课堂上的爆发？

D老师：爆发？

笔者：就是突然间爆发了，本来好像没有什么事。

D老师：就是突然间那种……

笔者：就是说，学生不知道老师下一秒钟会做什么。

D老师：俺班学生写过这样的文章，说"D老师总是捉摸不定，你总是拿不准老D在干吗"，当然他不是从这个角度写的。

笔者：我也有这种感觉。

D老师：正走着走着，我可能突然就拐了。

笔者：你的喜怒哀乐不在常规之中。

D老师：对。

笔者：就是不按常理出牌的感觉。

D老师：是！是！包括处理事情，就像在哪个位置写日期，在哪个位置写题目，在哪个位置写啥啥的，我总是讲，讲了一个学期马上就两个学期了，但这件事情，当说教了10遍、20遍，仍然不成形的时候，我就会采取强硬甚至体罚措施，对学生就会有不尊重的感觉。你觉不觉得？

笔者：爆发的前提是对学生要求很多遍都无效。

D老师：当说教无效的时候，你就会采取非正常的手段来解决问题。

笔者：就爆发了。

D老师：对，就爆发了。比如说，凳子，走时一定要放在桌子底下，要求了一个多星期，仍然有人做不到，怎么办呢？好了，不放凳子的同学给其他同学捐一本书，捐本课外阅读物，捐赠的书上要写'谁谁谁捐赠一本书'，这些书奖励给那些爱读书的孩子。这，就是惩罚，就是惩戒。哎，往往这很管用，比说教管用。再比如，一开始让拿两个本，这班学生阅读积极性不是很高，怎么办？就用奖励的方法。捐书，针对班上的具体事儿、具体情况奖励，开始十几个、二十几个。呀！现在有的同学读书读到"迷"的程度。

问题2：你在黑板上板书"麻木"，是觉得这个班很多孩子对小人物"麻木"？

D老师：不是，不是对小人物麻木，而是对周边的事物都麻木，对所有的事情都麻木，对别人付出的爱也麻木，全是麻木的。我就是带的"麻木"的一代，你觉不觉得？他对很多东西乃至父母对他的爱，都觉得是天经地义的。除了观察以外，都是熟视无睹。我感觉这不仅是观察问题。

笔者：所以你就引导孩子们观察小人物？这个主题是怎么产生的？是教材要求的，还是……

D老师：没有。小人物这个主题这么多年一直让学生写，每届学生都写，而且要写很长时间。目的是让学生明白，这些人生活在社会的最底层，仍然能开心地生活。让学生明白，即便你处在社会的最底层，生活依然快乐！选这个主题的目的就在于：只要学生能自食其力，就是对社会有贡献的人，而不是非要成为什么才、什么人。第一批写这个主题的孩子已经上大三了。当时写的是一组小人物。

笔者：10年前你为什么会选择这个角度？

D老师：当时从这个角度选的目的是啥？就是因为班里有个女生，那个小妞写了一个卖玉米的老奶奶，写得很细致。人家也不是很老，50多岁，靠卖玉米供养孩子上大学，而且她没有觉得辛苦，她很开心。呀！我们班上的这个小姑娘能从最基层的人身上看到这一点，很不容易。我们的学生终将要走上社会，没有几个人能成为大人物。虽然说，历史是伟人推进的，但是小人物支撑着整个社会，为社会生活带来了方便。我们的孩子可能99.999999%都难以成为大人物，但是你只要不看轻自己，能开开心心地生活，你就是成功者。而不是说，当你达不到某种目的时就灰心丧气。最起码得让孩子都开心地活着吧。

当时出于这样的考虑，才引导全班学生观察身边的小人物，写这些小人物。第二个考虑是孩子将来的生活问题。第三个是针对某种社会现象，比如说"你不好，将来你去扫大街"，谁说扫大街就不是光荣的事？谁说捡废品就不能生活？

其实，我觉得，语文教育、习作教学根本不是在教写作文、教习作……可能是我想得偏颇了。但我觉得是这样的。（没有再说什么，停了下来。）

笔者：这是否就是你跟有的老师不一样的地方，你的立意更深远。不单单按教材规定，按部就班地教学。中规中矩就不用思考太多，只要把教材教好就可以了。

D老师：但孩子不是说学多少知识的问题。将来孩子走向社会，怎样更好地融入社会、更好地生活，才是老师应该关注的最根本的问题。我感觉是这样的。

可能有的家长现在还没有清醒地认识到，不能理解这个问题。但是20—30年后，如果孩子在社会上成为动乱的帮凶啊，给社会带来负担，那时没人追究我这个小学教师的责任。但是很多问题就是在小学甚至在幼儿园……（她没说出来，我感觉她是指"埋下隐患的"。）你觉得是不是这样？（我看着她，没有说话，等待着。）

过去，我对"十年树木百年树人"没有那么深的感触。真的是这样的，这个东西没法考量，而且没法量化，眼前根本看不到。但是，我带过的孩子，我就敢保证：他少有犯罪的，他没有自杀的，不管是多捣蛋的孩子。

比如说，我们班有个孩子在教师节的时候，花了1.75万元给我买了件风衣。啥概念？他小时候是多捣蛋的孩子。他现在每年缴税1亿多元。当年，他真是张狂，但他没变坏。他在毕业10年后，跟几个同学到学校看我，一进门我就上下打量他，他小的时候换了多少学校，都没人要。当时大家都想，这个孩子要毁了。我带他到俺家吃饭，他把自己绑在凳子腿上，不想回家。那天他一进我的办公室，看到我打量他，就说："D老师，你是不是觉得我现在应该在'号'里？"我说："你太让我吃惊了！"接着几个孩子在那里闲聊，其中一个孩子开了个网吧，有点赌的意思。当时这个孩子说了那个孩子一句话，我知道他成人了。他说："那能碰？你想找事儿了吧。干点正事吧。"听他说了这句话，我坚信这孩子不会出事。

（D老师停了下来，陷入思考。我没有插话，只是静静地等待并看着她。）

有时候，我在想，家长买不买账、满意不满意，在学校根本看不出来。将来孩子走向社会，才知道，噢，在小学，最起码道德底线有了。咱没有那么伟大。就是想着，当妈妈的，你是不是希望咱自己的孩子这样做，是不是？如果每个老师都能站在母亲的角度为孩子考量，她会不会尽心？

那天，办公室有老师说："老D，你给说说，让我们也学学。"有老师说："你们学不会。"其他老师问"为啥？"那老师答："她是把学生当自己的孩子教的。"当时我也很震动。后来想想，大概是这样子的。

笔者：不是光为眼前教的知识负责而是为孩子的一辈子负责？

D老师：但现在谁考量这个呢？没人考量这个呀。你看看，有的家长也不理解。比如俺班孩子每天要跑步，跑15圈（学校的操场大概每圈100—150米），雾霾小的时候跑。但有的家长说了很多难听的话，说孩子成了吸尘器，信球（方言，就是傻的意思）。后来就不强求了，而且有雾霾也不跑了。刚开始，有的孩子跑3—4圈就受不了。现在能跑15圈。但也有家长很支持。今天还有家长打电话感谢我，她的孩子上初三，原来是我们班上的，说"老D，孩子中招体育达标，800米不仅跑下来了而且成绩不错，要不是在小学你天天让她们跑，现在根本不可能这样。"这孩子有心脏病，刚开始，跑着吐着，后来慢慢适应了。起初我们班跑步，其他老师都吓得不行，说这孩子有心脏病，别让她跑了。但家长支持。家长说："让孩子跑，出了事我负责。"刚开始，孩子受不了，跑两圈就吐，但一点点坚持，结果身体也好了很多，后来也能跑下来了。其实，根本就不是跑步的问题，是孩子做一件事要如何坚持的问题，是培养意志力的问题。

得让孩子明白，很多事，咬咬牙就能挺过来。咬咬牙，就过去了。跑步是这样，做任何事都是这样的。人生，就是"咬咬牙"的事儿。

访谈结束了。在整理访谈记录时，我想起当年看过D老师的教案，她的教案和别人的不一样，别人是本学期的进度——单元计划、课时计划，而她的教案是接手这个班后2—3年的整体规划、总体目标，然后是每一年的目标、每一个学期的目标以及单元和课时目标。感觉她是进行系统思考的。这些年来，她带了一届又一届学生，阅读教学一直是她孜孜追求的东西，她的课堂容量十分大，听起课来别说不会打瞌睡，而是稍一分心就会掉队。她个性很强，正如她所言，她的确厉害甚至霸道。但是她班上的学生总是跟别的班不一样，打扫卫生、站队、做操，给人的感觉都是"很规矩""很精神"。在众多学生中，她班上的学生一下子就能识别出来。

十多年前，省级教育报刊曾以"D××现象"为题召开了研讨

五 研究结果与分析

会。我当时曾经从《西游记》中"悟"的层次分析为何很多老师学D老师都学不像。那是因为,第一,她研究阅读,推荐给学生读的书她都读过,有的甚至读了很多遍,而有的老师只是推荐给学生读,她自己并没有读,更别提研读了;第二,她让学生读书不是放手不管而是全班聚焦、共同研读并进行深入讲评。我认为,学习她的阅读方法、达到她所具有的教学艺术水平,首先,需要经历"悟净""悟能"阶段,才可能达到她所处的"悟空"层次。也就是,首先要专心于教育教学工作,做到六根清净。其次,要坚持学习,不断总结、反思,不断提高教育教学能力并切实体验到教学所带来的成就感。D老师经过几十年的积淀,已经处于"悟空"的层次,即能看透教学现象,把握教学本质,不再局限于传授教材知识,而是用心育人。学习她,若未经历"净""能"阶段,就想一下子达到"空"的境界,岂不是空中楼阁、痴人说梦。当然,也正如D老师对自己的评价,她的确很"懒",因为她未能有志于理论探索,所以一直停留在"空"的层面,没有实现超越而达到"玄"的境界,也就是没有梳理出自己教育教学中所蕴含的规律,所以还没有成为教育家,未能在更大范围内发挥自己的影响力,彰显自己更大的引领价值。

D老师的教学故事和发展经历带给我很多感慨,恰如吉姆·柯林斯在《从优秀到卓越》中所讲的,"优秀是卓越"的大敌。教学艺术要想达到炉火纯青、启迪生命的境界,不仅需要自我几十年如一日地坚持实践、学习、反思、追问,还需要自我磨砺、修习、研读古今中外先贤智者的著作,穿越时空,与之对话、向其请教,更需要结合自己的实践经验验证百家理论并在此基础上研究教学艺术创生理论。这样,才能在课堂的田野上扎根、开花、结果;才能超越"空"的层次迈向"玄"的境界;才能终成一代教育家;才能超越时空,像孔子一样虽肉体离世两千多载而精神长存并将继续影响一代又一代的后来者。这就是对历史价值的追求。当教师的视野足够宽广,又能秉持胡塞尔所追求的"在一片新大陆的无径可寻的荒野中真正游荡着并拓植着一片片处女地"的探索精神时，那不仅对待所有的学生会爱得更深远、教得更智慧，还一定能跨越一道道专业成长的阶梯，攀登教学艺术的巅峰，从而超越时空，价值恒久弥远。

当然，通过对 D 老师的课堂观察和访谈，我们能看到，教学艺术虽然呈现在课堂上，但很多思考、功夫是下在课堂外的。作为一名全国优秀教师，她身上体现出的对教学的全身心投入，对学生的负责态度，对阅读教学的深入探索，都非常值得我们学习，这些是她教学艺术生成的源头和根本。

2. 体贴尊重，借力理论——助她成为省级名师

个案对象：L 老师，女，45 岁，教龄 26 年，省级名师。任教科学学科。

访谈时间：2015 年 6 月 5 日（星期五）上午 8：05—9：45

地点：学校南教楼 1 楼 L××名师工作室

背景介绍：一年前，我和 L 老师在担任某区招教面试评委的过程中恰好同居一室，不仅彼此认识，还聊过一晚。但当时并未探讨教学艺术问题。

访谈过程及具体内容：

问题 1：你的职业成长经历是怎么样的？

L 老师：我 1989 年幼师毕业被分配到幼儿园工作；1995 年调入新成立的艺术小学，教体育和音乐。（说到这儿，她对我笑笑。）其实，咱们挺有缘分的，当时我们办公室刚分来的小姑娘××也教体育，校长跟你联系，让她跟你学习。这姑娘总在我们办公室里谈到你，所以那时候我就知道你。1997 年我改教自然，2001 年改为教科学，从那时候到现在我一直教科学。2009 年被交流到现在这所学校，2014 年学校成立了以我的名字命名的名师工作室。

◆ 五 研究结果与分析 ◆

访谈了5分钟,刚了解了L老师的工作经历,她有个电话,笑着对我说了"抱歉、稍等"后,就边接听电话边走出教室。我从位于讲台里侧、靠窗户的她的办公桌旁起身,仔细观察科学教室兼办公室。教室里,摆放着7个学习小组的桌凳,桌子不是小课桌,是展台式的大桌。站在讲台上向下望去,7个小组大致分3排,第一排:靠两边的墙,两组各有两张桌子并排放着,前后和外侧坐人,我数了数,最多各坐12人;第二排:两头的桌子横放、中间的竖放,都是单桌,靠外侧的小组坐7人,中间的小组坐6人,靠里面的小组坐8人;第三排,靠近中间的两张桌子并排横放,两个小组,各坐8人。(从桌子摆放可知,课堂是小组合作式的。)

问题2:你怎么看待教学中教师的"情绪管理"问题?①

---

① L老师所在的学校恰在本书研究的问卷调查范围内,根据"个人信息"中的"学科""骨干"两项,就能帮我定位到L老师的问卷。其实在统计过程中,尤其在统计三个"开放性"问题时,她的问卷就深深地吸引了我。因为第2题"我最喜欢的一位教育家",她填的是"布鲁姆";而第3题"我最喜欢的一本书",她答的是《多多益善——倾听学习者解释》。说实话,我没有看过这本书。但对书名非常好奇,就在网上搜了一下,才知道该书是高等教育出版社2004年9月出版的研究性教学丛书。丛书主编是张华,由仲建维和宋时春翻译。原编者爱莉诺·达克沃斯(Eleanor Duckworth)是哈佛大学的教育学教授。以前曾是皮亚杰和英海尔德的学生。她教学的重点是帮助教师思考人们怎样学习,以及其他人能做什么来帮助学习。她在美国、欧洲、非洲、拉丁美洲和她的祖国加拿大从事课程开发、方案评价和教师教育工作。该书的内容是7位教师所记录的她们在各自学科中进行的研究性教学的故事以及对这种教学的反思与评论,而这些故事所涉及的学科包括科学、文学、地理、医学、政治和教学论,学习者则包括儿童、大学生及成人。书中还包括其中的两位作者对这种教学方式的反思和评论,全书反映的是教学和研究的模式。译者认为,该书对我国基础教育新课程的实施、教学研究的开展和教师自身的专业发展都具有重要的借鉴价值。此外,在进一步了解问卷的"封闭性"问题时,还发现对于老师们普遍感到的在教学艺术生成中最困难的四个问题——创设情境、情绪管理、积极聆听、教学机智,对L老师来说,基本不是问题。如在"教学机智"上,她认为"课堂上'极少'会出现令她手足无措难以应对的情景";又如在"积极聆听"上,她感觉"'极少'会因为一节课的时间那么短而没有时间听学生到底是怎么想的";再如在"情绪管理"上,她觉得"'偶尔'会出现一看见那些调皮捣蛋的孩子就会产生无名火的情况"。唯一困难的是,在"创设情境"上,她"经常"会感到"营造生动、鲜活、有意义的教学情景是挺难的"。基于以上综合因素,我特别想深入了解她在教学艺术生成方面的想法、做法。

175

L老师：从我的经历看，尤其是做了妈妈后，能更好地理解孩子了。时间长了，就会反思一些问题。其实刚开始也没思考过这个问题。事实上，老师喜欢干净的、聪明懂事的孩子。老师对不好（不干净、不聪明、不懂事）的孩子有情绪，跟班里人多也有关系。例如，研究表明，教师能控制的班额是25人，但现在一个班六七十人，就很难控制，容易出现问题，难免会迁怒于那些调皮的、脏兮兮的孩子。

我外甥的话，让我反思。他说："我们老师不喜欢我，因为她从来都不对我笑。"所以我觉得，对孩子温柔一点，孩子能真切地感受到。孩子对老师对他的态度非常敏感。我看过一篇文章，谈的是关于"暴戾"的话题，大概的意思是"暴戾"在教师群体中普遍存在。当然，教师的素质有差异，特别是一些年轻的还没有为人父母的教师，对孩子没耐心，更不要说爱心了。在这种前提下，他就会把自己的不良情绪发泄到孩子身上。而且全社会对情绪管理问题的认识也不一样。比如说中国的护士出了情绪问题，会被医院处分，而美国护士出了类似问题，医院会让她接受心理治疗。对比之后，我认为，更科学、更人文的做法才能解决（情绪）问题。

关于情绪管理，我建议：第一，对教师进行情绪管理的教育，并进行训练；第二，减少教师的任务，尽量消除所能承受的工作量与实际工作量之间的差距；第三，从精神上给教师一些抚慰，例如学校领导的关怀等；第四，建立互助支持小组，让做得好的老师引导其他人。例如，日本的工人下班后会集中在一起进行交流，包括扳子怎么放更省力这些我们觉得非常小的事。这，不就是教研、互助嘛。

领导（或许）没意识到情绪问题的存在与影响。情绪不好，影响课堂，恶性循环，影响工作。（现实中）对教师这方面的关注还不多。人们常说穷山恶水出刁民，其实，刁民悍妇和穷山恶水是配套的。但在实践中，关注到情绪的还是很少的。

感受1：在访谈中，觉得L老师有厚实的理论积淀，难怪她最喜欢的教育家是"布鲁姆"，最喜欢的书是《多多益善——倾听学习者解释》，这与普通教师是非常不同的。如前所述，有69.8%的老师最喜欢的书多是通俗类教育著作——感性强、理论少——很少看学术性强的理论著作。对于教学艺术问题，L老师不仅有独到见解而且早有思考。这一点，从她对情绪管理问题的认识及建议中就可管中窥豹。

问题3：你怎么看待课堂教学中的"积极聆听"问题？

L老师：第一，从学科角度出发。科学概念的建构是非常重要的，要先知道孩子已经知道了什么再开始教学。孩子对事物、现象是有自己的理解的。例如，上课时，有个孩子吃东西。下课后，我问他："你为什么上课时吃东西？你不知道我们不允许上课吃东西吗？"那孩子回答说："知道，但我想吃完后，赶紧用装食品的塑料袋去做实验。"再比如我儿子洒水的事。我儿子拿着洒水壶，不停地洒水。我问他："你这样浪费水，不好。水是不可再生资源，而且我们国家是个缺水的国家。"我儿子说："你说过，水可以蒸发，降下来又成了水。"有时候，我们会曲解孩子的意思。如果能听听孩子是怎么想的，老师可能会有新的发现。

第二，时间够不够用的问题。思维方式的培养、善于表达和勇气、让孩子感知到老师对他的关心、让孩子树立'我的想法很重要'的意识等，都是很重要的。其实，知识在小学阶段和中学相比真的是很浅的。我记得，我看过的一本书中有这样一段话："一个孩子的学习，不在于他能不能知道$2+3=5$，而在于他不知道$2+3=5$时，他愿不愿意去研究、去发现、去表达。"因此，良好的习惯很重要。

感受2：面对改革，很多老师常抱怨课时不够，进度受影响。

L老师告诉我们，进度问题的实质是教师意识中究竟以知识为重还是以学生发展为重的问题。

问题4：你怎么看待教师在课堂上的"教学机智"？

笔者：是什么原因使你感到"课上极少出现令你手足无措难以应对的情景？"

L老师：（笑了）我运气比较好，比较擅长借力。

笔者："借力"？怎么借？

L老师：应该说，首先，我是个比较擅长学习的人。刚上班的时候，还没那么爱学。有了孩子后，买了很多书。最初的想法很功利，很多书还没读，就过时了（孩子长大了）。但还是读了些。尝到甜头的时候，就开始自觉地读。名师考试，分析教育现象和教育细节的案例题时，就用到了书中的理论，结果考试成绩是"优秀"。读书，会让你发现自己的优势；学习，会增强自己的自信和能力。

其次，是26年的教龄。在这个过程中反思、反观自己，会提升得更快些。当然，这么多年也积累了很多案例，可能会遇到的问题也都遇到了，有相当的自信了。特别是在工作中得到很多肯定后，遇事会更从容，脑中会有很多预案。当然，心理状态对临场状态有影响。当你一旦紧张了，你就想不起太多预案了。倦怠还是会有的，保持不倦怠太不容易了，所以需要做一个调整（利用寒暑假）。

感受3：L老师爱学习且坚持学习，阅读范围比前面个案中的D老师范围广，教育教学理论著作所占的比重较大，又或许因为是教科学课程的，她说话很理性。

问题5：对于"创设情境"，你是如何思考和实践的？

L老师：最重要的是应用。问题解决，都是有情境的。这让我想起《别闹了，费曼先生》这本书。费曼是诺贝尔奖获得者。其中，在"倒立能不能尿尿"这个问题上，他和别人打赌，并且通过实验证明了"倒立可以尿尿"。他到巴西玩，看到那里重知识教学，知识很深、很难，但他用一个情境呈现问题，孩子学了很多知识却答不出来。也就是学了书本上的知识，但在具体的情境中却提取不出来。所以，我觉得，让孩子学会后能在生活中运用，才是终极目标。

（前文中 D 老师认为终极目标是"孩子的发展"，这里 L 老师认为终极目标是"让孩子学会知识后能在生活中运用"。她们一个教语文，一个教科学，都有关于终极目标的思考，且都不拘于当下的知识，立意深远。）

例如，学习"鱼鳍与鱼尾的作用"这一课时，最简单而直接的办法是剪掉鱼鳍和鱼尾，但这太不人道了，也不利于孩子的心理发展。可是又想让学生明白鱼鳍、鱼尾的作用，那怎么办？我就引导孩子："如果你的腿受伤了，不能动，怎么办？"学生回答"上夹板，打绷带"，孩子们有这样的生活经验。我又问："我们想研究鱼鳍和鱼尾的作用，又不想伤害鱼，怎么办？"在做实验时，学生们就给鱼打上绷带或夹板，结果发现，即使鱼鳍和鱼尾都不能动，鱼也是可以游动的，只是会偏。这样的发现，生动、鲜活，既解决了问题又引导孩子不伤害（人和物）。

又比如，学习"鉴别蛋白质"时，评价就是应用。买真丝产品时，老板让你烧烧丝线，这也是一个情境，既指向学习的知识又了解在生活中的应用。很多时候，创设情境就是生活中的情境在教学中的运用，它既是一个桥梁又是一个归宿。

记得市中心组在一次考试中有个问题——"你在教学中最成功的情境是什么？"说明大家对情境问题都很关注。（情境）有一种浸润作用。好比"耳朵听熟歌"。在学习中，有没有相关的、类似的（许多知识是相互联系的，都可以挖掘、利用）。

179

小时候学的知识都忘了，但活动还记得。其实，就是忘不掉那时候的情境。它提供了一种特别的非同一般的情境，所以才会记忆很深。

"有终极目标""尊重生命""坚持学习"是优秀教师在教育教学尤其是在教育艺术生成中所体现出的共同特点。访谈 L 老师只有一次，且因临近期末，学习内容结束，未进行课堂观察，尽管如此，依然带给我很多思考。从幼儿园到小学，且脱颖而出，成为省级名师，她所说的"借力"，即学习尤其是理论学习的作用至关重要。但大多数小学教师都在忙忙碌碌中渐渐远离了理论，上学时学的那点理论也随时间的流逝而面目模糊。她们慢慢坠入经验主义的泥潭。当然，也有很多爱读书的，但他们喜欢的是流行的通俗读物；小部分教师喜爱阅读古今中外文学名著，对教育教学也有独立思考，但都比较零碎、感性，在理论提升和运用理论指导实践方面比较欠缺。所以尽管有些老师带班、上课很有一套，可就是总结不出教学艺术，时间久了，就停留在经验层面难以向更高水平跃进。而很多老师早已习惯了这种状态，觉得这很正常、很自然。实际上，书上的理论只有在实践中转化成为自己的知识时才管用，也就是，实践中的理论与书本上的理论并不相等。因此，只有认识到理论的重要性，认真学习，并在实践中运用、检验，使静止的理论在意识里生动起来，才能形成属于自己的实践知识，这样的知识才是帮助教师提高教学艺术水平的有生命、有力量的知识。

由此我感到，理论学习与实践活动只有紧密结合，并以教师的意识为融合剂、催化剂，如对生命的尊重（引导孩子想出给鱼上夹板、打绷带这样的充满爱心的做法）、对人的理解（因为意识到"孩子对事物、现象是有自己的理解的"，才会产生"如果能听听孩子是怎么想的，老师可能会有新的发现"这样的认识，并在课堂上发现孩子违反课堂纪律并没有训斥、责罚，而是课后了解情况）、对教学的高度责任感（因为有"教学的终极目标是让孩子学会知识后能在生活中运用"的意识,所以才会想方设法联系生活、创设情境),以及对自身发展的不懈追求(反思自己,就会提升得更快),才能孕育出教学智慧,才会产生艺术化的课堂效果。

通过访谈,我越发觉得"名师"不是平白无故就成为名师的;教学艺术水平高的教师也不是无缘无故就拥有了驾轻就熟、轻松执教能力的。恰如歌中所唱到的那样:"不经历风雨怎能见彩虹,没有人能随随便便成功。"我们通常只看到优秀教师课堂上的精彩,但没有看到他们课堂外长年累月地坚持学习。这在 D 老师和 L 老师身上都存在。她们都爱读书,都坚持学习,都因之而对教学有终极思考,并在自己的课堂上以终极目标为导向,创造性地开展教育教学活动。

3. 自主变革,角色分化——助他成为省级名师

个案对象:S 老师,男,40 岁,教龄 20 年,数学高级教师。2010 年、2013 年被评为市第三、四届名师,2008 年被评为首届省级名师,2015 年再次被评为省级名师。现任教六年级数学并担任学校副校长,主抓全校教学工作。

S 老师和我是 2007—2008 年全区第二届教导主任培训班的同学。因学习周期较长,常一起上课,参加小组活动及网络论坛,交流较多,知道他一直很努力、很勤奋。其间,他还撰写并印刷了自己的教学经验集,收录的既有教学实录也有教学反思,还有教学故事等,因此在最近几年里,他的各类教育教学成果也越来越多。

课前简短交流——

时间:2015 年 6 月 9 日(星期二)上午第一节课前(7:55—8:05)。

地点:学校北教楼 1 楼副校长办公室。

课前 10 分钟的简短交流,算不上是真正的访谈,但却呈现出很多值得记录与分析的信息,能让我们从点滴之中了解 S 老师的状态。

我一走进他的办公室就发现扣在办公桌上的书是泰勒的《课程与教学原理》。看来在我进入办公室前，他正在读这本书。就着这一现象，我们简单地聊起来。S老师说，在师院给国培班教师做讲座时，觉得关于课程与教学方面有很多问题需要深入学习，就看了这本书。看完这一本，他还想读杜威的《民主主义与教育》。不过，在给学校老师推荐书目时，他列了10本书，可有的老师说根本看不懂。

我意识到前面个案中的L老师和本个案中的S老师至少有两个共同点：都是省级名师，都爱研读理论著作。这使我想到调查问卷中的开放题"我最喜欢的一本书"的调查数据，在被调查的1042名教师中，最爱读哲学、心理学与教学理论等书籍的分别仅为0.7%和3%。小学教师阅读类别上的差异与她们的学历、学科、教龄等不存在差异，但高级别名师和普通教师之间的确存在差异。从我自身经历来说，在阅读上主动亲近理论是在上过全国优质课之后，而迫切地渴望研读、积极主动寻求理论指导则是在带领教师开展全国课题研究之后。所以我认为，能否自觉研读学术理论著作尤其是经典著作是教师由经验型向专家型转变的一个重要标志。在某种程度上，也决定或制约着教学艺术能否生成甚至生成的层次。

课堂观察时间：2015年6月9日（星期二）上午第一节课（8：10—8：50）。

地点：学校北教楼3楼六年级某班教室，学生34人。

背景：S老师所在的学校是一所公办寄宿制小学，班额相对辖区走读制小学（如个案一中D老师执教的那个班），人数要少很多。

课题：复习图形；课前准备：小黑板8块，每个小组一盒粉笔。

教学实录：

我坐在教室门口，在第一组第一个同学前面，背靠着墙，侧身而坐。

S老师：回忆一下，小学阶段我们学过了哪些图形？

生1：正方形、长方形、梯形、平行四边形、圆形。

S老师：它们都是——（学生齐答）平面图形。

S老师：×××在回答问题时，看哪个小组最安静？比一比。

生2：还有正方体……

S老师追问：你能不能把学过的图形分分类？动脑筋，想一想你打算怎么分？

（班里陆续有几个学生举起了手。）

S老师（停顿片刻后）：小组讨论一下方法？

（两分钟小组讨论时，我仔细看了看，全班分8个小组，有两个小组是5人，其他都是4人。在小组讨论时，S老师在班里转着，深入小组中。）

S老师：讨论结束。眼睛看着我就行了。按你们的方法分一分，比一比，看哪个小组用的时间最短，动作最轻，声音最小。

（8：17—8：27）小组进行第二次活动。教室里很热闹。各小组把小黑板放在桌子上。我看到，有的女生已经提前准备好了抹布，当板擦用。看来，对这样的活动她们已经颇有经验。我站起身，观察学生小组活动。在我斜前方第二大组最前面的小组，4个人中有的扶着小黑板，有的拿着彩色粉笔在画。我在教室里转了一圈，发现小组分类形式各不相同。我脑子里闪过一个问题，这是34人的"小"班，如果是60人的"大"班，这种活动还能进行吗？如果进行的话，该怎样做才能顾及每个学生？——这，成为我课后访谈的一个主要问题。）

S老师：（8:27）组织教学，表扬第×小组声音最轻；其他小组，抓紧时间。

（S老师组织教学后，直到8:40都是小组活动。我和S老

183

师进行短暂交流。）

　　他说，他自己也在改变，因为以前像这样的复习，都是让学生在家里练习，从一年级到六年级都是这样。往常，在课堂上就是评选出好的分类方法，然后让学生练习。以前的方式省时间、效率高。但这学期临近期末，有的学生为了考民办学校，在校外上辅导班，不一定每次上课都在学校，而且学生感觉课外班的作业压力大。另外，学生感觉以往的复习课形式单一、没意思。所以这学期期末才改变为以小组合作的方式进行复习。这样做和以前相比，效率低。但学生提出：课堂合作虽然费时间但经历是全方位的。前两次的确不太好组织，第三次就好很多了。看来，是重视课堂效率还是尊重学生体验，是以教师讲授、学生静听为主还是以教师放手、学生活动为主，需要教师取舍，而取舍的根本是能否尊重学生的感受。这也是教师价值取向的直接反映。

　　S老师：（8:40）各组整理东西，回到自己的座位上。快一点。（有的小组开始收拾东西，但有的小组仍继续画着。）

　　S老师：（站在讲台上）把黑板先放下去，（看着某个小组）今天你们小组最差啊。（环视全班）坐直坐好。（组织教学用了4分钟。这也许就是活动课或者合作学习易放难收、效率低的一个表现吧。）

　　S老师：（8:44）先请第八小组展示。

　　第八小组的一位学生拿着小黑板走到讲台上。老师帮学生调整了站位，让学生站在黑板右侧边上侧对着大家，让全班既能看到成果又能看到讲解者。那位男学生落落大方地做讲解。讲毕，另外33名学生自发地报以掌声。

　　S老师：（站在讲台左侧，看着全班）有什么建议？有什么问题？

　　生3：他们的设计上空下挤。

　　展示的男生：因为是分块。

五 研究结果与分析

生4：他们把虚线画成实线了（立体图形）。

第二个展示的是第四小组。在学生代表讲解前，S老师说："你先别讲，看大家听了没有。（待教室安静下来，笑着对即将展示的学生）现在你就是小老师了。"

第四小组的讲解员也是一位男生，他站在讲台右侧，讲解他们小组在小黑板上的图形分类。

S老师：平面、立体能否再分类？例如，按线的曲直、线的多少，再按角的特征，就会抓住本质的特征。建议修改一下，展示在走廊上。

课后采访学生。

时间：2015年6月9日（星期二）上午第一节课间。

地点：学校北教楼3楼六年级某班教室外，走廊上。

背景：八个小组陆续将各自的小黑板提到教室外，从前门靠外墙依次向后摆放，展示在走廊上。班里的学生也纷纷驻足在小黑板前，相互观摩。虽然下课了，但又像仍在课堂活动中。笔者随机找了几个学生进行课后访谈。

问题1：对你们小组的作品满意吗？为什么？

学生：我对我们小组的作品不太满意。因为分得过于简单了。只分了平面与立体两种。我觉得可以更加细分，可以根据线，根据面，根据点，根据图形进行更细的划分。而且平面和立体之间是有一定关系的，我们没有把这种关系体现出来，所以我觉得不是太满意。下节课应该会改进一些。

问题2：在你们小组合作的过程中，你承担什么角色？

学生：我就画了花边，就是美化，再就是讲一下，比如什么是平面啊什么的。

笔者：那你们是怎么分工的？

学生：我们就是：×××负责（另一学生插话说，他就是个"打酱油的"）……（这个学生笑笑接着说）×××负责画图形、立体图形，我就是负责美化，×××负责绘画，然后××负责涂色。我们先一块儿思考、讨论，设计怎么分（类），然后就分工，一块儿完成。

笔者：你觉得现在的课堂和以前有什么不一样吗？

学生：以前就是老师（讲），比较枯燥，我觉得S老师的课堂非常灵活，像上次还把我们带到操场上，进行课外（教室外）作业。

笔者：你更喜欢哪种上课方式？

学生：（不假思索地）"第二种。"

笔者："第二种"是指——

学生：就是S老师上课的这种（方式）。

笔者：但是这种方式有的时候一放开就收不住，就像刚才，最后——

其他学生插话：就乱了。

笔者：对。你觉得有什么好的办法可以解决吗？

学生：我觉得可以增强对学习的兴趣，如果都投入学习中去了，就不会像现在这样乱了。

笔者：（笑着问围在跟前的几个孩子）听S老师说，以前像这样的图形分类啊什么的，你们都是在家里自己画好，独立完成，而不像现在这样是通过小组合作完成的。现在有了这种合作过程，感觉怎么样？

一个男生：挺好的。因为同学可以一起思考，避免出错。

笔者：（看着几个学生，追问那个男生）课上，S老师评价上去展示的那个同学"现在，你就是小老师了"，你对同学承担小老师的角色有什么看法？

男生：（思考了一下）感觉就是跟大人一样，比较自由，可以更加有自主性。

  这个男生回答时旁边的另一个男生挤着他，看样子非常想和我交流，我就又笑着问他："你是不是想让我问你'你们俩是一组的吗？'"那个男生抿着嘴，笑着点点头，并告诉我他们是第四小组的。我笑着问："那你叫什么名字啊？""×××。"我笑着对孩子们说："谢谢！"

学生们的热情、坦诚令我很感动很难忘。课间的时间很短暂，不能继续深入地和学生开心畅聊也令我遗憾。不过，第二天我看到S老师发布在区教育信息网上的一则关于这节课的新闻，在某种程度上弥补了一些缺憾。新闻摘录如下：

我喜欢这样的复习

  发布：2015-06-10　12：36 | 作者：S× | 来源：×校 | 查看：317次 | 打印

  本文来自××××××原文链接：http://www.jsedu.net.cn/html/gxdt/jinshuiqushiyanxiaoxue/ks_47368.html

  在期末复习的时候，如何充分调动学生复习的积极性，如何将期末复习做得有趣，深受学生喜爱呢？我们教研组一直在思考、研究这样的问题。

  我校数学教研组从本学期初开始聚焦"读懂学生"的系列研究，从好书推荐到教育故事分享，再到教育教学问题的研讨，我们都聚焦"读懂学生"。通过一学期的研究和分享，我们对读懂学生有了一些理解和探索，但真正走进学生的内心世界，真正读懂学生还需要不断努力。本次期末复习就是基于读懂学生，在前期进行广泛座谈、调研之上进行的。

  在期末复习的课堂上，教师引导学生对所学内容先进行思考和梳理；然后在小组内交流自己的整理方法；接着以小组为单位进行知识整理，体现团队的智慧；最后进行整理成果的分享和相关练习。在这样的课堂上，师生都感受到了分享的快乐，这样的复习课可以使师生一起成长。学生进行整理汇报的过程就是梳理的过程，教师相机点拨更有利于学生进行深度思考，在生生、师生互动中把课堂一步步推向深入。

"我喜欢这样的整理复习！""这样的整理很有趣！""我在整理的过程中有了新的收获。""整理，不仅是梳理自己的思考，而且集中了团队的智慧"……这样的复习课，学生喜欢，我们快乐，真正让复习课变得有趣而生动。当我们读懂了学生，关注了学生真实的想法，课堂教学就会有效。读懂学生，我们一起思考。

课后访谈 S 老师。
时间：2015 年 6 月 9 日（星期二）9：05—10：40。
地点：学校北教楼 1 楼副校长办公室。
访谈过程及具体内容：
问题 1：是什么原因让你改变了课堂教学的方式？

S 老师：其实想法很简单。可能这个改变时间稍微短了些，但是我看还是有些成效了。因为学生要想在小组内分享的话，得先有自己的思考。所以事先得留给学生一些思考的时间，就是我打算怎么把这些图形进行分类，怎么做才能把它们分清楚，找到它们的本质属性，怎么做才能理清知识的脉络。当然，下一节课我可能会强调图形之间内在的本质联系，效果会更好一些。那么，（刚才上课时）我看到有几个孩子已经有了些想法，但是其他孩子还在静静地思考，因此就等了一会儿。我看孩子们的表情，感觉还在思考中，我就在班里转了一转。这时的交流和碰撞有个目的，就是有时我的想法可能比较狭隘，或者说，有的时候我会站到我的角度来思考，可能疏忽了某些方面或者有某些遗漏，这个时候和学生交流碰撞就会起到补充和完善的作用。可能有的时候，我的想法太简单，那这种交流就会促使我深入思考。这个交流的目的就是要达成一个共识，或者我们每个人都有不同的观点，4个人在分享之后要达成一个统一的观点，因为我们要整理出一份小组的作品，这样就会出现既有共性又有个性的内容，在这个过程中进行展现。也就是说，后来为什么有的小组最后没有整理完，其核心就在于前期准备工作做得还不是太充分。就是说，他们没有达成一个共性的东西。包括我们看到的，有的学生是游离在小组之外的，虽然他也参与了，但是他没有深度参与。在过程中你能感受到，这个孩子游离在小组之外，他好像不是这个团队中的一个成员一样，他不为这个团队贡献他自己的智慧。

笔者：所以刚开始上课，你在提出问题后，让学生静静地想一想，有了个人思考，然后再回到小组里进行交流和碰撞——原来是这样的，可能我理解得还不太一样，我想着是不是……这个时候老师看到举手的学生很少，还没有想透彻，就让他们在交流碰撞中促进思考。

问题2：现在班里是34个人，分8个小组，班级人数多了怎么办？比如说68个人，还能这样进行小组合作吗？另外，这是复习课，如果是新授课又怎么办？

S老师：我觉得是这样的，（略作思考）很多老师也向我提出过这样的问题。其实，我做的不仅是这些，因为这是复习课，若是新授课，还有其他的做法。我先说说我的想法吧。其实，这两年我们所倡导的、所做的就是：第一，课堂上学生的学习和教师的交流是有机结合在一起的，是一种分享，这个过程是互相促进的。原来我觉得，因为有十几年的教龄，教学应该没有问题，但这两年站到课堂上，我觉得自己需要提高的东西真的是越来越多。我觉得在课堂上真的是和孩子共同成长的。第二，每次上课时我都会带上这个东西（相机），我要把孩子最精彩的一些东西留下来。另外也促使我反思了很多东西，包括孩子的板书这些内容都要留下来；第三，我不留任何家庭作业，就是一定要向课堂要效率、要质量。

说完这些，我再回答你的问题。

我课堂上先做的就是：自学5分钟、小组交流10分钟，展示5—10分钟，就OK了。后面是基本练习，之后就是课堂作业。在基本练习的时候，我会做一件事情——关注，因为这个班是我自己的孩子（按：自己带了一年以上的班），我对每个孩子的情况非常了解，程度弱的孩子，会走近他看——今天讲的内容是不是完成了。如果程度最差的一个孩子都能非常好地完成教学任务的话，那我再看看中等的孩子有问题没有，好的就不用再看了。程度好的孩子绝对没有问题。这样，把教学目标落实在最差的一个孩子身上，这节课就没有什么事情了。那剩下的事情就是完成课堂作业，完成家庭作业。课堂作业我会面批，家庭作业基本上当堂都能完成，就是剩下的一两个孩子下午也能把家庭作业交给我。

孩子在课堂上完成了家庭作业，回到家就不用再做了。这样，如果说有家庭作业的话，主要就是两种或两类。第一个是短周期的，我会列出数学阅读书单，今天刚好把阅读书单发下去了，让孩子去阅读，在这个过程中提高孩子的数学素养，这是我坚持做的一件事情，基本上是每天都要做的；第二个就是长周期的作业，我会告诉孩子的：我们要研究小数发展史，要在这一个月或半个月内做一个小的研究报告。那你就得想想，噢，怎么去查找相关资料，查找相关资料的途径有很多，可以查阅书籍也可以查阅网络，还可以咨询数学界的专家，等等。尽管查找方式多样，但最后他要形成一个自己关于小数发展的研究报告，报告的内容可能很简单，但孩子在梳理的过程中就会得到一种启示，包括对他学习数学的自信心、成就感，包括学习数学的情感态度、价值观就会得到发展。所以在后面，还会有一个内容，就是有的孩子（学习程度好的学生）——真的，孩子的差异特别大——在课堂上完成了家庭作业，他就没有事情干了。所以每节课我都会结合本节课的内容，找两道拓展性比较强的题，用 ppt 呈现出来。家庭作业做完的孩子，可以思考难度比较大的题目，让程度不同的孩子在课堂上得到差异化发展。（程度）好的孩子可能就把屏幕上很难的题解决掉了，中等的孩子可能在课堂上写完了家庭作业，程度差的孩子家庭作业可能在课堂上快写完了，课后再稍微花点时间也就完成作业了。这个过程能满足孩子多元化发展的需要。

你刚才问的问题，有很多老师也问过，即这种方法小班可以，30 多本作业面批，一会儿就批完了，大班行吗？没有什么问题。那么大班怎么做呢？

我有两种方法。因为我也只是试了一部分学校，没有像这样比较系统的每节课都做。大家觉得 30 多个人的班小，其实有时候也是照顾不过来的。所以，有时在课堂上我也会这样做，就是，第一种策略，让先完成作业的小组去指导完成慢的小组，可以帮助我（按："我"指学生）最要好的小伙伴，或者是我觉得需要帮助的小组。这个过程中可以有协商，别的小组愿意让你帮助而你也乐意去帮助；第二种策略，在小组比较多的时候，一种方式就是实行小组长负责制。比如课堂作业，可能我要改几十本作业，就没有那么多时间，那我就改 16 个小组长的作业，这样就快了很多，就没有问题了。5 分钟就把小组长的作业改完了，因为每个人只有两三道题，那么小组长再去检查其他同学的作业，这样就能真正照顾到每个孩子的差异，这样就更好了。还有一种方式，比如有 16 个小组，可以让 4 个小组先在大组进行交流。大组交流的目的就是：第一，我先熟悉一下 4 个小组成果展示的态势，第二，我评价一下哪个组比较好一些。那么，在4个大组（组内）交流完之后，可以选出大组里比较优秀的在全班分享。那4个小组的成果在全班分享的话问题就不大了，对吧？如果还有困难或还有时间的话，那就把16个小组的作品都展示出来。因为已经重点分享了4个小组的成果，再看其他12个小组的成果，也能进一步学习，学到一些经验，会更好一些。

笔者：小组分享时一般是由学生来阐述自己的观点，如果其他学生提出质疑或提出建议呢？

S老师：其实最理想的状态就是：第一，这个孩子在讲的时候，对能在黑板上呈现得非常清楚的内容就不需要再啰唆了，包括补充，补充时也是这样。就是别人讲过的内容我不重复说。第二，就是它包括两块评价：一是好在哪里，指出一点就行；二是提一个建议。这样的话会更好一些。

笔者：如果黑板上已经呈现的就不用再讲或补充了，但是呈现出来的要评价。

S老师：也就是说，别人看清楚的就不需要再啰唆了。如果需要说的话，就要说我是基于怎样的一种想法，比如分类，我是怎么分的？为什么我分的和你分的不一样？因为我的想法和你不一样，我的分类标准也不一样。所以，要说这些东西。

笔者：能看清楚的就不再讲了。看不清楚或有差异的要把自己的思考讲出来。

S老师：对。如果真的需要改进的话，就是有一点，一定是最核心的东西。因为这节课是6年级的总复习，我觉得没有什么问题，所以让他们这样做。

问题3：课上，两个小组展示完后，你提出了一个更高的、更深层次的思考。那个小孩在跟我聊的时候，他也意识到了这个问题。那这时候，老师在做什么？在整个学习中老师又起什么作用？

五 研究结果与分析

S老师：说实话，这件事情我做了将近15年，我到这所学校后，就把自己的思考、自己的做法、自己的课堂全部贡献出来了，我觉得这个学校很多老师比我做得还好，还优秀。因为他们是基于我的研究做的，我现在很多东西真的没有他们做得好。虽然我做的时间很长，但成果经验的分享和借鉴真的很重要。这里就有一个重要问题，就是在这样的课堂上教师的角色定位到底是什么？

我觉得，体现更多的是一个引领者。孩子在这个过程中——我一直倡导的一个观念，可能比较弱智啊，有的很功利的人都不是很赞同，但我却很赞同——在他知识整理的过程中，在我眼中没有好坏，也没有优劣，只不过是不同的结果呈现而已。只要他思考并做了，就比什么都重要。这是在我眼里最重要的东西！所以我一直鼓励孩子去做这种基于他思考的整理。对那种整理的过程，我们可能觉得很荒诞，很没有逻辑，但对于孩子来说，走进孩子的思维世界再去看这些东西的时候，你就会发现很多十分有趣的东西，真的是这样的。我们原来总是想啊，这个东西这样整理多好啊，老师给出的东西多清楚啊，但为什么对这么清楚的东西学生就是不接受？就是因为在学生那儿在学生的思维里他不认同这种东西。为什么？因为你和他没有找到一个契合点和共鸣点。所以在这里，学生用他们的思维世界去评判成人的世界的时候常会有差异。为什么会有这种差异呢？就是因为，我们不在一个层次上思考问题。所以在这个过程中，我觉得，老师要抓住孩子想做但又没有做成，他试图想要迸发出一种观点但又没有形成成熟观点之机，就像这个窗户纸一样，在他好像似懂非懂又似通非通的时候，你在这个地方"点"他一下，他就会"噢——我怎么没有想到这个问题？"他会有一种共鸣感。就是说，他这次做了可能没有做到，但是这种经历、这种人生体验，我想，是能够丰富他

193

的，让他下次在做的时候会注意到这些东西，我觉得就会更好一些。

笔者：这就是启发式教学。

S老师笑道：没有，没有。这两年，我一直试着"读懂学生"。我觉得，对我来说"读懂学生"太难了！真的太难了！就说你找到这个点——他的学习和你的教学的共鸣点——如果这个点你找到了，真的很容易。但是，却始终找不到这个点。在这个点上，教和学结合的点上——你的角色定位既不越位，他的主体学习作用又能发挥得很好，这个点真的很难找。这个平衡的地方，即这个点，说起来简单，就是一个杠杆，找到中间的支点即可。但是在实际操作过程中，在运作的时候，尤其是面对差异很大的孩子时，要找到这个点真的很难。

你看今天的课堂，可能在很多人看来真的是乱七八糟的。但是我喜欢这种乱，我曾经写了一篇博文《我的课堂，真的很乱！》。对这个乱，只要每个孩子在这个过程中思考了，做了，哪怕声音大一点，我也是允许的。我想，远比让他抱臂坐直但他什么也没听，你讲完了他什么也不会要好。那才是最要命的事情！你不知道孩子在想什么，孩子不知道你在讲什么，这样的事情真的很糟糕。

（讲到这里，S老师停了20—30秒。笔者没有插话，静静地看着他，等待着……）

如果，我们都看到孩子在课堂上表现得很好，坐得很好，什么都很好，但就是没有思考，这对我来说，我接受不了。我更倡导孩子在课堂上能够积极思考。真的是这样的。我是教数学的，我觉得最重要的一点，包括我的个人阅读，和语文阅读有着本质的区别，就是一定要在思考中阅读，在阅读中思考。这是最重要的。他一定要在阅读中积淀，丰富他的智力生活。在这个过程中，让他有这种人生积淀。

笔者：也就是说，有时候，如果老师只从知识出发，把这些知识教给你（按："你"指学生）了，至于你接受多少，那是你的事儿，跟我无关。这时，他讲起课来，就要求孩子静听，越乖越好。因为，那很省力，把东西教完就行了。至于效果怎么样，他就不会再去追问了。在这样的课堂上，孩子没有什么收获，能力的发展、情感升华也都不存在。

S老师：我为什么顶着这么大的压力去做这件事情？我也知道，不这样做我会轻松一些。我们都是当老师的，教这点东西，真的，我觉得是蛮轻松的，挑战性不是很大。但是现在我这样做，挑战性真的很大。因为你不知道孩子要说什么，你怎么去接他的话。也就是要把传过来的球，给接住了。我这样做是受到两件事情的触动：第一件事情是有一年——我教一个班，原则上只教一年，因为我知道我这个人毛病太多，缺点太多，当然优点也很多。但我一般在接触学生的时候，包括接触一个人的时候可能会古板一些，正能量可能会稍微多一点，慢慢可能就会越来越多，所以我原则上只教一年，在一年的时间里，学生足以从我身上学到很多。所以，我最后布置给学生的一项作业总是写写《我最难忘的一节课》。结果，孩子们都写什么呢？有99.5%的学生都写我很得意的一件事，就是我课上得怎么好，S老师讲得怎么好，多幽默，多有意思。我很得意，就把学生们写的东西贴出来了。但是有一年，在把作业全部收上来之后，我彻底崩溃了，我无语了。我原本想，这个班也教了一年了，学生们也会像以前的学生那样，又写我教课怎么怎么好。但是，没有一个学生写我，我可难受、可伤心了。学生都写了什么呢？写他最难忘的是：他上讲台了，低着头，拿着书，不敢看大家，自己都不知道自己讲了什么，到后来他站到讲台上，能很自信地讲、分享他自己的观点了，这是他最难忘的。他真的很难忘！这真的太重要了！后来我又很自豪，就把这打出来摆进我的博客。我觉得，给学生一个自信的人生，敢于展现自我，远比我教会他$1+1=2$重要得多。这是对我触动最大的一件事情！是让我改变我的课堂、改变我的教学的一件很重要的事情。我觉得，学生能够自信地站在讲台上，自信地分享他的观点、分享他的思考，这，才是我要追求的。这是一件比较大的事情。

第二件很重要的事情是有一些题老错，在数学上这是很正常的。虽然我也采用了很多方式，比如我常对学生讲，有智慧的学生从来不在一个地方跌倒。如果，你今天在这个地方跌倒，明天还在这个地方跌倒，那你指定不聪明，因为你不会反思：我为什么会在这个地方跌倒？对吧。然而，虽然采取了很多策略，但是错题还是要讲的。讲完之后呢，有些学生还是错。我那天太生气了！我讲了好多遍，还是有错。你不是老错吗？我就让那个学生上来讲，这个学生很淘的。结果，这个学生居然讲正确了。因为他在本子上又写错了一遍，所以我就让他讲。哎，但他讲正确了。讲完后，他还提醒大家："同学们不要像我一样，我就经常在这里出错。"嘿，后来发现，这题学生都会了，包括期末测试这类题基本都不错了。我就很奇怪，就问大家：为什么这道题原来我们班以前总是出错而现在却不错了。你猜学生怎么说："因为那谁都讲过了，我们就不能再错了。"我就又问："那 S 老师也讲了，而且讲的遍数比他多呀，为什么 S 老师讲了那么多遍你们还错？"后来，我突然就发现，学生教学生和你教学生是不一样的。所以，后来在课堂上我就增加了很多学生间的交流互动，包括悄悄地交流。其实，学生用学生的话交流和你跟学生交流的效果并不一样，学生间的交流事半功倍。所以，我这两年更多的是借助学生的力量去帮助学生。也许，可能比我帮助他效果要好得多。

所以，这两件事情改变了我太多的想法，慢慢地在我脑子里沉淀，慢慢地让我去改变、去做。有时，我也很痛苦，这样做到底对不对？很纠结。因为我觉得，如果遇到很宽容、很包容的人，他可能会接受课堂的"乱"。你也看到了，S 老师的课堂怎么会有这么多的问题啊？但是，只有不断地做才会有问题，不做的时候绝对不会有任何问题。如果你改变你的课堂教学的行为方式，就会产生一系列问题。但如果我们故步自封，采用我们认为非常好的方式呈现给别人的时候，可能这节课没有任何问题，坐在后面听课的人也不知道学生的情况怎么样。你今天坐的位置，我是非常欣赏的，很多时候我也会坐在这样的位置上听课，因为能看到学生，看到他的表情。因此，很重要的一点就是在做的过程中会产生很多问题。另外一点就是，我觉得，这节课如果完美无缺，只能说明两点：第一是这样的课没有必要再上了，因为学生都会，你还上它做什么？你是表演给人看的，老师看这样的课有什么应用价值？第二是你屏蔽了很多要出现的问题，你屏蔽掉了问题，听课老师听不到那些问题，但是，这些问题在孩子的思维世界里永远是存在的，他老纠结这些问题。如果你不解决它，在后续的课堂上、在后续的学习中他还会纠结这些问题。所以在课堂上我会挖掘，会处理。帮助一个学生，可能就帮了这一类学生，这一类学生想明白了，包括作业甚至日后的学习就都没问题了。这样的课堂可能不完美，可能浪费了太多时间，但是对这一类学生来说真的太重要了。这些学生最起码思考清楚了。

对S老师的访谈结束后，我对教学艺术有了不同以往的思考。S老师的课堂，可能已经颠覆了我们对传统的教学艺术的理解。这也如他所言，作为市级、省级名师，因为他的课不符合"优质课"的评比标准，所以在他2014年获得区"金硕杯"（全区35岁以上教师的优质课比赛）之前，他从未在教研部门的优质课大赛上获过奖。当谈到这一点时，S老师觉得自己不是名师专业成长"轨迹"上的那个点，是"轨迹"外的，并自嘲是"野地里的南瓜"。但是他坚持并坚信着自己的想法，而且一直上着课，一直和学生在一起。他觉得自己的"长板"是写作，因为已经发了200多篇文章，但"短板"是上课不行。① 所以，2008年他的反思集出来的时候，很多人才发现"这个人怎么会有这么多东西"。但是，一位退休的教研室主任曾说："你上的都是'常态课'。"尽管老师都觉得这种方式很好，但是所有评委都不认可。不过，他觉得自己在国家级课改首批实验区工作是非常幸运的，因为这里很包容，允许多种风格并存。

　　由此，我不禁想到：我们是否应该反思优质课的评价标准？是否应该追问专家对教师课堂教学的评价是否存在问题？是否需要站在学生学习的角度思考教师的"教"？另外，S老师能够成为名师，是否也在某种程度上表明在更高层面，对于课堂变革、对于教师的教学行为变革是认可、支持、鼓励的。当然，这样就出现了落差，就是基层专家如教研员与理论专家对一线教师的课堂教学在当前或此前相当长一段时间内存在着评价标准的差别。

　　我认为，这是一个非常值得研究的问题。例如，优质课评比的标准有哪些变化？哪些方面存在差异？是什么原因导致了差异？如今在哪些方面达成了共识？这些共识体现出大家对课堂教学的认识发生了哪些变化？以及这些共识能否不断延展、扩大，真正引领一线教师变革课堂教学行为？等等。

　　很有意思或者巧合的是，当天上午我采访了S老师，在下午召开的全区综合实践活动论坛暨研究性学习培训中，一位骨干教师分享的"全国综合实践活动课程年会"——一位美国教师现场授课的视频，竟然与S老师上午的课堂教学情形大体一致，都是鼓励学生合作、探究、创新，都非常放手，学生参与积极性都很高。学生在

---

① 我追问S老师心中的"长短"内涵，他的回答是，"长"就是大家都认可，因为评价标准有很大差异，所以总有人问他"你想干啥"；他心中的"轨迹"则是指培养路径，很重要的环节是上课、反思、研究，而他觉得他上课不是最好的。他希望上出或展示出自己的思考，所以评上评不上优质课无所谓。在名师评比中，在市里上课他也只有60%的认可率，还是因为答辩出色才得以弥补的。而多数名师的成长"轨迹"，都是上出课，也就是先出优质课。他认为，他没有一节课被推出去，在区里也是一个奇怪的现象。

课堂上的状态都是鲜活、生动的,有很强的生命感。这又表明了什么?

如果拿这两个中美课堂做比较,我觉得有一点不同之处,就是美国老师执教的是新课,我在 S 老师课堂上看到的是复习课。而在新课上完全放手,在小学阶段,我还没有观察到。这也是本书今后需要继续研究的内容之一。因为教学艺术研究需要涵盖不同的课型。尽管教师教学风格不同、教学行为迥异,但能否学得快乐有效,能否教得轻松有效,这才是衡量教学艺术水平高低的根本。

个案研究中的优秀教师个性迥异,所呈现出的课堂形态也如同他们的个性一样差别很大。但其共同点却非常鲜明:第一,都是站在学生的角度并从学生的长远发展出发,思考、改进自己的教育教学方式,可以说,他们身上体现出一种对学生的深切的爱。这种爱,爱得体贴,爱得理性,爱得深远,爱得令人感动!第二,他们都非常善于学习、反思并勇于行动。第三,课堂教学艺术的呈现方式尽管个性十足,但其出发点、落脚点却是一致的,就是都能有效地、高质量地帮助学生完成学业任务,都能促进学生在多方面得到良好发展。也就是说,他们通过自己的情感投入,无论是创造性地创设学习、实验还是活动的情境,最终都达到了教学艺术的审美境界。因此,他们的课堂都具有较高或很高的教学艺术水平。

一些专家对教学艺术存在担忧,例如,"如果教学是一种'艺术',那么教室就像一幕'戏剧'、一种'表演'或某些人为的表演或产品"[1]。我认为,这种担心是有道理的,他们担心为了达到艺术效果,教学就像表演一样经过反复彩排,导致课堂教学失去鲜活与生动,缺乏真实感。这个问题,我们通过体育课例和执教劳技课的 Z 老师已经进行了诠释。同时,体育课例表明,实质上专家是火眼金睛,能识破"作秀"与否。更重要的是对学生来说,作秀的

---

[1] [加] 马克斯·范梅南:《教学机智——教育智慧的意蕴》,李树英译,教育科学出版社 2013 年版,第 221 页。

课堂不仅缺乏质感，师生都会感到乏味、厌倦，难有激情。当然，出于功利之诱，这种表演的确存在着。要杜绝这类现象，就需要教师心中有目标（将在具体方法中详述），教学设计多备预案；课堂上则要根据课堂情境和真实状况做出适时调整。自主变革的名师 S 老师的课例已经凸显了这一点。因此，教学机智在课堂上，其最根本的目标就是要想方设法让学生早一点品尝到成功的滋味，尽早体验到成功的喜悦，使学生的生命更有活力。

　　因此，反思课例和个案，不禁让我们思考、挖掘、探寻贯穿其中、具有内在规律的因素，提炼出维特根斯坦所讲的"家族相似性"中的 DNA，也即提炼出教学艺术家族的 DNA。如果我们破译了这个 DNA，也就在某种程度上揭开了"教学艺术"的神秘面纱，也就能够在一定程度上帮助更多的老师和学生"双方都没有烦恼和厌恶，而是双方都引为最大的乐事"[1]。

---

[1] ［捷克］夸美纽斯：《大教学论》，任钟印译，人民教育出版社 1994 年版，第 62 页。

六　研究结论

（一）小学教师课堂教学艺术生成的策略机制

本书通过文献研究，界定了"教学艺术"概念，在此研究框架下设计问卷，依托问卷调查，定位了当下小学教师课堂教学艺术生成中最突出、最棘手的问题，凭借课例、个案研究，提取出"体贴教学""情绪管理"和师生"角色分化与共享教学"三个内隐、深层的教学艺术生成的策略机制，它们既是教学艺术生成的原理同时又是方法。因为它们是教学艺术产生的"基质"。

1. 体贴教学是教学艺术生成的内生机制
（1）体贴教学的提出与理论基础

体贴教学是我通过研究提取出的概念。"体贴"在《现代汉语词典》中的解释是"细心忖度别人的心情和心境，给予关切、照顾"[1]。"体贴"一词，虽未在中国传统哲学的范畴中得到系统分析，不过"体"字倒是曾被用来提示为君者对待臣下与百姓所应具有的心态。《中庸》言："敬大臣也，体群臣也。"朱熹便注曰："体，谓设以身处其地而察其心也。"有专家提出，"体贴"是洞开中国文化神秘大门的一把钥匙，舍此就不能理解中国人我不二的伦理观、天人合一的自然观乃至神美同义的宗教观。将"体贴"这一

---

[1]《现代汉语词典》，商务印书馆2012年版，第1280页。

概念作为中国文化的核心词，并不意味着否认孔子的"恕"、孟子的"恻隐"、王阳明的"良知"这些概念的重要性。它仅仅意味着，离开"体贴"二字，一切其他概念将失去其解释的生命学依据。①

"体贴"是一个非常中国化也非常生活化的概念，在中华传统文化中有独特而丰富的内涵。在人的交往活动中，当某人从言行中传递出对他人的深度理解、关心与爱护时，我们常常称为体贴。作为一种交往现象，在生活中体贴是普遍存在的，很多人都有体验。教学过程是师生交往的过程，教师从学生角度设计并实施教学，在教学过程中表现出对学生的深度理解、关心与爱护，我们称这样的教学形态为体贴教学。

体贴教学的理论基础。首先，体贴教学得到中国传统文化的支持。中国传统文化中人与人之间的关系是以儒家的"仁"为基础的。在解决人与人之间的关系问题上，儒家倡导"仁者爱人"。具有"仁"的品质的人是爱人的，对人不是漠不关心的。爱人就是体贴。孔孟之道支持体贴这一观点。在传统教育理念中，师生关系更是体贴的关系。"一日为师终身为父"将师生关系比作亲子关系。父亲和孩子的关系自然是体贴的关系。因此在中国传统文化中，人和人的体贴关系不仅表现在诗词中，也表现在教学及师生关系中。其次，西方文化也支持体贴教学。西方的宗教精神、人文精神、人道精神等，追求人与人之间的关系是博爱的。博爱就是要求人和人之间相互关心，把人当"人"看，也是要求体贴而不是漠不关心。因此，体贴具有一种普遍价值、普适意义。其核心是"己所不欲勿施于人"。将体贴思想迁移到教学中，提出体贴教学，符合东西方所倡导的人与人关系的本质，得到了东西方理论的支持尤其是中国传统文化理论的支持。因为"体贴"深具东方文化特质。所以体贴

---

① 张再林：《"体贴"——中国传统文化的真正特质》，《民办教育研究》2010年第6期。

◆ 六 研究结论 ◆

教学是植根于中国传统文化的教育教学理念。

体贴教学的内涵。笔者认为,真正好的教学就是体贴教学,艺术性强的教学无不处处体现出教师对学生的体贴,真正好的教师就是体贴学生的教师。体贴的教学以学生为根,体贴的教师以学生为本。教师如果能体贴学生并开展教学活动,就会敬畏生命,对待每一个学生就像诗人感受天地万物一样,有独特的感受,感情丰富,充满关怀,设身处地,教学中的一举一动都关心孩子的痛痒,有着长远的思考和宽广的胸怀。可见,体贴的教学对教师要求是很高的,不是你有了教师资格证、教了很多年学就必然是好教师,就一定能教出好课,就能促进每一个孩子更好地成长。《学记》说:"君子既知教之所由兴,又知教之所由废,然后可以为人师也。"又说:"使人不由其诚,教人不尽其材。其施之也悖,其求之也佛。"就是说,教师要体贴学生,对学生要诚心,要了解学生的学习情况,了解他们的优势和劣势,因材施教,否则就达不到育人的目的。要实现"为每一个学生提供适合的教育"[1],需要体贴的教学。

我们认为,体贴教学就是从教师主观的角度审视自身的理念、态度和行为,在教学过程中体贴学生。在这里,"体"是体验、体会、体味和体悟,是感同身受,不仅包含教师对自己的学习活动的体验与体会,以便提炼认知的规律、客观知识的规律,还包括教师对特定教学对象即学生的年龄特点和该年龄段身心发展规律以及对某个学生的个性特点、认知特点等的了解乃至熟知。狄尔泰认为,人的体验的深入、表达的明晰、理解的循环和加深是人自身力量拓展的重要之维。[2] 一方面,"贴"即贴近、贴合学生,这是教学活动的落脚点。在"体"与"贴"之间,"体"是前提和基础,"贴"是目的和结果,只有教师用心"体"了,才能真正地"贴"

---

[1] 顾明远:《为每个学生提供最适合的教育》,《中国教育报》2010年4月19日第2版。
[2] 王鉴:《教师与教学研究》,甘肃教育出版社2013年版,第44页。

近学生；另一方面，教师也要将自己的"体"推及学生，即体己而贴人。总括起来，体贴教学就是教师全身心地投入教学活动中（在"身心投入，研究阅读成为全国优秀教师"的 D 老师身上体现得非常充分），通过对自身学习过程及学生学习特点的体验，设身处地思考每个学生的内在需求，尊重学生身心发展规律和教育教学规律，多角度评估学生的学习经验与教学目标内容之间的内在联系，优选教学方法，贴近并充分调动每一位学生的学习积极性，高质量地完成教学目标的教学。

体贴教学是植根于中国传统文化，具有心理学、社会交往理论与教学论基础的一种教育观，也是一种方法论，还是一种具体的教学方法。体贴教学和理解教学、情境教学、适合学生的教学等一样，旨在促进学生更好地发展。理解教学是从学习者的认知过程入手，强调学习内容与学生生活之间的联系。[1] 适合学生的教学是从学生的需要出发，实现"平等、有质量、有区别"的教学。[2] 情境教学是从学生情感出发，让学生在与教师与学生的互动中，在与世界与生活的相连中学习知识，促进学生全面和谐发展。[3] 体贴教学更是一种基于学生本位并以学生情感为基础的教学，涵盖了以上三种教学观念，具有更高的概括性。

我们可以从价值观和方法论两个层面理解体贴教学。首先，从价值观层面看，体贴教学要求教学回归到尊重学生的主体地位上，而不仅仅是实现外在的教育目的。中国在先秦时期以孔子为代表的教育家秉持体贴教学的理念，把学习者放在主体地位，以学生为本，尊重学生的共性规律和个性特点，教师退在旁边或幕后，甚至让学生忘掉教师的存在，真正达到了"随风潜入夜，润物细无声"的教学艺术境界。汉代以降，政府选拔人才的考试乃至国家举办的

---

[1] 孔伟：《"为理解而教"教学模式的实践探索》，《中小学教育》2014 年第 1 期。
[2] 程天权等：《适合的教育在哪里》，www.gmw.cn 2010-04-14。
[3] 李吉林：《学习科学与儿童情境学习——快乐、高效课堂的教学设计》，《教育研究》2013 年第 11 期。

◆ 六 研究结论 ◆

学校教育都有很强的目的性和功利性，不是以学生为本，而是以国家为本，将学生按照国家的接班人、社会的建设者的标准来培养，所以整个教学过程是以教师为主导（实际上是以国家需要为主导，教育体现的是国家意志），学生是教师塑造的对象。近代以来这种情况由于民族存亡问题的凸显而不断被强化。另外，班级教学形式的普及，使得教学活动在效率高度提升的同时，背离了因材施教的教学原则。可以说，近现代的学校教学多是以牺牲一部分甚至大部分学生的发展为代价的。因此，随着国家的强盛和社会生活的正常化，教学应该回归尊重每一个学生、促进每个学生的发展、培养幸福快乐的人的教育原点。实施新课改，尤其是实施《教育中长期发展规划纲要》、党的十八届三中全会以来，教育要促进每一个学生的发展已经成为教育回归的时代期盼与价值追求。体贴教学的价值追求就是实实在在地促进每一个学生的发展。

其次，从方法论层面看，体贴教学就是从认知角度体认学生，在情感角度体恤学生，从意志角度体谅学生。它要求教师尊重每个学生的认知行为及其结果的合理性，既要与学生形成思想的谐振，也要允许甚至鼓励学生与教师进行思想的碰撞，而不能用教师的标准框定学生、束缚学生；教师要关心爱护每个学生，尊重他们的情感方式，努力走进学生的内心，与学生产生灵魂的共鸣，让学生产生亲近感而不是疏离感；教师还要尊重每个学生的兴趣爱好（特长）、个性特点，承认学生在学习活动中的主体地位，尊重儿童的参与权[1]，允许学生在一定框架内自主决定学习内容、学习方法，甚至可以自己选择老师，教师在教学活动中以辅导者的身份出现，对学生的学习活动发挥辅助、引导（指导）的作用，让学生产生自主意识、责任意识和自强意识。体贴教学就是以学生的存在为基础，以学生的发展为指归，就是人本主义所倡导的那种教师要想方

---

[1] 桂杰：《儿童参与权——我们是不是一直在忽视它》，《中国青年报》2001年1月24日第2版。

设法使教学活动对学生发生意义的教学。因此,体贴教学的显著特征是灵活创新,是不拘泥于某一形式或模式,是尊重学生需求、根据学生需要尤其是当下情境采取有针对性的措施。

体贴教学的学生观是"尊重",是爱每一个学生,这是体贴教学的核心。在教学中,学生是学习的主体,所有的教学要素都是围绕学生这一主体而组织安排的。[①] 因此,教师所做的一切就是围绕学生的特点、需要、实际等展开,通过尊重的言行或创设的情境激发学生的学习动机。[②] 为此教师首先要有一颗童心,能设身处地地从学生的角度出发,思考教育教学中的种种问题,也就是教师要对孩子的生活世界保持敏感性,理解与孩子共处情境之中的教育学意义[③];其次,教师要始终坚持学习,专业水平决定着教学高度,只有不断学习理论知识,才能更有效地解决教学中的各种问题;最后,要积极开展行动研究,教师生活在教学研究的场域中,只有基于教学中的现实问题展开深入研究,才是不断提高教学体贴度的根本,才能更好地为每一个学生的健康、快乐、发展服务。

体贴教学的教学法是"灵活、创新",强调小班化教学、小组化教学和个别化教学等,倡导合作、探究、自主、对话、扮演、活动、体验、参与等。体贴教学的评价观是"发展",是想方设法地促进每个学生的全面健康发展。无论是在教学法方面还是在评价方面,孔子都做出了榜样。孔子问:"智者如何?"子路曰:"智者使人知己,仁者使人爱己。"子曰:"可谓士矣。"子贡曰:"智者知人,仁者爱人。"子曰:"可谓士君子矣。"颜渊曰:"智者自知,仁者自爱。"子曰:"可谓明君子矣。"孔子的评价之所以因人而

---

① 李秉德:《对教学论的回顾与前瞻》,《华东师大学报》(教育科学版)1989年第3期。
② 斯宾塞·A. 拉瑟斯:《心理学》,中国人民大学出版社2012年版,第166页。
③ [加]马克斯·范梅南:《生活体验研究——人文科学视野中的教育学》,教育科学出版社2003年版,第2页。

异，是因为他"视其所以，观其所由，察其所变"，掌握了每个学生的特点（"柴也愚，参也鲁，师也辟，由也喭"），进而采取了灵活的教育方法，如对性情鲁莽的子路以批评为主，对性格内向而又好学的颜回则多表扬，最终使子路达到"善政"的境界（"善哉由也"），激发出颜回的学习热情（"有颜回者好学"）。①

（2）体贴教学的策略

体贴教学需要从纵横两个维度思考问题。纵向维度就是从教学的流程和人发展的递进性上进行深度思考，横向维度则是从课堂内到课堂外、从一个班到一个人、从学科知识到学生生活实际等多角度进行思考，建立多元的、开放的、贴近学生的教学体系，不断提高教学效果。

纵向维度。主要是指教师从教学选材（即对文本的二度开发）到教学设计再到课堂实践直至到教学效果都要考虑对学生成长的延伸价值。其一，对于教学选材分两个层面。一是对于有统一教科书的学科，如语数外、理化生等学科，虽然同一县区内同一个年级的教科书基本一样，但是教师的个人特点、每个班学生的学习特点、不同学校的文化背景以及学校周边的教学资源却存在着差异。因此，想要高质量地完成教学目标，就需要教师根据实际情况，选择更适合的教学视角，也就是转化或重构更贴近学生实际情况的呈现或切入方式，即对教科书中的教学内容进行个性化开发，拉近教科书要求掌握的知识点与学生的距离，为学生搭建重难点缓冲或迁移的桥梁，增加教学层次，降低教学坡度，使学生更容易领悟所学内容，从而更加有效地完成教学目标。二是对于没有统一教科书的课程，如综合实践活动、心理健康教育等，教师的教学选题要更加灵活，因此"尊重学生需求，为学生提供最需要的"就应成为选题原则。例如，对学生内在需求进行调研，从教学现象中挖掘提炼，帮助家长和教师解决困难等，都是确定选题的好方式。其二，在教学

---

① 杨伯峻：《论语译注》，中华书局 2007 年版。

设计上，除了对教学结构、教学时间、教学组织、重难点推进层次等方面加以充分预设之外，还要考虑到在每一个环节上如何发挥不同层次学生在学习中的作用，也就是要针对不同年龄段学生的认知特点，既巧妙地利用学生的能力差异，让基础好且思维敏捷的学生做出示范（如他们是如何思考某个问题的），又让基础一般、反应较慢但思维或深刻或独特的学生分享观点，还要让基础薄弱、欠账较多的学生有消化和吸收的时间。教师在组织教学的过程中，如果能使处于不同水平状态下的学生有充分的思维碰撞，那么让教学更深入、学生理解更深刻的问题就能得到解决。此外，对于教学过程中可能出现的情况需做尽可能多的预设，这一点对青年教师来说尤为必要。其三，在课堂教学中，即便教师对教学做了充分的预设，依然会面临很大的挑战，因为学生是活生生的人，有着不同的生活经验，对某一个问题会因成长经历的不同而有不同的理解，况且每个人在不同的情绪状态、不同的环境下都会有不一样的表现。因此，在课堂教学中，教师一切从孩子的角度思考问题，始终根据孩子的学习状态调整教学方式，是杜绝"教教案""目中无人"的根本。其四，教学效果追求延展价值。教是为了不教，课堂学习的终极目标是帮助学生在掌握前人发现的知识的过程中，激发求知热情，增强探索发现的内动力，培养科学的思维方式，学会学习。体贴教学，就是要杜绝为了让学生掌握知识点而扼杀其学习兴趣，打压其探索意识，束缚其思维发展的"刺激—反应"式的单调、机械、重复、痛苦的学习方式。应从学生一生发展的高度、终身受益的角度审视教学效果，追求教学的延展价值是体贴教学的核心。

横向维度。横向上主要是指从教学现象到教学规律、从学生经验到认知规律，也就是从课堂内到课堂外、从一个班到一个人、从学科知识到学生生活实际等进行横向联系，多角度思考，深入研究，使教学更贴近学生，使教学内容与学生更易于建立联系，发生意义。教学现象是在教学活动过程中表现出来的有关教学的比较表面的、零散的和多变的外部联系，是教学活动过程中看得见、摸得

六 研究结论

着的各个方面。而教学活动的本质规律就是教学活动的内部联系，由教学的内在矛盾构成，是教学活动比较深刻的、一贯的、稳定的方面。[1] 教师对每天身处其中的教学现象始终保持着一定的敏感性且能深入探求，"发现教学问题，分析并解决教学问题"[2]，就能逐渐把握教学规律。从某种意义上说，教师对教学现象、教学规律的探求深度，表现在教学中往往就是对学生学习的体贴度。例如，面对年龄小、抽象思维水平低的学习者，教师就要创设适当的学习情境。这里的"适当"包含两层意思：一是"还原"人类发现知识的经典实践条件，使学生在学习过程中少走弯路（其实，弯路有时是必需的，因为应对弯路的能力也是需要学习和提升的）。实践出真知，知识来源于实践。不经过实践而获得的知识，只能是露水知识、死知识，学生理解浅，不会用，忘得快。二是所创设的学习情境是符合学生认知心理的，从而激发学生的认知兴趣和需求。从共性角度看，学习者的年龄水平与学习情境的趣味性、运动性呈负相关。人有感性思维和抽象思维，年龄和知识层次越低，对感性思维的依赖越重，抽象思维的能力就越低。从个性角度看，学生有的好动有的好静，抽象能力也有强弱之分。因此，要根据学习内容的特点和学习主体的特点创设学习情境，让儿童学习他们能理解的、有利于他们的知识，来帮助他们成长。[3]

（3）体贴教学的实施

体贴教学受到多方面的影响。其一，教师应该是具有大爱精神的人。斯霞提倡"母爱教育"，实际上就是体贴教育。作为一种基本理念，大爱、体贴就是对每一个个体负责，爱每个学生。因此，"教师"的本质应该是具有体贴情感、大爱精神的人，把

---

[1] 王鉴：《课堂研究概论》，人民教育出版社2002年版，第93页。
[2] 王鉴、宋生涛：《课堂研究价值定位：以理论创新推动实践变革》，《教育研究》2013年第11期。
[3] ［加］马克斯·范梅南：《生活体验研究——人文科学视野中的教育学》，教育科学出版社2003年版，第205页。

学生当成自己的孩子，无论是在幼儿阶段、小学阶段还是其他阶段，都应该讲一个"爱"字。如果一个学校人人都讲"爱"，那么学校的教育就是和谐的，学生乐意到校，老师乐意教学，人人做到这一点，学校就是一个非常好的环境。如果学校有几个"钉子"、带刺的、不体贴学生的人，那么学校就不是一个和谐的"家"。事实上，对待同事、对待学生、对待师长都是一样的。其二，体贴具体表现在教学过程中，教师对学生非常有耐心，能够站在学生的角度思考问题，从而使"教"与"学"紧密结合。因此，教学过程中教师要处处从学生的角度审视自己的教学行为，多问：学生学会了吗？学生会学了吗？学生行为改变了吗？多问为什么，多维度、多层面思考问题，使换位思考成为自动化的思维方式。其三，体贴还有技术与艺术的成分。因此，教师要丰富自己的知识，如学习有关学生的心理学与教学理论等方面的知识，不断丰富自己，把握人文精神，提高专业知识，开阔视野，博采众长，善于吸收学者、学生、同事的长处，善于从书本、环境和具体对象中吸收一切可以弥补自身不足、提升自己内涵的东西。因此，教师要想在教学中自觉地、有意识地时时处处体贴学生，需要多方面修炼、完善，不断提高个性修养和专业品质。具体来说，教师需要从以下几个方面入手。

　　投入情感。教师全身心地投入教学中，关注每一个学生，学生是可以感知和体验到的，教学成效也会因学生的回报而倍增。一位小学体育老师为了与学生建立起和谐的合作关系，帮助学生形成良性学习心理，让刚入校的学生感受到教师的善意的关注，总是想方设法记住每个学生的名字。面对刚走进校门的一年级学生，她没有急于"上课"，而是和他们唠嗑："叫什么名字，喜欢什么游戏活动……"并布置一项作业——给自己画张像（为的是抓住学生的特点，记住学生的名字）。每接新班，这位老师都及时向班主任了解学生情况，并要一份学生名单，把每个学生的名字写上一两遍，在体育课上排好队后再按照顺序写份名单，像背英语单词一样去记学

◆ 六 研究结论 ◆

生的名字。① 亲其师则信其道。学生们对这位体育教师的课的投入是可以想见的。因为，交往行为理论告诉我们，交往的核心乃是建立在话语即人际关系上的。② 一个言语行为获得成功的关键，是言说者与听者之间产生了某种关系——这种关系是由言说者引起的。其表现是听者在该内容被表征的意义上能够理解并接受言说者说出的内容。③ 达到理解的目标是导向某种认同。认同归于相互理解、共享知识、彼此信任、两相符合的主观相互依存。认同以可领会、真实性、真诚性、正确性这些相应的有效性要求的认可为基础。④ 因此，这位体育教师对刚刚走进小学大门的小学生的积极关注，不仅仅是罗森塔尔效应在课堂教学中的具体体现，而且从交往理论上说，更是为教学的有效性做好了良好的师生交往的铺垫。事实上，这位体育教师的教学常常被他人形容为"是有魔力的"：无论是50—60 人的班还是 80 多人的班，学生总是以"崇拜的""两眼放光"的状态听她的课，并积极而有序地投入活动。甚至在这位教师调离教了三年的一届学生后，孩子们仿写《师恩难忘》时，并未像往届学生那样，聚焦语、数等天天接触的老师，大多数学生写的都是这位体育教师。

解放学生。避免在教学中让学生处于"操纵、装点门面、表面文章"（参与阶梯中处于不参与的三个层面）的状态⑤，是体贴教学的基础要求。体贴教学尊重儿童的参与权，意味着在学习过程中学生处于参与阶梯的较高阶段，即"委派但要知情、咨询和知情、由成人发起与儿童共同决策、儿童发起儿童指导、儿童发起与成人共同决策"阶段。笔者在 20 世纪 90 年代初任体育教师教授投掷沙包时，将完整动作分解成为 6 个练习动作，提出不同的条件和要

---

① 刘历红：《巧记学生名 拉近师生情》，《体育师友》2005 年第 6 期。
② 哈贝马斯：《交往与社会进化》，重庆出版社 1989 年版，第 34 页。
③ 同上书，第 35 页。
④ 同上书，第 3 页。
⑤ 桂杰：《儿童参与权——我们是不是一直在忽视它》，《中国青年报》2001 年 1 月 24 日第 2 版。

求，分别解决不同环节的不同问题。学生根据测试中出现的问题，自主选择练习方法，经练习后再进行测试，对自己的选择和练习做出评价。同时，还给爱动脑筋、喜欢创新的学生提供一小块场地，让他们根据自己的特点，创设更适合自己的练习方法。通过反复选择、练习、测试，学生自我判断和投掷成绩不断提高。[①] 当时我国中小学还在实施《学生体质锻炼测试标准》（俗称"达标"测试），相当多的女生成绩不理想，运用这种体现学生自主性的练习方法，不仅对解决学生的问题更有针对性，而且学生通过自主选择，觉得练习投沙包是很有自我价值感和挑战性、趣味性的活动，尤其是在彼此观察、互助和自我评估中，练习的热情和动力不断持续，练习积极性从课上延续到课下，练习时间的不断延长也使练习效果越来越好，所有学生全部达标。再如，笔者在担任学校大队辅导员时，和队员们一起创设了"全心全意小社区"，模仿真实的社区开展各种活动。暑假里，"小区长"带领"社员"冒着38℃的高温慰问老人院的老人；"少年科学院"的学生们利用课余时间开展社会实践，写出《小筷子大文章》的调研报告（被收入高等教育出版社2003年出版的《综合实践活动国内外案例分享》一书中）；"红领巾电视台""绿色环保大队"等10多个"单位"自主创设400多个岗位，自主招聘"社员"，在校内外定期开展各类活动，深入实践体验，吸引了大批校内外学生，连家长也被吸引并参与其中。学生在提高自己综合能力的同时，还赢得了家长、社区及社会各界的广泛赞誉，产生了积极影响，使所在学校由被称为"第三世界"的不起眼的小学校成为有较大社会知名度和影响力的"名"校。更重要的是，学生在岗位上的体验带来了延伸效应。"绿色回收站"的站长东东上中学后曾打电话给我，非常兴奋地让我猜猜他英语考了多少分，我猜了3次都没有猜对，他激动得有点结巴地说："我考了87分！我以前只能考40多分，现在我背课文时就想着背不会我

---

① 刘历红：《小学体育课心理健康教育渗透浅议》，《中国学校体育》2001年第4期。

◆ 六 研究结论 ◆

就一直背，结果我背了70多遍，终于会背了!"在小学阶段，东东的父母做生意忙，很少关心他，他跟着奶奶生活，而且个子小，成绩也不好，所以在选择岗位的时候，他选择了"绿色回收站"，每周五回收各个班级的废品。我看到过他为了更好地卖出废纸，一张一张地把纸铺平、打捆，从下午两节课后（4点多钟）一直忙到晚上7点多钟。不怕苦、不怕脏、不怕累、有韧劲是我对他的评价。但是，当时他还没有将这种品质迁移到学习上，没想到上初中后，这种迁移出现了，在学习成绩大幅度提升的同时，他的自信心和成就感也同步提升。生活有着无限多的可能，关键是要从小就给孩子自主选择的空间，使他们在实践体验中更好地发展。

创设情境。想方设法改变教学形式、组织形式、评价形式等，创设富有吸引力的学习情境，总结新颖有趣的学习方法等，都是教师换位思考、体贴学生、不断提高教学效果的举措。字、词、句、篇是小学语文的教学重点，在学习生字词的过程中，常规的方式是教师板书、强调重点、学生描红、抄写听写等。笔者在代小学三年级的语文课进行字词教学时，根据这个年级学生的年龄特点（思维感性、乐于表现、敢于参与），在常规方法的基础上引进认知理论的精加工策略，先引导学生观察生字（如看板书或看课本），进行联想或赋予意义，之后分享观点以增强感性认识，然后书空2—3遍，写完闭上眼睛在脑子里"放电影"，最后在课本上描红。家庭作业一般最多写三遍，即以"一一二"格式（一遍拼音、一遍字、两个词）。运用精加工方法，动用多感官参与学习（眼睛看、脑子想、嘴巴说、耳朵听、手书空或抄写），学生作业量减少了，学习效果却提高了。如在学习难记字"魅力"的"魅"时，笔者启发学生"春天"的"春"字可以分解为"三人看日出"，能不能用同样的方法来记"魅力"的"魅"字？一位叫张浩瀚的学生脱口而出："鬼的未来。"一个生字拆分成两个熟字，而且通过形象的比喻，一下子就让这个字"活"起来了。而通过分享，学生们个个记忆深刻。"未来"的"未"和"末梢"的"末"是易混淆字，在帮助学生识记时，笔者一边板书一边强调："把'未'的第一横看作今天，把第二横看作今天之后的所有日子，那么，哪一横长哪一横短呢？"在板书"末梢"的"末"时，笔者又强调："把中间'丨'的下端看作尾巴梢，那么靠近它的那一横是粗还是细呢？"通过联想加赋予意义和形象记忆的方式，学生在测试中无一人出错。作文是小学语文教学的重中之重。为提高孩子的写作兴趣和能力，在学习《赶海》（苏教版第六册教材中的课文，以下同）一课时，引导学生用"口"画出课文中的动词，同桌互相演示文中的动词，体会用词准确的作用；接下来，在学习《看荷花》时，引导学生用"○"画出课文中的形容词，并引导他们比较两课中动词与形容词的不同作用。孩子们总结出"动词"像文章的骨头、"形容词"像文章的肉。有骨头，文章才能立起来；有肉，文章才饱满，骨头加上肉让人感到身临其境，文章就生动了。游戏是孩子的最爱，学完这两课后我趁热打铁，设计了游戏活动，让学生体验写作的快乐。当天下午两节作文课，中午放学时我给学生布置了一项特殊的作业：对着镜子做鬼脸。下午上课时，我在黑板上板书："哑剧游戏——做鬼脸。规则：谁出声儿，谁被淘汰。提示：1. 观察动作，描写表情；2. 观察同学，描写环境；3. 体会心情，描写心理。"之后，选了5位学生上台表演。然后写作。20分钟后，一位学生写好了作文，到下课时，64名学生中有60人完成了作业。下面采撷几个片段，让大家分享学生的轻松与喜悦：

  今天，老师带着我们做了一个好玩的游戏——做鬼脸。游戏规则：不能出声音，否则就要被淘汰。首先，老师请了五位同学上台做鬼脸，所有人都不能说话了，就连老师本人也不能说话了。那五位同学做的鬼脸滑稽可笑。有的用手掰着嘴，朝你吐舌头；有的把手当作大耳朵，扇着风；有的拉着眼和嘴，像个恶魔似的，可怕极了。总之，这些鬼脸说多可笑就有多可笑，说多可怕就有多可怕。在观看表演时，教室里鸦雀无声，

◆ 六 研究结论 ◆

这是因为什么？因为这是哑剧呀！是不能出声音的。

我想他们心里其实特别紧张，只不过他们都在心里想：我一定能行的！

——韩佳敏

今天，我们班举行了一个哑剧游戏（活动）。

开始上场了，第一个上场的是大嘴怪，露着大白牙，一摇一晃地走上讲台。紧接着上来一位白眼狼，看上去像个"小日本"。这时同学们都忍不住想笑，因为是哑剧游戏，所以班里还是鸦雀无声。过了几分钟，我想扮猪八戒上台，但一想，多丑呀！万一以后同学们叫我猪八戒怎么办。这时，梁彬上场了，他捏着鼻子，抓着耳朵，活像个猪八戒。太可笑了，怎么和我想的一样？

这节课过得真快、真有趣，以后常举行这样的活动多好啊！

——张浩瀚

因材施教。即在教学中"面向全体、重视部分、照顾个别"，共性、个性兼顾，区别对待，因材施教。如在教一年级学生学习跳绳时，我先把摇绳、并脚跳及手脚协调的动作创编成徒手操，带着孩子们练习，然后把持绳也分解成多个动作，带着孩子们玩，就像游泳要先熟悉水性一样，帮助学生先建立"绳感"，再进行完整动作的练习。练习中，让跳得好的孩子做小老师，辅导动作基本能掌握但是不熟练的学生；这样就剩下动作很不协调的个别学生，我就手把手地带着他们练习。从全班到小组再到个别，层次性越强，学习效果就越好。当然，小组练习要有分工、有任务、有目标、有竞赛，要在小老师的带领下互助练习，共同学习。记得有一年我在教四年级体育课时，班上来了一个转学生，我们的学生已经围绕一分钟跳绳测试，进行速度、质量和耐力等多种形式的练习了，而这个孩子却一个也跳不过去。我观察到他的手脚配合非常不协调，而且腿型问题造成支撑障碍。针对他的情况，我先指导他把两个前脚掌抵紧，以增强支撑力，使之能连续向上跳起，然后通过让他体会不断缩小摇绳半径的方式，感受原地徒手及手脚配合的动作要领，一点一点地练习、过渡。这个孩子从开始很怕跳绳，到喜欢让我带着他跳绳，再到每天自觉练习，学习兴趣和成绩都越来越好。后来他妈妈专门到学校对我表示感谢，我才知道，她们家三代人都不会跳绳，这个孩子学会了跳绳，全家都非常激动。笔者从教 25 年来，实践中面对的多是大班额，为了挖掘教学资源，需要从不同层面利用学生资源，教师在面向全体进行教学后，让能力强的学生当"小先生"，做老师的小助手，引领带动一部分学生，老师可以腾出手来重点照顾个别学生。当然，教学呼唤小班额。因为班额越小，教学体贴度就越高。

心理学告诉我们，喜欢和爱的态度能导致重要而持久的关系。① 通过直接经验形成的态度可能更持久，也更容易回忆起来。② 体贴教学，从某种意义上说，就是通过教师对学生真诚的爱，使学生在学习中不断地体验到这种爱，从而唤醒、激发、维持学生的学习动机，使教学与学习过程成为师生美好的生活状态。

2. 情绪管理是教学艺术生成的心理机制

情绪是日常屡见不鲜且每个人都亲身体验着的一种心理活动。情绪的每一次发生都融合着生理和心理、本能和习得、自然和社会诸因素的交叠。情绪过程和认识过程一样都是脑的功能。③ 研究表明，教学与情绪密切相连④；善于情绪管理的教师不仅对学生的学

---

① 斯宾塞·A. 拉瑟斯：《心理学》，中国人民大学出版社 2012 年版，第 261 页。
② 同上书，第 264 页。
③ 孟昭兰：《情绪心理学》，北京大学出版社 2014 年版，第 3 页。
④ 尹弘飚：《教师情绪：课程改革中亟待正视的一个议题》，《教育发展研究》2007 年第 3B 期。

业及个人发展有促进作用，还能有效提高教学效果。① 在实践中，凡是教学效果好、教学效益高的课无不体现着教师高超的教学艺术。因为各门课的教学艺术实际上共同存在着"情绪"在先的基质，而且即使将情绪与其他因素区分开，情绪依然潜在地存在着。②

（1）情绪管理是教学艺术生成的心理机制

教学的一个主要任务是发展学生的认知能力。心理研究者提出，脑中存在着"动作—认知—情感"的功能环路假设，并认为这是动作与心理活动联系的物质基础，反映了脑活动的系统性和动态组织原则。③ 近年来的研究表明，情绪不仅对认知活动起驱动作用，还可以调节认知加工过程和人的行为。情绪可以影响知觉对信息的选择，监视信息的流动，促进或阻止工作记忆，干涉决策、推理和问题的解决。因此，情绪可以驾驭行为，支配有机体同环境相协调，使有机体对环境信息做出最佳处理。同时，认知加工对信息的评价通过神经激活而诱导情绪。在这样的相互作用中，认知是以外界情境事件本身的意义起作用的；而情绪则以情境事件对有机体的意义，通过体验快乐或悲伤、愤怒或恐怖起着作用。它们之间的根本区别所导致的后果，在于情绪具备动机的作用，能激活有机体的能量，从而影响认知加工。就此而言，情绪似乎是脑内的一个监测系统，调解着其他的心理过程。情绪具有"适应生存的心理工具、能唤起心理活动和行为动机、心理活动的组织者、人际通信交流的手段"等基本功能，它揭示了情绪的根本特性：现代人类每时每刻发生的情绪过程，都是自然的适应性与社会化的综合，是有机体古老的脑（旧皮质和丘脑系统）和现代的脑（新皮质）的共同活动，是人类的自我认知环境和社会环境对个体发生影响的交织。④ 意识

---

① 吴莹莹、连榕：《情绪能力：探讨教师情绪的新视角》，《心理科学》2014年第5期。

② [美]约翰·杜威：《艺术即经验》，商务印书馆2013年版，第122页。

③ 刘历红：《运用体育游戏预防和治疗小学生心理障碍的实验研究》，学位论文，东北师范大学，2006年。

④ 孟昭兰：《情绪心理学》，北京大学出版社2014年版，第12—16页。

现象学认为，情绪行为是"意向的体验"，在每一种情况下与它们相联系的是"意向""设定采取"，换句话说，情绪在最广泛但本质统一的意义上是"设定"①。

从心理学角度来说，情绪是个体活动的心理机制。从意识现象学角度而言，情绪则是可自主"设定"的，可根据情境调节或调控因而是可以有效管理的。因此情绪左右着认知发展，是教学成败的关键。而情绪有积极与消极之分。积极情绪对教学起促进作用，消极情绪对教学起制约作用。当我们学习新知识时，由于学习揭露了我们的弱点，我们容易受到情绪的影响。当教师提问不当时，学生的情绪波动也会非常明显。教师采用的提问策略可以放大或者减弱学生的紧张情绪。灵活的提问方式可以使学生的思维得到发展，也可以促使学生对知识进行探究。而固定的提问方式只是用来直接寻找答案而不是进一步探讨，经常只被看作教师管理课堂的一种技术手段②。因此，情绪管理对于课堂教学艺术生成至关重要。我们认为，情绪管理不仅可以在课堂导入环节激发学生的积极情绪，而且贯穿在课堂教学的始终。因为它不仅左右当下的教学效果而且具有延展效应。频繁出现的消极情绪将直接影响师生关系，进而影响教学效果。而学习效果差、师生关系不良等问题若进一步加剧，又将强化师生彼此的消极情绪，使课堂教学走向"灰色或黑色地带"。鉴于情绪具有动态、多变、个性化等特点，加强情绪管理，激发、维持积极情绪就成为课堂教学艺术生成的关键。

（2）加强情绪管理促进课堂教学艺术的生成

教学艺术水平差的课例表明，情绪对教学效果、对师生课堂活动质量起着至关重要的作用。但积极情绪不会时时刻刻都自然地拥有，俗话说，人生不如意事十之八九。所以教师要有意识、主动地管理自己和学生的情绪，使其维持在平和而积极的状态。自觉主动地进行情

---

① ［德］胡塞尔：《纯粹现象学通论》，李幼蒸译，商务印书馆2012年版，第330页。
② ［英］蒂姆·奥布赖恩、丹尼斯·吉内：《因材施教的艺术》，陈立译，北京师范大学出版社2008年版，第56、70页。

六 研究结论

绪管理,应是教师的必修内容、必备的基本功。因为它不仅影响教学的成败,还关乎师生的课堂生活状态尤其是学生的健康发展。

教学是以人际互动为基础的,离开师生之间的人际互动,言传身教根本就无从发生,而情绪是人际互动的产物,人际关系的亲疏远近是影响个体情绪产生和变化的社会基础。师生间的人际互动能加深双方的情绪理解,使双方建立起密切的情感纽带。在教学中,教师情绪是负载着特定的功能的,无论教师运用的情绪激励手段是正面的还是负面的,其目的都是吸引学生对课堂教学的心理投入,维持学生积极的情绪状态,从而使教学活动得以顺利进行。这意味着教师必须按照育人目标来管理自己的情绪感受和表达。[①] 教师情绪管理要做到以下几点:

转变教育观念,增强内在动能。第一,用发展的眼光看待每一个孩子。教师在教育教学中要抛弃"傲慢与偏见"。这里的"傲慢"在课堂上常表现为教师固有的不正确的教学假设,如执教劳技课的 Z 老师在第一次教学实录中的表现,即教师常认为"我教你才会,不教不会",而实际上这常常是教师的傲慢行为,而且通过 Z 老师第二、三次的教学变化及课堂成效尤其是通过自主变革的名师 S 老师的教学变革,我们已经深刻地意识到教师这种"傲慢"是需要彻底加以颠覆的。如果说不正确的教学假设是教师教学傲慢的整体表现形式,需要转变教育理念的话,那么其"偏见"在教育教学中的表现形式则更具普遍性与典型性。它突出表现在教师对待后进生的主观态度上存在先入为主的偏见。就是说,教师如果因学生的学业成绩或不当行为如学习成绩差、形象不好、衣衫不整或脏兮兮以及调皮捣蛋等,对这类孩子打心底里产生了"一看见他,忍不住就有一股无名火",有一种莫名的、不由自主的厌烦等,并在心中将一个学生定义为"他就是学不会""他就是学不好""这些内容他就是接受不了",或者更消极地认为某些学生完全就是"一个耳

[①] 尹弘飚:《教师专业实践中的情绪劳动》,《教育发展研究》2009 年第 10 期。

朵进，一个耳朵出""这孩子根本就是朽木，压根儿就成不了材"，等等。这些偏见会影响教师对待学生的态度。而小学生对教师对自己的情绪是极其敏感的。由此将导致教学中教学能量一直停留在初始阶段，不能有效转变或转化成为学生和学生群体的学习能量，也难以改变学生的学习行为。这种状态会使教师愈发生气，教师生气的负性情绪又将导致学生因此被批评、指责，不良情绪状态将泛化或传染到更多的学生和更广的范围。长此以往，学习效率低下将进一步加剧。①

第二，以真诚的关爱对待每一个孩子。托尔斯泰将真诚看成是独创性的本质。杜威认为，艺术家的作品有着一个固有的特征，即必须真诚。② 事实上，教师无论知识多么渊博，如果在学生身上没有情感投入，学生感受不到教师的真诚与温暖，那么教学效果就会打折扣。这一点在越小的孩子身上表现得越明显。因为小孩子感受老师爱的方式很简单，一个信任的微笑，一个肯定的眼神，一句鼓励的话语，一个给力的手势，一个爱的抱抱，等等。所有这些都是孩子可以看得见、摸得着或是能感受到、体验到的神态、表情、语言、动作及行为，也都是可以通过教师的积极情绪表达与传递出来的信息。积极情绪能激发出巨大的情感力量，不仅使课堂变得美好，学习效果得以提高，而且能使这种情绪体验成为积极的学习经验进而成为师生进一步发展的动能。这也就是我们常说的激发与传递正能量。这一点，我们在"身心投入，研究阅读"成为全国优秀教师的 D 老师身上已经有了深切感知。

第三，以投入的状态对待课堂，带动孩子。戏剧界有句话叫"戏比天大"。艺德高尚的演员只要踏上舞台就进入了忘我的状态。从某种意义上说，课堂就如同教师的舞台，因此需要教师一踏进教室就进入忘我的状态。投入的背后是高度的责任心、强烈

---

① ［英］蒂姆·奥布赖恩、丹尼斯·吉内:《因材施教的艺术》，陈立译，北京师范大学出版社 2008 年版，第 100 页。
② ［美］杜威:《艺术即经验》，商务印书馆 2013 年版，第 219 页。

的事业心和对教育教学及学生的热爱。当教师站在人生的角度审视自己的教学、思考学生的发展时,情绪管理就变成自己的内在需要,成为一种自觉的人格修炼。当教师的这种修炼处于现在进行状态时,学生是能感受到的,并能潜移默化地影响、带动孩子,教师也将自然地成为孩子们尊重、敬爱甚至追随的人,学习生活将因此变得温暖而美好。课堂教学艺术将自然生成,体现出审美境界。

学习心理知识,增强管理能力。第一,提高对情绪的认知水平,增强情绪管理的内在需要。古人云,知己知彼,百战不殆。提高情绪认知水平,一要了解情绪的特点、作用、意义。心理实验揭示:积极情绪能增强个体自身免疫物质的形成,而消极情绪如愤怒等强度大的不良情绪不仅会扭曲个体的认知,还会殃及自身和他人的身体健康。将人发怒时呼出的气体冷却成液体(开心时呼出的气体冷却后液体没有杂质,哭时呼出的气体在冷却后液体是乳白色的,愤怒时呼出的气体在冷却后液体是紫红色的),把紫红色液体注入小白鼠体内,5分钟后小白鼠就会痛苦地死去。[①] 二要学习调节情绪的方法。(只要有意识,就能搜集到很多情绪调节的方法,不再赘述。)在此基础上,要对自己的情绪动态有敏锐地觉察,进而培养自己自觉主动调节情绪的习惯。

第二,从深层次解决情绪波动的根源问题。如摆正三个目标:一是生存目标。当前面临的情况所触及个人的目标程度是情绪发生的首要条件。目标是人追求的生活境界,表现为个人的愿望和理想,以及对未来生活的期盼。当外在条件或经过自我努力达到目标时,就会激起积极的情绪。为了生存和发展,个人具有克服困难的毅力是避免负性情绪干扰和实现目标的力量源泉。在课堂教学中,这个目标我们也可以转换为 D 老师和 L 老师共同使用的

[①] 郑希付:《压力与情绪管理》,河南省中小学心理健康教育教研员培训暨心理健康教育示范区示范校经验交流会,2015年6月。

"终极目标",这样能立意深远地思考、制定教学目标。二是关系目标。人是社会人,在社会生活的方方面面都需要与人打交道。而良好的人际关系对于积极情绪有促进作用。语言交流是情绪疏导的最畅通的渠道,是缓解压力的最佳办法之一。在课堂教学中,交流、碰撞、分享,恰如"自主变革的名师"S老师的感悟,能帮助孩子更好地学习。更重要的是,交流"创造参与的过程,是将原本孤立与独特的东西拿出来共享的过程;它所取得的奇迹部分在于,在交流时,意义的传达不仅将肉体与意志提供到听话者,而且提供到说话者的经验之中"①。三是自我目标。人的个性迥异,志趣不同。努力建设全面、完善的人格,无疑是情绪管理的根本。② 当然,这一点在教学艺术生成过程中,不仅需要教师的包容,包容不同个性的孩子及孩子的多元化表现乃至有时令老师感到头疼的调皮举动,还需要管理者的包容,包容有个性的教师及教师个性化的探索、实践乃至不太符合当下规则要求的变革行动。

3. 角色分化是教学艺术生成的方法机制

(1) 一个长期无法解决的问题:师生关系紧张及互为压力[③]

在传统教学观中,教师专门教导学生学习;学生需要接受教师的教导。师生角色由不同的人承担,彼此泾渭分明,互峙对立。课堂表现是,教师确定教学内容,设定教学程序,组织课堂秩序,传授知识及示范技能,解答疑问并宣讲道义;学生接受教师的管理,遵守课堂纪律,努力理解教师,虚心领受教导。事实证明,在这种教学体系中,学生受到的束缚多,痛苦多于快乐,效果极不理想。正因为如此,人们抛弃了这种"教师中心"观(见图6-1)。"以学习者为中心"的理论由20世纪60年代被建构主义代表人物美国

---

① [美]约翰·杜威:《艺术即经验》,商务印书馆2013年版,第284页。
② 孟昭兰:《情绪心理学》,北京大学出版社2014年版,第315—316页。
③ 刘历红:《论师生"角色分化与共享教学"》,《课程·教材·教法》2015年第5期。

◈ 六 研究结论 ◈

的 J. S. Bruner 首次明确提出（见图 6-2），并赢得广泛认同。该理论旨在解决学生在教学过程中的消极、被动、受制等问题，赋予了学生很高的地位。确立学生在教学中的中心地位，也就是，教学是为了学生而不是为了教师，这无疑是正确的。然而，既然学生是中心，那教师自然就是边缘，在实践中，这个边缘的分寸该如何拿捏？边缘对中心发挥哪些作用？"学生中心观"与"教师是立教之本、兴教之源观"是否相容？是否可操作？这种从一个极端跳到另一个极端的思维方式是否科学？

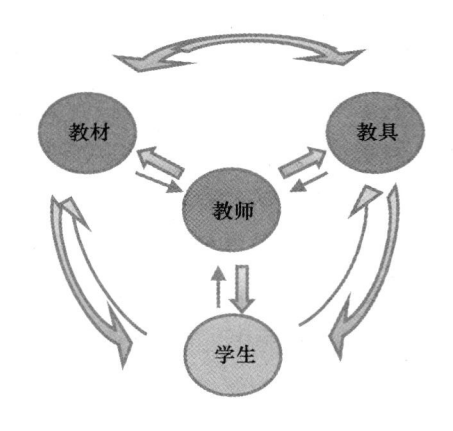

图 6-1　以教师为中心的教学结构

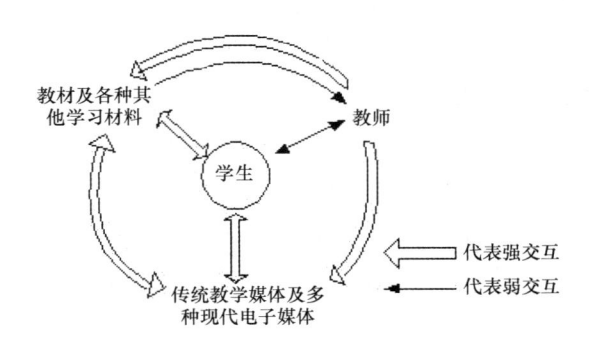

图 6-2　以学生为中心的教学结构

无论是学生中心观还是教师中心观，处在边缘的那个角色都是消极与被动的，因而也是痛苦的，他不能与对方共同享受整个教学过程。师生应是一种和谐的共处关系，可以有分工和角色的不同，但他们共同建设并享受着"教—学"的美好快乐，不能讲某一方是中心，另一方是边缘。为了应对上述矛盾，一种颇具修正意义的说法被提了出来并得到广泛认同："教师是教学的主导，学生是学习的主体。"教师从边缘被重新拉回到了重要位置上。但由此产生的新问题是，教师和学生都是"主"，该如何区分二者的性质？在实践中，到底应以谁为"主"？谁说了算？我认为，这种提法似乎巧妙地解决了矛盾，其实并未触及问题的实质，而且又制造了新的矛盾。实际上，潜存于教学中的紧张、压力无论是对教师还是对学生都会产生影响，但以往的研究大多忽略了教师，而重点强调学生的紧张与压力。其实，传统教学中受伤的并非仅仅是学生，当然还有教师。尽管教师处于主导地位，但学生的消极、被动乃至对抗行为同时反作用于教师且带给教师很大压力，相当多的教师承认，假期结束后，新学期开始前，他们几乎难以安睡。而且他们中的许多人都承认，教学压力甚至使她们经常做噩梦。[①]

由此可见，师生关系中长期存在的紧张与压力问题并未得到解决。而要解决该问题，促进师生关系和谐，提高教学效果，我们或可另辟思路。为此，我尝试提出：促进"师生角色分化"，实现"师生共享教学"的观点。

（1）"师生'角色分化，共享教学'"的内涵、理论基础

"师生'角色分化，共享教学'"的含义。师生角色分化是指教师不再单纯是教导学生学习的人，而是他所教导的学习者的学生；学生也不再单纯是受教师教导的学习者，而是教导他的教师以

[①] [英]蒂姆·奥布赖恩、丹尼斯·吉内：《因材施教的艺术》，陈立译，北京师范大学出版社2008年版，第138页。

◆ 六 研究结论 ◆

及与他一起学习的其他学生的教育者。换句话说，在同一个教学过程中，教师的职业角色分化出了"教育者"与"学习者"这两个行为角色，学生的职业角色则分化出了"学习者"和"教育者"两个行为角色（见图6-3）。

在和谐的"教—学"关系中，师生彼此的角色不再是单一的，都转化为双重角色，也就是说，教师既是教育者又是学习者，学生既是学习者又是教育者。教师分化出的两个行为角色不再是彼此分离的而是互相依存的，并且根据教学情景随时转化彼此，此消彼长，相互对话；学生分化出的两个行为角色亦是如此；师生分化出的四个行为角色相互渗透，彼此合作，你中有我，我中有你，转换自如，交流无碍，师生双方既没有中心与边缘的分野，也没有主导和主体的纠结，共同创造和建设着"教—学"的过程，共同享受着"教—学"的快乐，彼此在这种快乐的氛围中一同成长。一言以蔽之，师生共同享受着教学的过程和成果（见图6-4）。

图6-3 师生角色分化

说明：黑色部分代表教师及其分化出的两个角色，白色部分代表学生及其分化出的两个角色。

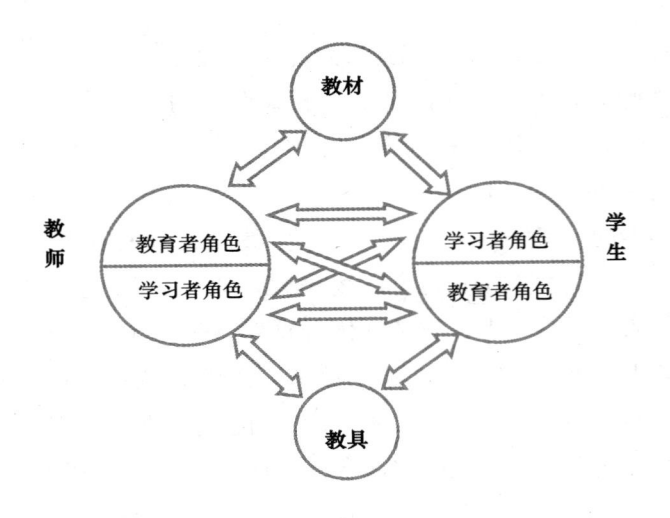

图6-4 师生共享的教学结构

在师生分化出的角色中,教师的"教育者"角色与学生的"教育者"角色平等、合作,共同治理教学过程。其中,帮助学生具有分化"教育者"角色的意识与能力,不仅是教学的重要目标之一,还是有待挖掘的教学策略和教学资源,也是教学艺术的生成土壤,更是学生学会学习、具备学习能力的具体体现;而教师对学生"教育者"角色的尊重、重视与培养程度,更是教师教学智慧的体现。这一点在"自主变革的名师"——S老师的课堂上已有很好的体现。当然,教师的"学习者"角色、学生的"教育者"角色之间的关系,则更多地反映出了教师的教育理念是否先进及教学技术是否应用到位。例如,教师对学生独到见解所表现出的聆听、澄清、重述、追问、关注乃至通过适时评价来巧妙组织教学,等等,不仅能提升教学深度,还能促使教学鲜活、生动,富有生命力,从而使课堂教学更有艺术性,教学效果也更加高效。当然,教师"教育者"的角色与学生"学习者"的角色在课堂上属于常规体现,在师生角色分化的课堂上,这种体现与学生的年龄大小、认知水平、自我管理水平呈负相关。即学生年龄越小、所处年级越低,教

六 研究结论

师的"教育者"角色与学生的"学习者"角色则越接近分化前的状态;而随着学生年龄增长、年级提高,师生角色分化则日趋明显,交互关系也越来越强。当然,低年级师生角色并非没有分化或交互。实际上,学生年龄越小,教师对角色分化的培养效果就越好。这恰如在尊重氛围中长大的孩子更易于形成对他人和自我尊重的良好习惯。也就是说,在学习的初始阶段,学生的行为角色以学习者为主,教师的行为角色以教育者为主。此后,随着年龄、智能与经验的发展,学生的教育者角色稳步增强,而教师学习者的角色因而也渐渐加强,即学生参与教学活动的意识与能力越来越强,教师从学生那里学到的东西也越来越多。当学生的教育者角色达到了一定的高度,完全能通过自学掌握基本知识、基础技能并进而能够进行创新时,他就可以独立从事各种工作,其优秀者可以从事教学或科研等高级工作,这也就是传统上所说的"出师"。

"师生角色分化"与"师生共享教学"之间存在着相辅相成的关系:"师生角色分化"是实现"师生共享教学"的前提,"师生共享教学"是"师生角色分化"的结果。"师生共享教学"是"师生角色分化"的目的,"师生角色分化"是实现"师生共享教学"的手段。通过教学促进学生发展是教育的目的。师生角色分化是施教手段,师生角色转化是施教结果。当师生彼此互为教师和学生时,师生之间的和谐之美得到升华,教学艺术因之达到高度的审美境界。

师生角色分化的理论基础。从心理学角度看,学习是一种自我教育的活动,是自我说服、自我审视的活动。

美国社会心理学家 G. H. 米德最早从传播的角度对人的自我意识及其形成过程进行了系统研究。他在研究人的内省活动时发现,自我意识对人的行为决策有重要影响。他认为,自我可以分解成互相联系、相互作用的两个方面:一方是作为意愿和行为主体的"主我"(I),它通过个人围绕对象事物的行为和反应具体体现出来;另一方是作为他人的社会评价和社会期待之代表的"客我"(me),

它是自我意识的社会关系性的体现。即人的自我是在"主我"和"客我"的互动中形成的又是这种互动关系的体现。"主我"体现为行为反应,"客我"则体现了社会关系的方方面面的影响。"客我"促使"主我"发生新的变化,当然,"主我"反过来又改变着"客我",两者在互动中不断形成新的自我。[1]

当学生面对学习材料或内容进行自学时,他在内心里把自己分化成为两个"我":一个是"学习者"角色,一个是"教育者"角色。这两个"我"与学习材料或内容形成互动:作为学习者的"我",努力地理解、接受学习材料或内容的意义,将其纳入已有的"图式"中,加强记忆,训练技能;而作为教育者的"我"则将从学习材料或内容中得到的意义与已有的经验产生有机联系,用经验来审查并判断这些意义,它们是否正确?能否接受?进而提出疑问或是修正意见。自学其实就是自我教育。在学习过程中,学生的这种心理对话存在活跃程度的差异,而活跃程度与学习效果彼此呈正相关。但是,学生一旦面对活生生的教师时,他内心里"教育者"的角色,却常常因为现实中教师的强势行为而被弱化。但是无论如何,学生的这种心理活动的确是存在的,只是绝大多数学生并未意识到而已。

同样,当教师备课的时候,他也会在内心将自己分化成两个"我":一个是作为教育者的"我",另一个是作为学习者的"我"。作为学习者的"我",首先从备课资料或其他教师那里借鉴教学内容和教学方法等;然后,位移到学生的角度去审视作为教育者的"我"所确定的教学内容,所创设的教学情境,所选择的教学方法是否可行,进而提出修正意见。这两个"我"会话的活跃程度,以及作为学习者的"我"对学情的了解程度,与课堂教学效果呈正相关。换句话说,我们常常用"备学生""读懂学生"或"分析学情"等概念替代这种心理活动。实践中,无论是"备学生""读懂

---

[1] 郭庆光:《传播学教程》,中国人民大学出版社2011年版,第65—66页。

学生"或"分析学情"都要求教师产生心理位移,从学生的角度来审视:如何利用学生已有的知识和经验?然后,回到自身角度来分析:"我,该如何帮助学生建立新旧知识间的联系?应该选择什么策略激发并维持学生的内在动机?怎样能把教材讲得清楚,促使学生牢记教材?怎样能使课题个别化,也就是说,使它既具有显著特征,又能适合学生个体的特殊需要与个别爱好?"[①] 当然,在课堂教学中,教师角色转换的自动化程度和教学质量呈正相关。因为,当教师能根据学生的情绪状态,有意识地创设教学情境,挖掘教学资源,调整教学设计,调节教学进程,优化教学方法时,体现出的就是教师的教学艺术水平。只是与学生一样,绝大多数教师并未关注到这种心理活动。

在师生角色分化的情景下,"教学"与"学习"是从不同视角对同一个"教—学"过程的不同称呼:"教学"是教师视角的称呼,"学习"是学生视角的称呼。

师生角色分化的认知平衡机制。当前,很多人格外强调师生互动,生生协作。那么,教学过程中的"互动"与"协作"的心理机制到底如何?

1958年,美国社会心理学家海德(Fritz Heider)提出了改变认知态度的"平衡理论"(又被称为"P-O-X理论")。其中,"P"(Person)代表认知主体,"O"(Other)代表另外一个人,"X"代表认知对象或认知结果。[②]

以课堂教学为例,若是学生P(不)喜欢教师O,那么P就会倾向于(不)接受O所赞成的X,这是一种认知平衡状态,也就是我们常说的亲其师则信其道。但不平衡的情况则是,对P来说,他不喜欢O,却要他接受O所赞成的X;对O来说,他所赞成的X不为P所接受。海德指出,追求平衡与和谐是人类的普遍心理需要,

---

① [美] 约翰·杜威:《我们怎样思维·经验与教育》,姜文闵译,人民教育出版社2006年版,第225页。

② 胡正荣、段鹏、张磊:《传播学总论》,清华大学出版社2008年版,第252页。

而认识上出现不平衡或不和谐，就会使人产生心理上的紧张与焦虑，从而使认知结构向平衡与和谐调整转化。按照1955年查尔斯·埃杰顿·奥斯古德和坦南鲍姆（C. E. Osgood & G. P. H. Tennenboum）提出的一致性理论，在调整过程中，各种因素都可能发生变化，但变化的总量与其相对的强度成反比，一般不会改变评价最强的因素。[①] 所以，当认知处于不平衡状态时，若O不愿意改变自己且非常强势，他就会改变P。而P若内心弱小，则会曲意迎合，如改变自己，以真心接受来消除痛苦；若他内心力量比较强大，就会阳奉阴违，如假意接受，用比较小的痛苦来防止产生更大的痛苦；若他的内心足够强大，那就会针锋相对，不忍受接受的痛苦。反之，若O以让P接受X为目标，X选择了改变自己而适应P，其结果呢？很显然，P当然会欣然接受X。

如今，建构主义早已成为被广泛接受的教育思想。在建构主义学习理论中，教师在学生认知建构的四个核心环节上都可以并试图对学生产生巨大的影响：在建立"图式"环节上，教师为一张白纸的初学者建立一个深深地打上教师烙印的图式，这个图式对学生影响至深，若要将这个图式推倒重来，非常困难，也非常痛苦；在"同化"环节，教师为学生过滤、筛选有益的信息，并通过强化训练将其整合到学生既有的"图式"中；在"顺应"环节，教师修改学生"坏"的"图式"以建立新的"图式"；在"平衡"环节，教师将学生的认知从一种平衡状态牵拉到另一种平衡状态。

但学生并非无情之物，可由教师按照个人喜好与意愿任意揉捏或塑造，他在或短或长的人生旅途中，已然建立了自己的人格，具有自己的情感与意志。尽管年纪越小，其人格的可塑性就越大，但其情其志喜顺畅调达而恶阻挠强迫。学习是全身心投入的行为，知、情、意、行和谐调达，特别是在自觉、自愿、自主、自为的状

[①] 林秉贤：《认知学派的社会心理学观点及其理论新趋向》，《天津商学院学报》1997年第3期。

态下，身心愉悦，学习效果则事半功倍；但只要其中一项不够和谐调达，学习效果则事倍功半。尤其是"同化"与"顺应"本身就是一个痛苦的选择及修正的过程，若自主完成，则痛苦最小，若被迫完成，则痛苦最大。

但是，当教师（O）在教师角色之外分化出一个学生角色（Op），以平等的"同学"身份去启发学生（P）时，学生对教师将会产生身份认同，心理接受度必显著提高，能有效缓解彼此情感与意志上的对抗。同时，学生的认知成果来自自身的开悟而不是教师的强硬灌输，学生那颗敏感的心忽略了教师的启发，认知对抗也就无从产生。教学艺术水平高的教师，不仅善于从认知角度化解学生的认知困难，而且善于从情感、意志等方面化解师生间的心理张力。当学生（P）分化出教师角色（Po），学生间相互教学时，学生（P）对学生（Po）本来就有身份认同，对抗性弱，接受度高，效果良好；P与Po的交流是平等而非等级式的，开放而非封闭的，自愿而非强制的，接受是发自内心的自愿行为。学生变成教师，也激发了学生个体的学习主动性，而主动性在认知建构中发挥着关键的作用；提升了学生的自我效能感，自主管理能力，自我激励意识，也就是学生"小老师"的角色意识，能提高学生的自觉性、责任感、成就感和进取心，帮助学生体验到学习的快乐，激发学习兴趣，由被动学习转化为主动学习乃至快乐学习。师生角色分化，使传统教学模式下师生的知、情、意、行状态得到悄然改变，师生关系由紧张、焦虑、互为压力，转变为认同、和谐、共同发展。情、意状态的变化促使"知""行"更好地发展。而"知""行"的良性发展促进"情、意"的提升，进而形成良好的发展状态与良性的循环态势，从而不断提高学习质量。

（2）"师生'角色分化，共享教学'"的现实意义与实际应用

"师生'角色分化，共享教学'"的现实意义。胡德海先生认为，教育包含生活中的一切教育现象，也就是，凡是把自己的文化知识或信息传递给别人的人都是教育者，而凡是接受别人传递的知

识或信息的人都是受教育者。在生活中,无论是教师还是学生,其实都既扮演知识与信息的传递者又扮演接受者的角色。孔子曰,"三人行必有吾师",曾子自勉"吾日三省吾身",都体现出胡德海先生的观点:教师,在教学过程中常常既是教育者又是受教育,而学生在学习过程中则常常既是受教育者又是教育者。①

在课堂教学中,师生角色分化处处、时时皆在。比如,在语文课上,当教师让学生讲出他们对情节的理解,就相当于使学生处在教师的位置上,由学生把教师期望表达的意思转述、强调给其他的学生。实际上,当学生强调知识点时,在这个很短的时间内,回答问题转述教师希望表达的观点的学生,就扮演着教师的角色。② 又如,在所有的师生互动中,对于教师来说,当他们得到学生的反馈时,教师其实也正体验并处于学习之中。教师需要面对这个扮演双重角色的过程,他们此时既是"教师"又是"学生"。在教学中,教师的角色可能需要在两者之间进行多次转换。③ 再如,"学生的话,反过来又在影响我们(教师)的学习。在一个不断循环的变化过程中,他们(学生)此时扮演着教师的角色,而我们扮演的正是学生的角色。这个循环变化的过程包含了教与学,又因为重新学习(relearning)和重新教学(reteaching)而不断地向前推进"④。"自主变革的名师"S老师所发现的"孩子用孩子的话交流和你跟孩子交流效果并不一样,孩子间的交流事半功倍"已经实实在在地证明了这一点。

总之,在教学实践中,师生角色分化的现象客观存在着。但是,人们对这一司空见惯的教育现象及其价值没未给予应有的关注,许多优秀教师恰是在不自觉的状态下运用了这一原理而取得优

---

① 胡德海:《教育学原理》,甘肃教育出版社2010年版,第66—679页。
② [英]蒂姆·奥布赖恩、丹尼斯·吉内:《因材施教的艺术》,陈立译,北京师范大学出版社2008年版,第69页。
③ 同上书,第87页。
④ 同上书,第158—159页。

六 研究结论

异成绩的。"师生角色分化"原理提出的目的和意义在于：从理论上明晰和细化这一生活中常见的教育现象，将师生角色分化的意识从内隐状态走向外显状态，并在教学过程中运用角色分化的手段和技巧。具体说来，教师要强化自身的角色分化意识，使其"教育者—学习者"互动的心理活动从潜意识状态升华为自觉性行为，并将教师的角色分化从备课环节延伸至整个课堂教学过程中，将其作为学习者的"我"实显化、体外化、实体化，与学生一起成为学习者，并且成为学生的学生。同时，教师也应开发并强化学生的角色分化意识，使其"学习者—教育者"互动的心理活动从潜意识状态升华为自觉性行为，并将其作为教育者"我"的角色实显化、体外化、实体化，不仅担当自己的教师，还担当其他学生乃至教师的教师。以此达到教学相长的理想境界，使师生真正共同享受教学过程。

当前，我国课堂教学仍是由教师实际主导的，在这种情况下，提出"师生'角色分化，共享教学'"更具现实意义。强调师生角色分化，可促使教师充分认识到，不仅自己是学生的教育者，学生也可以成为自己的教育者；"只有做学生的学生，才能做学生的先生"（叶圣陶语）；学生不仅是受教育者，也可以成为他人的教育者，并且在教育他人的过程中实现自我教育，从而使教师回归平常心，调动一切可以调动的资源与方法为学生实现自己的目标服务。或许更重要的是，师生角色的分化，能有效增进师生的情感交流，创造德育与美育的良好契机，提升学生的情感品质；还可增进师生的意志交流，打造培养学生公民素质的平台。

"师生角色分化"还有一项价值，那就是有助于"教学相长"。知识决定命运，改变命运，包括教师在内的任何人若都以学习为终身追求，其最高境界就如同孔子所言"朝闻道夕死可矣"。那么，谁有知识，我们当然就应该向谁学习，无论他的年龄、身份、地位、性别、种族如何。虽然学生总体上是受教育者，但每个学生身上都有值得教师学习的闪光点；虽然教师以教育别人为职业，但他应随时做好向学生学习的准备。师生角色分化,实现了"课堂权利再分配",课堂不是由知识、教师、教材主宰的空间,也不是一味地由着学生性子来的地方,而是师生共享的成长空间。师生角色分化,还会"改变教师的角色、转变学生的行为"①,从而使学生主动承担学习责任。教师不仅要愿意向学生分权,让渡教学主导权,而且要鼓励并帮助学生向自己争取权利且用好权利。教师要有这种胸怀与境界。因为这正是教师职业之所以神圣的原因。特级教师于漪说过,她"'必须用一辈子学做教师'的心态去敬畏、去履行一个教师'生命不停、育人不止'的神圣职责"②。教师主动分化自己的角色,不仅有助于形成师生共同学习的氛围,有助于开发学生的教育者潜质,使不同程度的学生都获得更好的成长,而且有助于教师抛弃"傲慢与偏见",摆正心态,精进业务,更好地教书育人。

迈克尔·富兰说过:"变革就是学习。"③ 在师生角色分化中,师生都在学习。换句话说,师生都在进行变革。当然,这首先需要教师进行变革,才能带动并促使学生变革。师生角色分化的结果是"师""生"角色彼此渗透,不分你我。当然,师生角色分化对教师提出了更高的要求,教师只要坚持自我修炼,就能以其学高德高、可亲可爱而成为学生的领袖、大伙伴,受到学生的拥戴。

苏联著名教育家苏霍姆林斯基曾提出"真正的教育是自我教育"④,我国教育家叶圣陶也说过"教育的最终目的在于达到不复需教,而学生能自为研索,自求解""教是为了不教"⑤。胡德海提出"自我教育是人类文化另一传承手段"⑥。教育与自我教育二者

---

① 崔彦、代中现:《以学习者为中心的教学设计与实践》,《全球教育展望》2010年第6期。
② 于漪:《与免费师范生对话未来》,《中国教育报》2014年9月3日第7版。
③ 迈克尔·富兰:《变革的力量——透视教育改革》,教育科学出版社2004年版,第37页。
④ [苏]苏霍姆林斯基:《给教师的建议》,教育科学出版社1984年版,第338—339页。
⑤ 叶圣陶:《叶圣陶语文教育论集》,教育科学出版社1984年版,第720—721页。
⑥ 胡德海:《教育学原理》,甘肃教育出版社2010年版,第229页。

在动态中的比重不是一半对一半,而是畸轻畸重的,呈反比例关系并存的。师生角色分化在教学实际中,能帮助师生形成新的思维方式,提高自我教育能力,从而实现终身学习。

"师生'角色分化,共享教学'"的实际应用。就在实践中实现"师生角色分化,共享教学过程",笔者向教师提出以下四点建议:

第一,教师要从自身做起,促进师生角色分化。当前,教师仍然掌控着教学的主导权,因而形成师生角色合理分化、共享教学过程的局面,决定权在教师。教师得控制好教育者角色的过度扩张,要用启发的方法给学生留出思考的空间,尊异甚至求异,鼓励创新思维,而不要向学生传递现成的知识;要用水平和实力争取获得学生认同,对学生表现出的个性特质和不同想法、做法持包容和鼓励态度,支持学生个性化发展,通过身体力行对学生进行民主、包容的教育,切忌将个人观点当作标准答案强加给学生,也不要向学生强硬灌输知识;引导学生积极参与到教学活动中,帮助学生树立扮演教育者角色的意识,激发其自身巨大的学习能量,提升自我教育的能力,使学生的认知升华从被教师牵引转变为自主牵引。教师甚至可以假装不懂,让学生在表达见解的过程中锻炼表达能力、提升自信。教师还要扮演好学习者角色,全面了解学生的实际状况,以学生的视角思考问题,以学生的姿态与学生交流、探讨,虚心向学生学习。

第二,教师要放下身段,与学生共同创设教学情境。如在课程导入环节,教师要主动与学生共同创设问题情境——了解学生实际状况,征求学生对教学内容、教学目标、教学方法的意见、建议。随着学生年龄的增长,教师可以越来越多地与学生分享教学情境的创设过程。即使在学生水平较低的情况下这样做的实际作用不大,其象征意义也十分重要,它使学生对教师的民主、平等姿态产生好感即产生共情,并调动学生学习的主动意识和主人翁意识,为教学顺利进行奠定良好的情感基础。如果学生在这一环节能够提出好的建议，等于提高了教师的教学水平，其教学效果自不待言。

　　第三，教师要强化师生角色转化，实现充分的合作、探究、分享。自主、合作、探究是新课改倡导的学习方式，在此过程中要使学生充分交流、碰撞、分享，若教师能深度参与其中，效果则会事半功倍。如在数学课学习"3的倍数特征"时，教师可以组织游戏活动，并主动成为学习者，和一名学生竞赛，其他学生用计算器做辅助裁判。比赛场面热烈，大家情绪高涨。之后师生分享比赛体会，总结学习方法。这节课尽管内容枯燥，但因师生同台竞赛，激发了学生的学习兴趣，使学生积极主动地投入新知的探究中，从而提高了课堂的有效性。[①] 再如，笔者运用课堂志的方法，作为参与者观察自己的课堂，还作为观察者参与所指导的教师的课堂[②]，在教研中对教学的开放性和角色转化意识及指导角色转化的方法加以进一步明晰。在辅导学生进行展示时，我们明确首先要共同讨论出评价标准。其次对做展示的学生和在一旁观摩的学生提出要求：做展示的同学要投入情感，想方设法吸引并感染大家，展示后要按评价标准自评，说说自己最满意什么，还想在哪些方面做出改进；观摩的同学既要说说自己得到了什么启示，还要至少提出一条改进建议。最后就是组内展示、分享，相互讨论、促进。这个环节是开放的，师生角色充分转化、互动。对教师来说，既要站在学习者的视角接收做展示的学生的信息和观摩学生的感受，又要回到教育者的角色进行辅导；在辅导的时候，既有示范（学习者角色），又有点评（教育者角色）。对学生来说，也要进行角色转化，一方面在学生的角色下展示自我并接受教师对自己的辅导，还要接收其他同学的信息并学习同学身上的优点，从教师对他人的辅导中获得启发；另一方面在教育者的角色下进行自我评价和评估他人，对其他同学甚至教师提出改进意见和建议。在这个过程中，师生出现多维度、

[①] 王得收：《创建高效课堂的有效方法》，《中国教育报》2014年9月10日第9版。
[②] 王鉴：《课堂研究概论》，人民教育出版社2008年版，第202页。

多层面的交流互动，课堂呈现出网状互动结构，从而实现"教—学"共享。

第四，教师要努力把"师生共享教学"由课内实践向课外延展。对师生在课堂上的角色转换思维方式，要不断强化练习，形成换位思考、多角度审视的学习习惯，这样才能提高自学能力，同时形成遇事客观分析与理解他人的心态，使学习和创造未来幸福生活紧密联系在一起。在这个过程中，师生是朋友关系，可以相互分享感悟，使"教—学"从课堂上延伸到课堂外。这种延伸对于课堂学习来说不仅是极其宝贵的资源，还是师生走向亦师亦友境界的土壤。

（二）小学教师课堂教学艺术生成的具体方法

基层教师对于理论学习或者对于专家引领最期望的并不是掌握什么抽象的概念或应然的道理，而是具体的操作方法。[1] 对于课堂教学或教学艺术生成来说，很多老师最关心的不是数据或原理，而是方法与路径，就是到底用什么方法能实实在在地把课上得更轻松、省力、有效。因此，在提取出教学艺术生成基质、阐述了生成机制之后，很有必要概括、呈现、提供更具操作性的具体方法。

事实上，教师也如同一个班的孩子一样，教学水平存在很大差异。所以我们既要提供原理层面的机制内容，以便于悟性强、善反思的老师在学习后就能创造性地开展教学活动，又要关注程度较弱的老师并提供具体可操作的生成方法，就如同"自主变革的名师"S老师一样，以最弱的那个学生为基本评价对象，这样就能帮助教学群体中尚处于短板状态的教师上好课，切实拉升整个小学教师群体的教学艺术水平。当然，我们要包容教师教学艺术层次上的差异，这是正常的。但只要教师有所改变，就是可喜可贺并应该予以

---

[1] 王鉴：《课堂研究概论》，人民教育出版社2007年版，第228页。

肯定鼓励的。

"目标明确、创设情境、合作探究和巧用评价"四个方法具有一定的普适性，无论哪个阶段的教学，究其根本，都可参照这四个方法在制定教学目标、转化教学内容、组织教学过程等方面加以创造性的运用。其中，目标统领其他，其他为目标服务。

1. 目标明确是教学艺术生成的基础

在教学中，目标尤为重要，因为教学是一项有目的的理性行为，教学具有目的性，教师总是为了某一目的而教。[①] 是的，教学的最终任务是要达成教学目标。[②] 因此，帮助教师明确目标是提高教学艺术的基本方法。

（1）建立目标体系

建立目标体系的意义。明确国家的教育目的和一节课的目标，就如同有了清晰而长远的目标，这不仅是教育质量高下的差异，而且常常是研究型教师与入门期教师或专家型教师与普通教师之间的显著差异。有学者在研究教师思维导图的过程中发现：新教师对学科知识的理解常常处于点状层面，而随着经验的积累、水平的发展尤其是专业化的提升，则出现了由点到线再到网络的变化，差异鲜明。笔者以为，不同层次的教师，对于教学目标体系的理解恰如不同水平阶段的教师对知识点的理解一样。因此帮助老师掌握教学目标体系，能引领教师对教育教学产生系统思考，对教师明确职业价值有积极意义。

明确目标体系的关系。教育目标体系分为宏观、中观与微观三个维度（见表6-1）。因此教学目标体系就有三个层面，即教育→课程→教学。"教育"是指教育方针、教育宗旨、教育目的、教育目标等宏观维度，是统摄教学最上位的目标；"课程"位居中间，

[①] 洛林等：《布卢姆教育目标分类学》，蒋小平等译，外语教学与研究出版社2012年版，第5页。

[②] 李秉德、李定仁：《教学论》，人民教育出版社2001年版，第15页。

六 研究结论

就是通过课程规划、课程标准、编制教材等将国家的教育目标细化到不同课程即各个学科上,但它仍处于文本层面;"教学"就是通过什么方法,达成课程标准,实现教育目标。教学目标三个层面的关系就好比建一座大楼,蓝图是教育目标,对大楼进行整体论证与系统设计;施工属于中观层次,框架的构建就是课程标准;每一节课就好比建大楼用的一袋袋水泥和一块块砖,建大楼,少一块砖都是不行的。因此国家教育目标实现的关键在于教学目标的达成,课程改革目标实现的关键同样取决于教学目标的达成。因此,只有每节课都有质量了,国家的教育目的、教育目标才能最终得以实现。[1]

表6-1　　　　　　　　教育目标与教学目标的关系

目标维度	具体目标
宏观	教育目的
	教育目标
中观	课程目标(标准)
微观	教学目标

当然,在实践中,一线教师更关注如何制定自己任教的某个学科的教学目标。对此,我们还梳理出学科教学目标体系(见表6-2)。

表6-2　　　　　　　　**学科教学目标体系**

中观	课程目标(标准) 具体为课程总目标、学段目标
微观	教学目标 具体为学(年)期目标、单元目标、课时目标

---

[1] 刘历红:《读书会分享》,《当代教育与文化》2012年第6期。

（2）厘清三维目标

"三维目标"："知识与技能、过程与方法、情感态度与价值观"是新课改后教师耳熟能详的概念。《基础教育课程改革纲要（试行）》在"课程标准"部分指出：国家课程标准"应体现国家对不同阶段的学生在知识与技能、过程与方法、情感态度与价值观等方面的基本要求，规定各门课程的性质、目标、内容框架，提出教学和评价建议"。因此，当前各学科的教学目标都是按照这三个维度来确定的。如果说，建立目标体系帮我们在纵向上厘清教育目标与教学目标之间的关系，促使教师在确定一节课的教学目标时进行纵深思考、着眼长远的话，那么厘清这三个维度之间的关系则能帮助教师在确定一节课的教学目标上增强横向间的联系，从而更用心地设计教学。

逆向思考，确定三维目标。在下校听课时，我们多次就三维目标对课程目标及教学目标的达成问题和很多中小学教师进行交流，感觉大家对三维目标在理解方面有待转换视角。通常，大家是按"知识与技能→过程与方法→情感态度与价值观"这一顺时针走向思考问题的。但从三维目标的理论发展脉络上分析，我们可能就会产生完全相反的思考路径。

我们认为，三维目标在某种程度上体现了心理学中行为主义学派、认知学派和人本主义学派的理论观点。行为主义是20世纪上半叶对西方学校课程影响最大的心理学流派，无论是以华生为代表的经典行为主义还是以斯金纳为代表的新行为主义，其理论基础都是条件反射，也就是刺激—反应（S-R）。只不过前者强调反应之前刺激，后者强调反应之后刺激，即强化。从某种意义上说，题海战术的存在是有其理论根源的，因为刺激会产生反应，强化并固化反应，而知识与技能的掌握恰需不断强化。所以只要以知识、技能为中心或者只要单纯追求分数目标的存在，题海战术就不会消亡。行为主义者把人类的学习过程描述得过于简单、机械，忽视人的意识和思维在学习中的作用，20世纪50年

六 研究结论

代,该学派就退出了占理论主导地位的历史舞台,取而代之的是认知学派。20世纪50年代末,认知学派逐渐成为主导理论。该学派强调整体观,重视人学习的内部心理过程。1960年,认知学派的代表布鲁纳公开提出了"教育过程"这一概念,阐述了他的课程论思想,成为美国中小学教改的基本思想并影响世界。布鲁纳重视学习过程,倡导发现学习,认为发现是一种方法。但他过分强调发现、过分强调学生的主观能动性,他的理论在实践中也逐渐退出理论主导的舞台。随后流行起来的人本主义学派,从一开始就关注课程问题。人本主义心理学家既不像行为主义者那样重视知识与技能,也不像认知学派那样重视过程与方法,而是关注学生的情感、态度与信念,关注学习的起因。他们强调如何调动学生积极的内在需要,"在他们看来,如果课程内容对学生没有什么个人意义的话,学习就不大可能发生"[1]。人本主义代表人物之一的罗杰斯主张,理解人类行为需要了解这些个体对现实的感悟,他认同现象学所强调的"个体直接的意识体现在决定现实时的重要性"上。[2]

通过以上简要分析,我们认为,如果从知识、技能角度出发设计教学活动,则三维目标是难以达成的。而从学生的情感、态度出发设计教学活动,将知识进行人本化转化,调动学生积极的学习情感,想方设法让学生积极参与到学习过程中,在这样的状态下掌握学习方法,那么知识、技能目标的达成就是水到渠成的。因此三维目标的走向应该是逆向的,即"情感态度与价值观→过程与方法→知识与技能"。换句话说,就是要从人的情感态度与价值观出发设计教学过程并优选教学方法,以此激发学生在积极情感下投入、参与到学习过程中,在这个过程中增强学习体验,学会方法,进而理

---

[1] 施良方:《课程理论:课程的基础、原理与问题》,教育科学出版社2011年版,第36—37页。
[2] [美] Robert D. Nye:《三种心理学——弗洛伊德、斯金纳和罗杰斯的心理学理论》,石林、袁坤译,中国轻工业出版社2000年版。

解知识、掌握技能，从而促进发展。

实践证明，实现教育目标、达成三维目标，有赖于教育者尊重学习者的心理与认知特点，根据学科知识的内在逻辑体系，巧妙地在新旧知识间、在学生生活与学习经验间搭桥，化解新知难度，帮助学生尽早成功，在学习信心、热情、成就感等方面不断形成正能量，不断实现迁移，那么三维目标必将有效达成。

（3）确定教学目标

依照2011年教育部修订的课程标准，以小学数学学科为例具体分析教学目标的确定。

研读课程标准。首先，深入理解课程性质、基本理念和设计思路。其次，明确学科目标，掌握总目标、学段目标。如总目标："通过义务教育阶段的数学学习，学生能够：①获得适应社会生活和进一步发展所必需的数学的基本知识、基本技能、基本思想、基本活动经验。②体会数学知识之间、数学与其他学科之间、数学与生活之间的联系，运用数学的思维方式进行思考，增强发现问题和提出问题的能力、分析问题和解决问题的能力。③了解数学的价值，提高学习数学的兴趣，增强学好数学的信心，养成良好的学习习惯，具有初步的创新意识和实事求是的科学态度。总目标从知识技能、数学思考、问题解决、情感态度四个方面具体阐述。明确四个方面不是互相独立和割裂的，而是一个密切联系、相互交融的有机整体。课程组织和教学活动中，应同时兼顾四个方面的目标。这些目标的实现，是学生受到良好数学教育的标志，它对学生的全面、持续、和谐发展，有着重要的意义。"[①]

制定教学目标。以小学数学四年级下册第五单元《小数除法》（北师大版教材）为例，课时教学目标确定为：①在"参观博物馆"的情境中，理解整数除以整数商是小数的算理，探索算法，并能正确计算；②在经历解决问题的过程中，提高估算意识和解决问

---

① 《义务教育数学课程标准》，北京师范大学出版集团2011年版。

题的能力，发展分析、归纳、迁移等数学思维；③在独立探索、合作交流中，体会数学学习的乐趣，增强学习的成功感和自信心。①目标①中的"理解""探索"是新课标中的两类行为动词，是结果目标和过程目标的体现；目标②③即过程与方法、情感态度与价值观。这三个目标体现出通过数学思考、问题解决、情感态度的发展离不开知识技能的学习，知识技能的学习必须有利于其他三个目标的实现。

此外，在综合实践活动课上，为提高活动的有效性，帮助学生正确合理地制定目标，教师可以指导学生采取"填空的方式自主确定活动目标"，即①通过活动，我们小组了解（　　）内容或学到（　　）知识；②在活动中，我们学会运用（　　）方法或增强（　　）能力；③通过实践，我们体会到（　　）或培养（　　）感情。②

2. 创设情境是教学艺术生成的氛围

"问题解决，都是有情境的。"省级名师 L 老师的这句话在某种程度上充分表达出情境对于教学的重要意义。海德格尔曾说，过去并非主要存在于回忆中，而是存在于遗忘中。③ 我们都有体验，很多过去的事情都被忘记或只是留下模糊的记忆，可以说，遗忘是本能而记住则要用心。但是，一旦有了故事、投入了情感就容易回忆起来。所以创设学习情境不仅能帮助学生理解知识，而且学生在与学习内容发生联系、产生意义的过程中所拥有的故事感，才是帮助学生轻松学习的内在原因。而学习中师生、生生发生的故事更是师生生活世界的多彩历程，体现着生命的存在。

但是，本书研究在对 1042 位小学教师所做的调研中发现：有

---

① 这是河南郑州金水区黄河路第三小学赵楠老师 2012 年在"全国第六届教学设计与课堂展示大赛"中获得第一名的教学目标设计。
② 刘历红：《教研员课程领导力：建设区域品牌课程——基于河南郑州金水区综合实践活动课程的实践探索》，《基础教育课程》2014 年第 12 期。
③ ［德］汉斯—格奥尔格·伽达默尔：《诠释学Ⅱ：真理与方法》，洪汉鼎译，商务印书馆 2013 年版，第 180 页。

43.19%的老师"总是或经常"觉得创设情境挺难,而骨干与非骨干教师在创设情境上的方差分析数据还表明,创设情境对于非骨干教师,其难度系数高于情绪管理、积极聆听和教学机智等。那么,究竟该如何创设情境?又该创设哪些情境才能生成教学艺术?

(1) 问题式情境

运用悬念的课例揭示出:问题情境因"悬念"迭出而产生特有的魅力。这恰如杜威所言,为了产生审美的能量,摩擦是必要的,就像未开动机器而提供能量一样,而能量的激发突出表现在创设问题情境上。即是说,要想方设法诱发学生产生已有认知水平与新知识之间的矛盾,让学生的思维不断"打架",在已知和未知的冲突中不断摩擦、反复碰撞,在否定之否定的思维运动中,使学生带着好奇、充满疑问地学习,由此激发他们的内在学习动机,调动学习兴趣,提高注意力,增强参与性,提高学习积极性、主动性和有效性。[1]

(2) 活动式情境

优质课例和自主变革的名师个案中都有活动情境,可以说,创设活动情境在小学阶段是运用最普遍且形式最多样的情境类型。如果说问题情境主要是思维活动的话,那么小组合作式的探究活动、角色扮演式的表演活动、游戏竞技式的比赛活动、成果宣介式的展示活动则更多的是交往、表现、运动等在思维意识、身体运动和语言交流等方面整体参与的综合性活动。

在实践中,在一节课的不同阶段,教师往往会根据需要选择不同的活动形式。当然,不同的学科乃至同一个学科的不同课型,选择的侧重点也会有所不同。关键是教师先要根据课程特点、学习内容和学生特点等进行系统思考、综合考量,然后选择恰当的活动形式。同时,教师一定要时刻提醒自己,活动的目的是通过活动促进学习,发展能力,不是为了活动而活动。另外,为了保障活动效益,

---

[1] [美]约翰·杜威:《艺术即经验》,高建平译,商务印书馆2010年版,第392页。

首先要在教学目标引领下确定活动目标；其次要有完善细致的活动方案，如活动内容、人员安排、活动规则、活动时间、组织评价及注意事项等，尤其是竞赛性活动、实验活动、户外实践等活动，还要特别强调安全注意事项，以保障活动安全；最后要明确各个活动之间的关系，若是一节课在不同阶段需要安排不同的活动，那么一定要尽量使各个活动有机联系，循序渐进，或前一个活动为后一个活动做铺垫，或开头和结尾对照比较以检验学习成效，等等。

（3）意蕴式情境

在语文、音乐、美术等人文性强的课程中，创设学生易于理解文本的氛围是意蕴式情境在小学课堂上最常用的情境类型。这一点在李吉林的情境教学中体现得最为鲜明。如在一年级孩子学习唐诗《春晓》时，李吉林为了帮助小孩子理解虽只有短短四行但结构上运用了倒叙手法的诗歌内容，就让学生担任"诗人"，按照孩子生活经验中的时间顺序，体验诗人写诗前所经历的情境。再通过导语设计，一步步把学生带入意蕴情境——"夜深了，作为诗人的你读书睡着了。""半夜里，你被风雨声惊醒了。""听着，听着，你又睡着了。"利用孩子的生活经验，为诗歌内容结构的理解做了必要铺垫。（播放鸟鸣录音）"清晨，你听到一阵阵鸟鸣声，你便吟起诗来，你先吟了哪两句？""作为诗人的你忽然想起昨天半夜里风吹雨打的情景，你又吟了哪两句呀！""小诗人"伴随着积极的情绪争先吟起诗来，仿佛诗句真是他们自己做出的。热烈的情绪便渲染了整个学习情境，全体学生都在无意识作用下情不自禁地进入了角色，很快就学懂了全诗，而且特别快活。[1] 意蕴式情境使被说出的或被学习的内容具有了最佳的"时机性"，从而满足了理解的需要，并在理解中达到了满足。[2]

---

[1] 李吉林：《学习科学与儿童情境学习——快乐、高效课堂的教学设计》，《教育研究》2013年第11期。

[2] ［德］汉斯—格奥尔格·伽达默尔：《诠释学Ⅱ：真理与方法》，洪汉鼎译，商务印书馆2013年版，第225页。

3. 合作探究是教学艺术生成的过程

合作探究是新课改倡导的学习方式。在执教劳技课的 Z 老师课例和自主变革的名师 S 老师的个案中，对小组合作探究我们已经有了比较全面的了解。那么如何全面掌握合作探究的方法创设深入体验、多维互动、自主学习的情境呢？

（1）合作形式

课堂上最常见的合作形式，即小组组成方式有同桌两人合作、前后桌 4 人合作。这是最省力的、根据座位安排进行沟通、交流、探究的"自然式"分组法。但是，活动类课程是非听授式，甚至要进行课外探究活动，这种"自然式"分组就有很多局限。因此，综合实践活动课程有专门的"分组"课型，这类课型中呈现的分组形式多样，如根据活动主题需要，或采用竞聘式与自荐式，或根据探究兴趣，采用自由结合式与特长互补式，等等。在分组过程中，教师的指导作用非常重要，如何分组，选用什么形式，人员大概多少，什么标准等具体细节需要经民主讨论产生，在此基础上既要建立小组文化，如选举产生组长、创建组名、建立组规、成员分工及评价方法，以保障合作顺利，探究任务达成。

（2）探究任务

探究是合作的目的，合作是探究的手段。所以探究什么、如何探究才是合作的目的。自主变革的名师 S 老师的课堂变革，就是学习方式的变革。课上，当老师头脑中的假设发生变化后，变革必然会发生，就如同执教劳技课的 Z 老师在劳技课上的变化一样。所以无论是以活动为主的实践类课程、以动手为主的技术类课程还是以思维运动为主的数学类课程，学习内容大都能成为探究任务，更不用说课堂内容的延伸及综合应用了。例如，2015 年 5 月，郑州市金水区启动的"第二届中小学生'能力生根'暨研究性学习成果评比"活动，经 4 个月的实施，按照"体现研究小组的主体性、合作性、探究性和实践性"的标准，即是在教师指导下的、学生亲历的、有完整实践过程的真实的研究活动成果,且能体现"用知识解决问题、在解决问题的过程中学知识"的基本理念,对40所小学上报的337项、10所初中上报的33项共370项研究性学习成果及社会实践与社区服务类、技术教育类和社团类成果36项总计406项成果进行集中评审发现:该项活动涉及综合实践活动课程、语文、数学、物理、化学、生物、社会、历史、体育等学科和领域,参与学生2400多人,校内外辅导教师1000多人。由此可见,合作探究已经得到众多师生、家长及社会各界的重视。恰如一位校长所言,他们是被学生和家长推动着开展研究性学习活动的。在学生和家长对合作探究有如此热情且又亲历其中体验丰富且收获很多时,教师若要坚持静听式授课必然会遭到众多的阻抗。所以教师根据学习内容创设合作探究情境,就不仅仅是超前变革而渐渐成为形势所迫了。

4. 巧用评价是教学艺术生成的保障

评价在课堂教学中有不可替代的作用,特别是在合作探究或活动式情境的课堂上更需要评价为其顺利组织教学、达成教学目标保驾护航。

(1)调控教学变游戏规则为纪律要求

很多老师尤其是见习期教师最常遭遇的困难是"管不住学生",课堂上常因秩序混乱而导致教学目标无法完成。因此,建议教师将课堂纪律转变为游戏规则。例如,有位很有经验的综合实践活动课教师,借班授课,面对初次合作的学生,在课前短短几分钟的预热过程中,没有直接切入正题,更没有贸然提出纪律要求,而是先和孩子们玩游戏:"冰糕。化了。"这是中原地带孩子们常玩的游戏,就像"木头人"一样,直观、鲜活、有趣。在游戏前,教师强调了游戏的方法与规则:"当听到我说'冰糕'时,不论你正在做什么,你就要变成冰糕,一动都不能动了。当听到'化了'才能自由活动。如果犯规,请你暂时离开自己的小组,等下一轮游戏时你才能再参加游戏。"然后，教师就带着学生玩了3分钟的游戏，游戏中她两次强调了规则，并处理了违规现象，强化学生遵守规则的意识。当孩子们都能很好地遵守游戏规则时，她顺势迁移，提出："这个游戏就是我们这节课的活动规则，希望每位同学在课堂学习中像这会儿玩游戏一样遵守规则。"一节兴趣盎然、活动量很大的室内实践活动课，在将纪律巧妙地转化为游戏规则的处理下，安全、顺利、流畅、快乐地完成了，学习目标有效达成。[①] 组织教学，关键是教师要和学生建立起行之有效的课堂常规，并且教师要率先遵守规则，以身作则地维护规则，这样才能产生执行力。

（2）推进教学巧用多种评价方式

口头评价要精练精准。[②] 教师用口头语言对学生学习情况做出判断的口头评价，是最直接、使用频率最高的评价方式。但教学中，教师常轻率地进行口头评价：或习惯性地重复学生答案，或使用"很好""不错"等简单评价语，但许多的口头评价，并未评价出学生的真实表现。如一位青年老师在一节课上，重复学生答语或类似的无效评价达30次之多。我们针对教师口头语言的种类和使用场合进行分析，归纳出几种情况：一是使用"很好""不错"等简单无效的评价语，但到底好在哪儿，学生并不明白，这种评价语应尽量减少或不用；二是对学生回答内容的重复，即学生说一句，教师重复一句，改变这类评价可采取：①当教师没听清或不清楚学生的回答，可用追问或重述加以澄清；②当师生达成共识时，可适当重复学生答语，以体现积极聆听；③对习惯性重复、无价值评价，需换成具体适当的评价语言，如换成一句传递正能量的评价语等，以引导并巧妙组织教学。当然，教师评价语言不精准精炼，除

[①] 刘历红：《教研员教学领导力：解决课堂核心问题》，《中小学管理》2014年第6期。

[②] 张颖：《"精"心设计"准"确导向"特"色呈现——综合实践活动课程中教师评价方法的探索》，河南（郑州）金水区综合实践活动课程教学研讨课展评活动，2015年1月。

六　研究结论

了习惯性重复外，还有就是教师心理素质或应变能力差，因紧张而致使发挥欠佳以及积淀不足。针对此种情况，建议教师：充分预设教学过程各环节中学生发言、行为、表现，提前设计相应的评价语言，在课堂上直接运用。

客观评价要明确标准。教师对学生的评价常常出现主观、随意的问题，导致学生觉得老师想怎样就怎样，课堂上就会出现老师说了算的负效应。因此提前将评价标准"晒"出来，明确标准，人人清楚评价规则，对推进教学将起到事半功倍之效。

评价多样，技术要先进。除口头评价、量表评价、总结评价、符号（奖励）评价外，引进先进技术也能有效推进教学。①实时影像评价。即利用网络和信息技术，进行快捷和实时评价。既能让学生感受时尚的信息，也能以更生动直观的形式让学生感受到评价的乐趣和魅力。如教师用相机抓拍一些典型的有评价价值的画面，并适时投放在大屏幕上，将对学生产生直接刺激，自己几分钟前的表现，真实地呈现在眼前，学生马上就看到了自己的优点和不足，这样的评价，是一种不需语言就可以直击心灵的无形力量，也是学生非常喜欢的评价模式。②轶事记录评价。即指导教师对所观察到的有意义事件和片段进行事实性和解释性的描述。

评价要突出课型特点。各学科都有很多课型，课型不同，教师的评价语言或评价方式也应随之发生变化。如综合实践活动中的设计制作、中期反馈、拓展延伸课型，评价的侧重点也需体现出课型特色。设计与制作课是通过活动激发的学生创造性，教师的评价语要有更多的表扬与激励，给予学生广阔的创新思维空间，让学生将自己的聪明才智淋漓尽致地发挥出来；中期反馈课，教师应帮助学生对活动进行分析与诊断，给予一定的方法指导，不下定论，开放性评价占主导；拓展延伸课，教师应该通过评价进行总结，挖掘亮点，使学生体验成功的喜悦。总之，课型不同，教师评价侧重点及目标也应随着课型而改变，突出评价的课型性。

评价目的导向要明确。评价导向性体现在纪律混乱时的监督评价，倾听时的激励评价，合作时的诊断评价，成果展示时的拓展评价上。评价起着穿针引线的作用，把脱离主线的学生或活动拉回到主旋律中，起规范和引导作用。例如，当学生发言"跑题"时，若不及时进行导向性评价，将导致后面的思维全都跟着这次发言越跑越远。所以巧用评价，就可产生巧解"课堂"问题了然无痕的艺术效果。

此外，指导学生掌握评价方法进行自主评价，也是推进教学的重要方法。例如，活动类课堂上小组活动频度高，教师难以观察、评价每一个学生，指导学生制定评价标准、掌握评价方法进行自主评价就能有效推进活动。以综合实践活动课程为例，评价更多的是过程性、发展性评价，更关注学生在活动过程中能力的提升和研究意识的培养，因此通过评价引导各个小组通过真实的语言反思前期活动规划和调整后期方案对于推进活动来说就很必要。① 而反思总结的过程也是评价提升的过程。所以在教学中，首先要指导各小组讨论、确定小组活动评价表（见表6－3）②，确定评价内容；其次，要给出时间，让各个小组根据评价表进行自我评价，这个过程可以在课上也可以在课下完成；最后，在课堂上，组织各小组进行集中展示，全班分享，讨论交流（见表6－4），为后续活动做铺垫，展示中对各组讲解员的仪态、声音、语言、内容等进行组间评价。而讲解员的角色或可在不同活动中有所变换以锻炼每个成员的展示与演说能力，或可搭建不同角色的展示机会，促进学生在有机会当众展示的前提下根据个人特长发挥各自优势，或二者结合以促进学生全面发展，而在整个过程中，每个学生都有机会当"小老师"，通过角色分化，实现彼此

---

① 张杭：《小学高年级活动评价标准制定的实践探索——综合实践活动课程中教师评价方法的探索》，河南（郑州）金水区综合实践活动课程教学研讨课展评活动，2015年1月。

② 表6－3、表6－4是河南（郑州）金水区纬五路第一小学郭宁老师在"金水区综合实践活动课程教学研讨课展评活动"中执教中期反馈课"走进郑州交通 做文明行者"中使用的两份评价表。

指导，相互学习，共同进步的目的。

表 6-3　　　　　　　　　　小组活动自评表

前期活动	经验		体验		困惑		困难	
后期调整方案	优势发挥							
	改进不足							

表 6-4　　　　"走进交通　做文明使者"活动组间评价表

组别	评价内容					备注
	仪态大方	声音洪亮	语言流畅	大胆分享	内容清晰	
火眼金睛 DV 组						
勇往直前采访组						
如虎添翼调查组						
虎虎生威调研组						
金光闪电出行组						
步步高升法规组						
开天辟地地铁组						
四通八达通行组						
生龙活虎文明组						

说明：表 6-3、表 6-4 是以中期反馈课型为例设计的学生评价用表，表 6-3 是小组活动自评表，表 6-4 是组间评价用表。不同课型的评价表要根据课型特点进行设计，这样才能起到评价的针对性和对活动的推进作用。

在指导学生进行组内评价和组间评价时，需要注意：第一，一个好的标准是在不断的实践探索中逐步完善形成的，因此教师在指导不同年级的学生时要有所区别：一是对于中低段学生的指导要更多地以教师为主，课前就要思考清楚"评价什么、怎样评价"等问题，然后通过活动验证、补充、完善；二是对于已经具备自主评价能力的高年级学生来说，可以通过案例铺垫，引导学生分析活动特点和评价内容之间的联系，更放手些，以帮助学生向"教师角色"转化，小组制定评价标准并通过组间分享去完善评价方案。第二，评价标准不能拘泥于"正确性""标准化"，而应更加关注学生的使用效果，让他们在评价过程中体验评价效应，并鼓励学生创造性和个性化地添加评价内容，切实发挥学生的自主评价作用，在推进活动深入实施的过程中，全面提升学生综合能力，促进能力生根。

七　思考与建议

（一）思考

通过研究，我认为，教学艺术的至臻境界是走向美学的境界，而达成美学境界的教学艺术需要我们从以下四个方面着力。第一，增强人生意识。人生意识是审美意识中最基本的内容。在课堂教学中，它表现在教师敏感于每个学生的生命状态，从教育的终极目标出发确定自己的教学行为。这种行为具有时空感，它不拘泥于当下，不僵化于表面，这种人生意识拉大了对当下问题的思考时空，因而对成长中的学生有了更多包容与尊重。同时这种意识还会帮助教师摒弃"自以为是"，进而体贴成长中的人，由此促进了自身的成长。第二，追求直抵心灵。艺术家的要务就是穿透表层而直抵深层，让在深层中躲藏已久的自我来创造艺术。① 直抵心灵，将帮助教师更加关注心灵，重视动机，而不是被"分数"、被"听话"等牵制。其实，分数也是由心灵中热情的激发、兴趣的唤醒而动态变化着的。事实上，心灵才是现象背后的主因，而不是反之。所以，只有抓住矛盾的主要方面才能解决本质问题。而教师直抵学生包括自己的心灵，将自我动能激发出来，才是教学有效、健康发展的关键。学习也好，发展也罢，终究是自己的事，关键在于教师要有直抵心灵的能力。而这种能力的获得，需要教师有勇气承认未知，并使自己回归到诚实和诚恳状态，以孩童

---

① 余秋雨：《艺术创造学》，长江文艺出版社2015年版，第121页。

般的天真、质朴与终极追问，使每一节课成为探索那些尚未达成的目标的新起点。在这种反思、追问、探索、实践的状态下，教师将逐步走进心灵深处，教学艺术也就在此过程中逐步生长与建构形成，即生成。第三，重视直觉。探寻了心灵，就要用直观、形象的形式表现对心灵的捕获。它突出表现在课堂教学教师智慧的行动中。实际上，直觉是潜意识的体现，是大脑对现象的敏感性反应。因此，直觉其实早已贮存在意识中。要改变直觉，就要改变一个人的审美心理结构，"牵一发而动全身"，触动的甚至可能是一个完整的人生系统。① 而这个心理结构就是人的意识，是对人生意义的理解，是对教师角色、学生发展及课堂教学等方面关系的系统认知。第四，提高人格素养。教学艺术从狭义而言，是课堂教学的艺术效果，即学生学得有效，师生情绪状态良好等。从广义而言，则是通过课堂教学创造师生的新的精神天地，培养完善的人格，提升全面的能力，构建新的人格素质。② 当然，教学艺术中的"艺术性"源自教师健全而健康的人格，基于对学生的洞悉，对"人"的尊重。在此前提下，身处具体的教学情境的教师才能于"不经意间"创造出艺术效果。这种效果植根于体贴教学、情绪管理和角色分化等机制，而具体行为则在策略引导下从心而动，至于"具体行为"则是不确定的。

（二）建议

伽达默尔说，一切理解归根结底都是自我理解。③ 提高教学艺术，其主动权归根结底取决于教师的自我意识、内在需要、事业追求。为此，我提出以下建议：

第一，拥有积极心态，培养问诊意识。真想改变，就必须付诸行

---

① 余秋雨：《艺术创造学》，长江文艺出版社 2015 年版，第 145 页。
② 同上书，第 214 页。
③ [德] 汉斯—格奥尔格·伽达默尔：《诠释学Ⅱ：真理与方法》，洪汉鼎译，商务印书馆 2013 年版，第 161 页。

七 思考与建议

动。最好的办法就是主动敞开自己教室的门,请同伴、请身边的骨干、请学校的领导走进自己的教室,聚焦自己的课堂,诊断教学问题,提高教学艺术。第二,选准研究问题,养成反思意识。巴班斯基在教学最优化中曾建议教师,关注一个点,坚持三五年,就会成为某一个领域的专家。不同阶段的教师可以根据自己的实际情况,或根据上课中出现的问题长期研究或根据自己的成功挖掘经验等,关键是要养成反思习惯,盯住一个点,持续深入地思考、实践、反思、改进、再反思、再行动,螺旋上升。第三,坚持理论学习,树立借力意识。荀况说,终日所思不如须臾之所学也。所以在勇于敞开教室的门、坚持反思行动的过程中,要善于向专家请教。唯有善于运用理论知识指导实践,才能更有效、更彻底地解决问题,才能从生手到熟手再到专家,一步步地实现超越。第四,追求自我实现,树立超越意识。如果说,走上讲台之初我们的视野是以"精、深、专"为目标,要竭尽所能让课堂教学变得轻松的话,那么随着经验的增长、阅历的丰富、知识的积累,很多教师就可能渐渐迈入"优秀教师"的行列,课堂教学驾轻就熟,教学目标轻松达成,随之享有很高的事业成就感。但若就此止步不前,则很难有机会获得"自我实现"的"巅峰体验",也难以跻身"卓越"之列。所以对于优秀教师而言,在功成名就之后,需要勇于舍弃,以更高的视野,以"广、博、远"的标准,坚持不懈地在精神上、实践上、学术上磨砺,以求得超越时空的历史价值感,让自己的灵魂焕发出教育的力量,让自己的精神产生超越时空的影响力,促进更多的学生向上、向善、向美发展。教育家只有唤醒自己行动的直观力,其行动的影响和力量才能进入那些正在思考和继续思考的人的意识中,才能推动、扩展和照亮相互理解的视域。只有具有这种微妙的精神力量才能洞察宇宙真相,穿越时空界限,持续发挥效力。[1]

---

[1] [德]汉斯—格奥尔格·伽达默尔:《诠释学Ⅱ:真理与方法》,洪汉鼎译,商务印书馆2013年版,第646—665页。

参考文献

加里宁：《论共产主义教育和教学》，陈昌浩、沈颖译，人民教育出版社 1957 年版。

柏拉图：《文艺对话集》，朱光潜译，人民教育出版社 1959 年版。

《克鲁普斯卡娅教育文选》，人民教育出版社 1959 年版。

黑格尔·范扬：《法哲学原理》，张金泰译，商务印书馆 1961 年版。

《毛主席的五篇哲学著作》，人民出版社 1970 年版。

《马克思恩格斯选集》（第 2 卷），人民出版社 1972 年版。

卢梭：《爱弥儿》，李平沤译，商务印书馆 1978 年版。

吉尔伯·哈艾特：《教学之艺术》，严景珊、周叔昭译，台湾协志工业丛书出版股份有限公司 1978 年版。

张焕庭主编：《西方资产阶级教育论著选》，人民教育出版社 1979 年版。

曹孚编：《外国教育史》，人民教育出版社 1979 年版。

赵祥麟：《杜威教育论著选》，王承绪译，华东师范大学出版社 1981 年版。

苏霍姆林斯基：《给教师的建议》，教育科学出版社 1984 年版。

叶圣陶：《叶圣陶语文教育论集》，教育科学出版社 1984 年版。

江绍伦：《教与育的心理学》，邵瑞珍等译，江西教育出版社 1985 年版。

华东师范大学教育系、杭州大学教育系编：《西方古代教育论著选》，人民教育出版社 1985 年版。

李秉德、檀仁梅：《教育科学研究方法》，人民教育出版社 1986

年版。

B. S. 布卢姆:《教育评价》,邱渊等译,华东师范大学出版社 1987 年版。

斯金纳:《教学技术学》,瞿葆奎主编,徐勋、施良方选编:《教育学文集·教学》(中册),人民教育出版社 1988 年版。

戴本博主编:《外国教育史》(上册),人民教育出版社 1989 年版。

哈贝马斯:《交往与社会进化》,重庆出版社 1989 年版。

吴也显等编:《教学论新编》,教育科学出版社 1991 年版。

张武升:《教学艺术论》,上海教育出版社 1993 年版。

杨青松:《教学艺术论》,四川教育出版社 1993 年版。

夸美纽斯:《大教学论》,任钟印译,人民教育出版社 1994 年版。

倪梁康:《现象学及其效应——胡塞尔与当代德国哲学》,生活·读书·新知三联书店 1994 年版。

李秀林、王于、李淮春:《辩证唯物主义和历史唯物主义原理》,中国人民大学出版社 1995 年版。

李朝东、卓杰:《形而上学的现代困境》,甘肃人民出版社 1995 年版。

约翰·洛克:《教育漫话》,傅任敢译,教育科学出版社 1999 年版。

格尔茨:《文化的解释》,韩莉译,译林出版社 1999 年版。

Robert D. Nye:《三种心理学——弗洛伊德、斯金纳和罗杰斯的心理学理论》,石林、袁坤译,中国轻工业出版社 2000 年版。

于漪:《于漪文集》第 1 卷《教育教学论》,山东教育出版社 2001 年版。

李秉德:《教学论》,人民教育出版社 2001 年版。

保罗·弗莱雷:《被压迫者教育学》,顾建新等译,华东师范大学出版社 2001 年版。

苏霍姆林斯基:《和青年校长的谈话》,赵玮等译,《苏霍姆林斯基选集》(第 4 卷),教育科学出版社 2001 年版。

马克斯·范梅南:《教学机智——教育智慧的意蕴》,李树英译,教育科学出版社 2001 年版。

夸美纽斯：《大教学论》，傅任敢译，教育科学出版社 2002 年版。

林崇德：《发展心理学》，浙江教育出版社 2002 年版。

路海东：《教育心理学》，东北师范大学出版社 2002 年版。

刘旭东：《课程的价值取向研究》，甘肃教育出版社 2002 年版。

加里·D. 鲍里奇：《有效教学方法》，易东平译，江苏教育出版社 2002 年版。

马克斯·范梅南：《生活体验研究——人文科学视野中的教育学》，教育科学出版社 2003 年版。

祝智庭、钟志贤主编：《现代教学技术——促进多元智能发展》，华东师范大学出版社 2003 年版。

施良方：《课程理论：课程的基础、原理与问题》，教育科学出版社 2004 年版。

迈克尔·富兰：《变革的力量——透视教育改革》，教育科学出版社 2004 年版。

黄济、王策三：《现代教育论》，人民教育出版社 2004 年版。

陈向明：《旅居者和"外国人"——留美中国学生跨文化人际交往研究》，教育科学出版社 2004 年版。

戴·冯塔纳：《教师心理学》，王新超译，北京大学出版社 2005 年版。

约翰·杜威：《我们怎样思维·经验与教育》，姜文闵译，人民教育出版社 2005 年版。

埃德蒙德·胡塞尔、克劳斯·黑尔德编：《现象学的方法》，倪梁康译，上海译文出版社 2005 年版。

夸美纽斯：《大教学论·教学法解析》，傅任敢译，人民教育出版社 2006 年版。

胡德海：《教育学原理》，甘肃教育出版社 2006 年版。

沈龙明：《中小学课堂教学艺术》，高等教育出版社 2006 年版。

王鉴：《课堂研究概论》，人民教育出版社 2007 年版。

杨伯峻：《论语译注》，中华书局2007年版。

叶澜、杨小微：《教育学原理》，人民教育出版社2007年版。

王升主编：《教学策略与教学艺术》，高等教育出版社2007年版。

倪梁康：《胡塞尔现象学概念通释》，生活·读书·新知三联书店2007年版。

钟启泉、汪霞、王文静：《课程与教学论》，华东师范大学出版社2008年版。

蒂姆·奥布赖恩、丹尼斯·吉内：《因材施教的艺术》，陈立译，北京师范大学出版社2008年版。

泰勒：《课程与教学的基本原理》，罗康等译，中国轻工业出版社2008年版。

胡正荣、段鹏、张磊：《传播学总论》，清华大学出版社2008年版。

阿伦特：《人的境况》，王寅丽译，上海人民出版社2009年版。

柯林斯：《从优秀到卓越》，俞利军译，中信出版社2009年版。

王策三：《教学论稿》，人民教育出版社2010年版。

陈向明：《质的研究方法与社会科学研究》，教育科学出版社2010年版。

肖正德：《冲突与调适——农村中小学教学改革的文化路向》，浙江大学出版社2010年版。

李如密：《教学艺术论》，人民教育出版社2011年版。

陈向明等：《搭建实践与理论之桥——教师实践性知识研究》，教育科学出版社2011年版。

杜德栎、范远波：《现代教学艺术论纲》，中国人民大学出版社2011年版。

王升：《如何形成教学艺术》，教育科学出版社2012年版。

施良方、崔允漷：《教学理论：课堂教学的原理、策略与研究》，华东师范大学出版社2010年版。

《义务教育数学课程标准》，北京师范大学出版社2011年版。

郭庆光：《传播学教程》，中国人民大学出版社2011年版。

柳海民：《教育学原理》，高等教育出版社 2011 年版。

吕晓娟：《潜在课程的性别审视：在东乡中小学的教育人类学考察》，甘肃教育出版社 2011 年版。

施良方：《课程理论：课程的基础、原理与问题》，教育科学出版社 2011 年版。

钟启泉：《现代课程论》，上海教育出版社 2012 年版。

洛林等：《布卢姆教育目标分类学》，蒋小平等译，外语教学与研究出版社 2012 年版。

陆有铨：《躁动的百年：20 世纪的教育历程》，北京大学出版社 2012 年版。

斯宾塞·A. 拉瑟斯：《心理学》，中国人民大学出版社 2012 年版。

胡塞尔：《纯粹现象学通论》，李幼蒸译，商务印书馆 2012 年版。

王鉴：《教师与教学研究》，甘肃教育出版社 2013 年版。

伽达默尔：《诠释学Ⅱ：真理与方法》，商务印书馆 2013 年版。

约翰·杜威：《艺术即经验》，商务印书馆 2013 年版。

王鉴、李泽林：《课堂观察与分析技术》，甘肃教育出版社 2014 年版。

孟昭兰：《情绪心理学》，北京大学出版社 2014 年版。

余秋雨：《艺术创造学》，长江文艺出版社 2015 年版。

尹宗利：《教学艺术的功能与特征》，《教育研究》1987 年第 10 期。

李秉德：《对教学论的回顾与前瞻》，《华东师大学报》（教育科学版）1989 年第 3 期。

M. 鲍门：《幽默教学：一门表演艺术》，《外国中小学教育》1989 年第 6 期。

王长纯：《当代西方教育艺术论初探》，《外国教育研究》1992 年第 4 期。

庞学光：《〈教学艺术论〉评介》，《教育研究》1996 年第 12 期。

李吉林：《为全面提高儿童素质探索一条有效途径——从情境教学到情境教育的探索与思考》，《教育研究》1997 年第 4 期。

杨四耕：《关于教学艺术几个理论与实践问题的思考》，《中国教育学刊》1997年第5期。

林秉贤：《认知学派的社会心理学观点及其理论新趋向》，《天津商学院学报》1997年第3期。

李如密、何爱霞：《吉尔伯特·海特的教学艺术观述评》，《山东教育科研》1999年第2期。

吕渭源：《教学模式·教学个性·教学艺术》，《中国教育学刊》2000年第1期。

潘洪建、徐继存：《教学艺术研究方法论检讨》，《教育评论》2000年第3期。

崔允漷：《有效教学理念与策略》（上），《人民教育》2001年第6期。

潘洪建、徐继存：《教学艺术沉思》，《上海师范大学学报》（教育版）2000年第11期。

徐继存：《论教学智慧及其养成》，《西北师范大学学报》（社会科学版）2001年第1期。

刘历红：《小学体育课心理健康教育渗透浅议》，《中国学校体育》2001年第4期。

叶澜：《重建课堂教学价值观》，《教育研究》2002年第5期。

李小红：《教师个人理论刍议》，《高等师范教育研究》2002年第6期。

王鉴：《课堂研究引论》，《教育研究》2003年第6期。

邓友超、李小红：《论教师实践智慧》，《教育研究》2003年第9期。

赵昌木：《教师成长：实践知识和智慧的形成及发展》，《教育研究》2004年第5期。

叶澜：《扎实、充实、丰实、平实、真实——什么样的课才算一堂好课》，《基础教育》2004年第7期。

邓友超、李小红：《论教师实践智慧》，《教育研究》2003年第

9期。

田慧生：《时代呼唤教育智慧及智慧型教师》，《教育研究》2005年第2期。

潘纪平、乐中保：《教学艺术的辩证法则析论》，《湖北大学学报》2005年第2期。

刘历红：《巧记学生名 拉近师生情》，《体育师友》2005年第6期。

袁锐锷、凌朝霞：《关于澳大利亚若干大学教育博士培养工作的思考》，《比较教育研究》2006年第9期。

王鉴：《教学智慧：内涵、特点与类型》，《课程·教材·教法》2006年第6期。

王升、赵双玉：《论教学艺术形成》，《教育研究》2006年第12期。

杜萍、田慧生：《论教学智慧的内涵、特征与生成要素》，《教育研究》2007年第6期。

钟启泉：《"有效教学"研究的价值》，《教育研究》2007年第6期。

何庄、王德清：《关于教学艺术概念的理论反思》，《教学与管理》2007年第3期。

宁虹：《教育的实践哲学——现象学教育学理论建构的一个探索》，《教育研究》2007年第7期。

龚海平：《激情与智慧的演绎——小学英语特级教师沈峰教学艺术研究之一》，《中小学外语教学》（小学篇）2007年第2期。

程广让：《教学艺术的本质、特点和作用》，《中国成人教育》2008年第8期。

李冲锋：《教师教学领导力的开发》，《当代教育科学》2009年第24期。

尹弘飚：《教师情绪：课程改革中亟待正视的一个议题》，《教育发展研究》2007年第3B期。

彭慧：《中小学课堂教学存在的问题抽样调查报告》，《基础教育参考》2009年第12期。

尹弘飚：《教师专业实践中的情绪劳动》，《教育发展研究》2009年第10期。

刘旭东：《问题意识与教师教学智慧的生成》，《课程·教材·教法》2010年第5期。

王磊、胡中锋：《教育管理：三个聚焦点——"改革开放以来教育管理发展的回顾与展望国际学术研讨会"综述》，《中小学管理》2010年第5期。

张再林：《"体贴"——中国传统文化的真正特质》，《民办教育研究》2010年第6期。

崔彦、代中现：《以学习者为中心的教学设计与实践》，《全球教育展望》2010年第6期。

饶又明：《新形势下教科研工作的定位及教研员应该具备的素质》，《云南教育》2010年第10期。

燕镇鸿：《教学智慧研究的价值、进展与趋势》，《西北师大学报》2010年第5期。

刘旭东、吴原：《教育研究的传统与科学化》，《教育研究》2011年第4期。

李吉林：《情感：情境教育理论构建的命脉》，《教育研究》2011年第7期。

陈志刚：《对三维课程目标被误解的反思》，《课程·教材·教法》2012年第8期。

刘历红：《读书会分享》，《当代教育与文化》2012年第6期。

冯大鸣：《西方教学领导研究的再度兴盛即逻辑转向》，《教育研究》2012年第3期。

周彬：《课堂现象学论纲——兼论课堂教学研究的路径选择》，《教育研究》2012年第5期。

王鉴、宋生涛：《课堂研究价值定位：以理论创新推动实践变革》，《教育研究》2013年第11期。

王鉴：《论教育理论的理想性》，《当代教育与文化》2013年第

1 期。

许士柯、刘历红：《提升课程实施质量 服务学生能力发展——河南郑州金水区综合实践活动课程区域整体推进策略》，《综合实践活动研究》2013 年第 5 期。

李吉林：《学习科学与儿童情境学习——快乐、高效课堂的教学设计》，《教育研究》2013 年第 11 期。

阎乃胜：《深度学习视野下的课堂情境》，《教育发展研究》2013 年第 12 期。

孔伟：《"为理解而教"教学模式的实践探索》，《中小学教育》2014 年第 1 期。

刘历红：《教研员教学领导力：解决课堂核心问题》，《中小学管理》2014 年第 6 期。

安富海：《促进深度学习的课堂教学策略研究》，《课程·教材·教法》2014 年第 11 期。

龙宝新、折延东：《论高效课堂的建构》，《教育研究》2014 年第 6 期。

张永祥：《教育的阐释和教育学的解读——著名教育学家胡德海先生访谈》，《当代教育与文化》2014 年第 5 期。

吴莹莹、连榕：《情绪能力：探讨教师情绪的新视角》，《心理科学》2014 年第 5 期。

刘历红：《教研员课程领导力：建设区域品牌课程——基于河南郑州金水区综合实践活动课程的实践探索》，《基础教育课程》2014 年第 12 期。

刘历红：《论师生"角色分化与共享教学"》，《课程·教材·教法》2015 年第 5 期。

段立群：《内外互动网状评价：区域教育教学评价改革探索》，《中小学管理》2015 年第 6 期。

刘向前：《论课堂沉默》，学位论文，曲阜师范大学，2005 年。

曹正善：《教育智慧理解论》，学位论文，华东师范大学，2006 年。

刘徽：《教学机智：成就智慧型课堂的即兴品质》，学位论文，华东师范大学，2007年。

《教师个人知识研究——以小学数学教师为例》，学位论文，华东师范大学，2007年。

史金榜：《教学倾听艺术》，学位论文，曲阜师范大学，2008年。

张晓辉：《教学空白艺术》，学位论文，南京师范大学，2011年。

曹靖：《课堂教学节奏的生成与调控》，学位论文，南京师范大学，2011年。

高岩：《教师个体教学哲学及其建构研究》，学位论文，陕西师范大学，2012年。

王冬黎：《课堂教学中教师立体表达的研究》，学位论文，南京师范大学，2012年。

付强：《论教学技术的人文向度》，学位论文，山东师范大学，2013年。

桂杰：《儿童参与权：我们是不是一直在忽视它》，《中国青年报》2001年1月24日第2版。

郑美玲：《老师，咱们打起精神》，《中国教育报》2005年4月2日第3版。

顾明远：《为每个学生提供最适合的教育》，《中国教育报》2010年4月19日第2版。

郭元祥：《深化教学改革需要处理好几对关系》，《中国教育报》2014年1月2日第11版。

于漪：《与免费师范生对话未来》，《中国教育报》2014年9月3日第7版。

王得收：《创建高效课堂的有效方法》，《中国教育报》2014年9月10日第9版。

郑希付：《压力与情绪管理》，河南省中小学心理健康教育教研员培训暨心理健康教育示范区示范校经验交流会，2015年。

张颖：《"精"心设计"准"确导向"特"色呈现——综合实践活

动课程中教师评价方法的探索》，金水区综合实践活动课程教学研讨课展评活动，2015年。

张杭：《小学高年级活动评价标准制定的实践探索——综合实践活动课程中教师评价方法的探索》，金水区综合实践活动课程教学研讨课展评活动，2015年。

程天权等：《适合的教育在哪里》，www.gmw.cn 2010-04-14。

《辞海》（上），上海辞书出版社1979年版。

《辞海》（上），上海辞书出版社1989年版。

《教育大词典》第1卷《教育学》，上海教育出版社1990年版。

《现代汉语词典》，商务印书馆2012年版。

Polanyi, M. *The Study of Man*. London: Routledge and Kegan Paul, 1957: 12.

Merleau-Ponty, M. (1962). *Phenomenology of Perception* (C. Smith, Trans.). London: Routledge&Kegan Paul.

Van Manen, M. (1982). "Phenomenological Pedagogy." *Curriculum Inquiry*, Vol. 12, No. 3.

Langeveld, M. J. (1988). *The Scientific Nature of Peda-gogy*. Translated and Edited by Max van Manen. From Lange-veld, M. J. Beknopte Theoretische Pedagogiek. Groningen: Wolter-Noordhoff.

Sternberg, R. J. *Wisdom: Its Nature, Original and Development*. Cambridge: Cambridge University Press, 1990.

Clark Moustakas. *Phenomenological Research Methods*. London, SAGE Publications, 1994.

Van Manen, M. (1996). "Phenomenological Pedagogy and theQuestion of Meaning." In D. Vandenberg (ed.), *Phenomenology and Educational Discourse*, pp. 39-64. Durban: Heinemann Higher and Further Education.

Carmen López Sáenz (2000). "The Child, the School, and Philosophy: A Phenomenological Reflection." *Thinking*, Vol. 15, No. 2.

Ardelt, M. "Wisdom as Expert Knowledge System: A Critical Review of a Contemporary Operationalization of an Ancient Concept." *Human Development*, 2004 (5).

Greasley, K., Ashworth, P. (2007). "The Phenomenology of 'approach to Studying': The University Student's Studies within the Life World." *British Educational Research Journal*, Vol. 33, No. 3.

附　　录

（一）专家意见征集问卷

尊敬的　　　　老师：

您好！

我是西北师范大学教育学院 2012 级教育博士刘历红。我的研究课题是：小学教师课堂教学艺术生成策略研究。为了完成论文，首先我要了解小学教师对教学艺术及其生成策略的认知情况，设计调查问卷是研究前的必要工作之一。而我学识浅薄，因此渴望得到您的指导与帮助，请不吝赐教，真诚感谢！

教师问卷设计主要依据本研究对"教学艺术"的概念界定"教学艺术是指教师以自身的积极情绪，调动学生的最佳学习状态，在具体情境中综合运用自己的知识、能力和方法等素养，创造性地解决教学问题，使教学效果达到审美境界的实践活动"，以及课堂教学艺术具有的"情感性、情境性、创造性、审美性"4 个特点而设计的。下表中是准备调查的项目，请专家给予鉴定。

主要方面	调查项目	可	否	主要方面	调查项目	可	否
情感性	身心投入			审美性	节奏流畅		
	管理情绪				富有成效		
	体贴学生				教得轻松		
	着眼长远				学得快乐		
情境性	营造氛围			个人情况	享受课堂		
	创设情景				性别		
	解放学生				学历		
创造性（细节处理）	思维碰撞				教龄		
	换位思考				职称		
	积极聆听				学科		
	善于追问				任教年级		
	巧用评价				是否骨干		
	急中生智				有无职务		

您认为还应添加何项目：

对您的指导致以最衷心的感谢！诚祝平安健康快乐！

学生：历红

2014－12－05

（二）教师调查问卷

亲爱的教师：

您好！

这份问卷只是为了完成一项研究，因此请打消您心中所有的顾虑，实事求是地填写。衷心感谢您的合作，谢谢！

温馨提示：请在您认为适合自己的选项上或相应的空格内打勾。请不要商量，独立完成。

1. 个人信息

（1）性别：①男　②女

（2）年龄：①20—25岁　②26—30岁　③31—35岁　④36—40岁　⑤41—45岁　⑥46—50岁　⑦50岁以上

（3）学历：①中专　②大专　③本科　④研究生　⑤其他

（4）教龄：①1—3年　②4—5年　③6—10年　④11—15年　⑤16—20年　⑥21—25年　⑦26年以上

（5）职称：①正高级　②高级　③一级　④二级　⑤三级　⑥尚未定级

（6）学科：①语文　②数学　③英语　④体育　⑤音乐　⑥美术　⑦综合实践　⑧心理健康　⑨品生（社）　⑩科学　⑪计算机　⑫校本课程

（7）任教年级：①1　②2　③3　④4　⑤5　⑥6　⑦1—2　⑧3—4　⑨5—6　⑩其他

（8）骨干：①校级　②区级　③市级　④省级　⑤国家级

（9）职务：①年级组长　②片区组长　③副主任　④主任　⑤副校长　⑥校长　⑦书记

2. 调查内容

序号	题　　目	总是	经常	偶尔	极少	从没有
1	我感到，全身心投入、教好每个孩子是我的使命					
2	我一站上讲台，什么烦心事就都忘了					
3	我的情绪影响学生情绪，我有意识地调控我的情绪					
4	一看见那些调皮捣蛋的学生，我就有一股无名火					

续表

序号	题目	总是	经常	偶尔	极少	从没有
5	设计每个教学环节,我都想想学生是不是容易理解					
6	怎样让学生喜欢学、乐意学是我思考的问题					
7	我想,每个学生都有特点,得帮他们挖掘、释放潜能					
8	有的学生根本就不适合学习,一辈子也不会有啥发展					
9	我认为,营造安全、宽松的氛围才能使学生学得好					
10	我会利用各种手段,帮助学生理解所学内容					
11	我挖掘学生的生活与学习经验,创设教学情景					
12	营造生动、鲜活、有意义的教学情景,我觉得挺难的					
13	我想,解放学生的身心,才能使学生学得深入、扎实					
14	我觉得,让学生动起来,他们的脑子才能灵起来					
15	我让学生自己思考问题、提出问题、解决问题					
16	我把问题交给学生,让他们相互合作,解决问题					
17	解决冲突,我先想想是我的话,我会乐意怎样做					
18	我也是打小过来的,想想自己小时候就理解学生了					
19	学生有自己的想法,我先听听他们到底是怎么想的					
20	遇到困难,我会请学生们帮我出出主意					
21	学生的回答出乎意料时,我会追问他的想法					
22	一节课的时间那么短,哪有时间听学生到底是咋想的					
23	我觉得,评价有针对性和激励性,才能使教学有效					
24	期待学生有什么表现,我会在评价时提出要求					
25	课堂上,会出现让我手足无措难以应对的情景					
26	教学中,我能处理意想不到的突发事件					
27	我的教学,节奏流畅,富有情调,就像一首歌					

续表

序号	题目	总是	经常	偶尔	极少	从没有
28	课堂上，总是觉得不顺畅，不得劲					
29	课上，所学内容能当堂练习，学生基本都掌握了					
30	我教的班，学生学业成绩能达到理想的水平					
31	上课，对我来说很轻松					
32	我很喜欢上课，我觉得自己很适合当老师					
33	学生喜欢上我的课，他们学得一点也不吃力					
34	整体来说，学生对我教的课没兴趣					
35	有的学生不乐意学，我也没办法					
36	一节课，对我和学生来说，时间过得太快了					
37	一进教室，我就头疼					
38	我想，我和学生的情绪管理要贯穿课堂的始终					
39	教了多少年学，学生一个眼神我就知道他在想什么					
40	我想，眼下的表现并不代表未来，得想法激励学生					
41	我喜欢课堂出现意外，因为没有意外就难以生成					
42	从学生身上，我能学到很多					
43	没有思维碰撞，就难以深刻地理解所学内容					
44	没有什么更好的方法，我觉得教学的关键是自己用心					
45	解决问题，我觉得应设身处地为学生着想					
46	学生的不同想法，我认为是教学的宝贵资源					
47	要想成绩好，就得多练习，没啥好办法					
48	课堂是我和学生快乐生活的地方，我们很享受课堂					

1. 每当上课铃声响起，我总是感到（请用一个词概括）：
2. 我最喜欢的一位教育家是：
3. 我最喜欢的一本书是：

（三）课堂观察量表

观察人：　　　　观察地点：　　　　观察时间：

观察对象	教师姓名：　　性别：　年龄：　教龄：　学历：　职称：	
	任教学科：　　年级：　是否各级骨干：　　是否有职务：	

维度	主要指标	主要行为表现
情感性	教师情绪状态：语言、语气、动作、表情、神态	
	学生情绪状态：表情、动作、神态、参与热情、积极性	
情境性	课堂气氛	
	具体情景	
	师生状态	
创造性	细节处理：问题呈现、教师（综合运用知识、能力、方法等素养）的解决策略	
审美性	教学效果	
	教师感受	
	学生感受	
	研究者感受	

（四）教师访谈提纲

访谈人：　　　　　访谈地点：　　　　　访谈时间：

阶段	访 谈 题 目
了解对象	教师姓名：　性别：　年龄：　教龄：　学历：　职称： 任教学科：　年级：　是否各级骨干：　是否有职务：
心理预热	1. 请问对于刚才的课，你最满意的是什么？能分析一下原因吗？ 2. 这种满意之处是不是经常出现？它是不是已经或正在成为你的经验？ 3. 课堂教学中，时常让你心烦或感到不满意的问题是什么？ 4. 遇到以上的烦恼，你通常会怎样处理？
了解个人教育理论	5. 你喜欢当教师吗？对这个职业你是怎样理解的？ 6. 你喜欢学生吗？你能用一个词来形容或概括你的学生吗？ 7. 对于教学艺术，你是怎么理解的？ 8. 你觉得提高教学艺术最关键的问题是什么？能分享一下你的思考吗？ 9. 你觉得制约教学艺术提高的关键是什么？能用具体的事例说明吗？ 10. 你觉得在课堂教学中有必要管理自己和学生的情绪吗？为什么？ 11. 你认为在什么条件下，学生的思维是最活跃的？ 12. 你有没有觉得有些孩子根本啥也学不会？
逐渐走进心灵深处	13. 在你的学校生活中，有没有哪位老师让你非常难忘？能分享你的成长故事吗？ 14. 如果有对你影响深刻的老师的话，他（她）对你的从教之路和课堂教学又有什么意义？ 15. 如果没有难忘的老师，有没有让你难忘的学生？你和他（她）有什么故事？ 16. 当课堂上发生意外事件的时候，你会怎么处理？你的解决办法是？ 17. 你心中有没有特别钦佩的教师？能分享一下钦佩的原因吗？ 18. 你最希望成为什么样的教师？为什么？ 19. 你期望的理想的课堂是什么样的？能描绘一下吗？
延展问题	

致　　谢

　　时光荏苒，四年的博士生活匆匆而过。读博历程，历历在目，感慨良多。首先，非常感谢我的导师——长江学者王鉴教授，在学术发展上，第一个学期他组织读书会活动，指导历红对比研读王策三和李秉德先生的教学论著作，促使跨专业读博的历红在快速迈入学术大门的同时，发现了西北师大在中国教学论研究领域的独特价值和学术地位，自豪感与使命感油然而生；在论文选题上，导师尊重历红的选择，鼓励、支持历红挑战教学艺术这一充满魅力的研究领域。历红谨记导师要求：经典著作必读，让学术扎根；权威期刊必看，掌握学术脉动；经常写作，检验学习成效。这要求，将伴随历红终生。

　　在西北师大，历红真切地感受到了教学艺术的真谛。如果说，导师王鉴像教练一样训练历红掌握研究方法，积淀理论力量，促进学术发展，那么，胡德海先生则像大海一样启迪历红拓宽学术视野，修炼人格素养，追求学术超越。此外，导师组的多位教授如王嘉毅、万明钢、刘旭东等，他们谦逊的品质，深厚的学养，都是指引历红未来发展的力量。

　　在西北师大，历红真切地感受到了同学情谊的美好。独学无友则孤陋寡闻。学友的相伴、相助是求学路上温馨的花，隽永芬芳。难忘和室友景浩荣畅聊学习体验、读书心得、生活琐事；难忘和邱芳婷、许芳、燕慧、杨美玲阳光下漫步，寻找四叶草的悠然；难忘和程岭、逯慧、陈玉义、尤伟、马维林、石银芳、蒋琳琳、王全德、郑光永、吴绍欣等爬后山的畅快；难忘和古丽娜、兰才让聊维吾尔族、藏族文化习俗的收获；难忘我们的迎新活动，常正霞、杨纳铭、王秀珍、吴昊等凝聚教育博士团队，使艰苦的学习生活因此而倍觉愉悦。

在西北师大，历红真切地感受到了同门手足的亲切。李泽林、安富海、胡红杏、龙红芝、王俊、张海、方洁、姜振军、宋生涛、王明娣、王文丽、谢雨宸、哈斯朝乐等，相同的学术基因，相通的学术情怀，历红获益良多。

能安心学习，离不开郑州市金水区教体局及教育发展研究中心领导、同仁的支持；离不开历红所带的综合实践活动课程和心理健康教育两个团队核心骨干张丽红、牛红、张颖、张杭、付晓楠、王凯及三位社工申亚琼、赵孝利、孙长唱等的鼎力支持与热情相助。

能安心学习，离不开父亲在精神上给予的力量，婆婆在生活上给予的照顾，弟弟和弟媳在家庭事务上的担当；离不开闺蜜束飞、郭丽、巧平在各方面细致周到的助力。

能安心学习，更离不开丈夫杨骅骁和女儿杨乐苡的理解与支持。正是有了丈夫的理解、支持与帮助，历红才能一步步地实现求学梦想；正是有了女儿的独立、自主、向上，历红才能全身心地投入工作与学习中。

最后，历红衷心感谢所有关心、帮助、支持历红的老师、同学、亲朋，你们的爱是历红前进的动力。

衷心祝愿大家：平安健康快乐每一天！